交对朋友，事就成了！

交朋友、建圈子、办成事与人脉维护的运用指南！

李维文 / 著

民主与建设出版社 博集天卷 CS-BOOKY

导 读

朋友交对了，你就成功了

★ 你的朋友圈决定了你的价值，也决定了你的发展！你能拥有什么样的朋友，决定了你以后将有怎样的成就。中国社会就是个圈子社会，优秀的人都有属于自己的高级朋友圈！

★ 斯坦福大学的一项调查显示：一个人赚的钱，12.5%来自知识，87.5%来自人脉。调查还发现一个奇怪的现象：一个人的身价，往往是他身边最亲近的15个人的身价总和的平均值！

★ 每个人的背后都隐藏着250个客户——千万不要忽视任何一个不起眼的朋友。朋友圈的最大价值，在于它可以帮助你全面提升自我营销能力，成功地展示并实现自我价值。作者通过自己的成功经历，告诉你贵人是这样找到的，圈子是这样打造的，事情是这样做成的！

★ 在交朋友的过程中，处处都凝结着经济学的智慧。朋友就是资源，我们的朋友越多，所拥有的资源也就越多。在进行资源配置的时候，我们需要让其达到最优化。

★ 你想早日成功，只有野心和能力显然是远远不够的。你必须找到一个贵人，也就是为自己寻找到一位欣赏你并且愿意提拔你的伯乐。他就是那个可以把你“提”起来，让你不用去挤独木桥，直接飞越河谷的人！

★ 如果你还在感叹自己的人脉资源非常稀缺，事业空间太小，那么你回头审视原因的话，或许你就能发现这一点——你对于强者和贵人的心理需求缺乏把握，总是游离在他们的期望值以外。这就是你一直不能春风得意的原因所在。

★ 如果平时对一个强者多进行一些感情方面的投资，同时将更多的强者拉进自己的圈子，和他们进行资源的共享，建立深厚的友情，那么，你的事业发展就如顺风行船，获得的推动力非常强大。不管遇到多大的风险，都能平安度过。

★ 我们要了解一个人的身价，就要去看他的对手；要了解一个人的品行，就去看他的朋友。后者，说明了一个人的价值与他周围的人息息相关。物以类聚，人以群分，人们总是喜欢与自己类似的人交朋友。这表明，你对自己的圈子管理得如何，将决定你最终的价值！

★ 你应该认识到：交对朋友才是你人生中最重要的事情！你的努力将得到500% 的回报，你的世界将发生奇迹般的改变，你想办一件事，全世界都会来帮你！你也有理由相信，总有一个人或者一套书，能让你少奋斗 20 年！

目录
CONTENTS

引　言
所有风云人物都因朋友而成功

我们花了7年时间，针对最近500年的世界历史做了一次旷日持久而且缜密严谨的调查，范围涵盖军政、经济、金融和其他几乎所有的重要行业，统计了这些领域内风云一时的成功人物。从牛顿到洛克菲勒，从范德比尔特到传说中的罗特席尔德家族，还有中国的政商名人，在他们每个人成功的背后，除了超强的能力、罕见的天赋和难得的机遇之外，我们都发现了人脉的影子。

可以肯定地说，如果没有一些“至关重要的关系资源”和“强有力的中介”所起到的作用，他们都不可能取得这么高的成就，至少他们不可能这么快地获得成功。他们都是影响了人类社会发展进程的人，他们在有生之年获得的成功以及为人类社会做出的贡献都非常人可以想象。即便他们是如此让人崇敬的天才，也无法摆脱圈子和人脉的影响，就像牛顿那样的巨人，也要站在另一位巨人的肩膀上一样。

事实上，任何一位伟大人物在历史上的出现和他所取得的成就，都是他背后的隐形资源和人脉圈共同推动的结果。当然，我们不能忘了他自身的刻苦努力，因为这同样重要。

全世界伟大人物无一例外的成功背景，告诉我们同一个道理：拥有优质的人脉和强大的圈子，会让你得到足够的提携和照顾，由此带给你的好处是多方面的。

第一，在日益激烈的甚至白热化的市场竞争中，你更容易从强手如林的竞争僵局中脱颖而出。

第二，缩短了你在迷茫和未知的漫长岁月中辛苦奋斗的时间，普通人需要十年到二十年的准备期，你可能在一夜间就走过了。

第三，这可能是更为重要的：当你把事情办砸时，你能够及时得到有力的庇护。

成功的关键，就在于找到你人生的“关键人物”，并且融入一个成功的圈子，甚至建立自己的高级人脉圈。因此，首先是找对圈子、跟对人，让自己站对了阵营；其次，才是选择怎样的发展路线，如何提高并展现自己的能力。

比如：

1. 政治圈：权力分配是各种利益群体妥协和交换的结果。政客的“人脉”，本质上是为自己选择一个成熟稳定的权力圈。当这个选择做出的时候，也就决定了自己的前途。

2. 投资圈：对于做投资的人而言，如果他没有广泛的人脉网络，根本不敢去做任何投资，否则只会失败。因为一个投资者必须通过有效的人脉去了解事情的真相，掌握最真实的信息。圈子会为你提供第一手的信息，没有圈子，你就得不到这些宝贵的信息，也就无法做出正确的判断。

3. 各种圈子的交集：不管你在做什么，无论在商界还是政界，你总是需要多种圈子，使它们有所交集，绝不能只守在自己的圈子里闭门不出。企业家要了解穷人的心思，富人要知道底层大众在想什么；上司要懂得下属，员工要去分析老板的心理。只有了解了别人的圈子，你才能了解别人的需求，方能知道更多的信息。

对于人脉的积累来说，人们如果把自己封闭起来，显然是没有出路的。尽管我们对于圈子的依赖和对于人脉的拓展，有时是迫不得已的功利行为，但总要做出这样的决定，采取开放的态度，并运用一些沟通和妥协的技巧。只有找对了方向，并理解真正的人脉智慧，洞悉这个社会如何将人划分归类并为不同的人设定等级——也只有掌握了这把珍贵的“登堂入室”的钥匙，再去从容地发展自己的人脉，才能真正地建立属于自己的成熟可用的圈子社会。

一个很现实的例子是，这些年中国的企业走出国门，在美、欧、日的强者市场中与那些跨国公司进行竞争时，往往处于弱势地位。中国企业只能联合起来共同应对，才能化解危机，得到发展的机会。于是，一个由中国企业组成的圈子就应运而生了。在这样的圈子里，不论是人脉还是资源、机遇还是资金，企业之间都应尽可能地共享，减少自私的行为，为共同利益着想，联合作战，才能保证每个个体都得到最大的帮助。

那么，对于我们而言，哪些圈子是最重要的呢？如何才能使自己在圈子社会中占据优势？我想说的是，不管你正依赖于同学、亲戚的支持，还是去参加EMBA（高层管理人员工商管理硕士）总裁班的学习，你都不能让自己的眼睛只盯着“关系”，而应着重建立一种信任，展示你自身的价值。

圈子会巩固人们之间的共赢关系，并且集体去对付你们的竞争对手。

这就是人脉的真相，也是这个世界的竞争本质。

在本书中，我们会讲述相关的故事，介绍大量的中外案例，来证明我们的观点对你而言具有更多的裨益。你会从中了解到，你所能够建立的人脉网，是你能够了解关键信息的最佳渠道——你应当怎样在十字路口做出明智选择，并让自己在前进的道路上一路绿灯。

我们将分析如何获得真正可靠的人脉，让你的朋友只会帮助你，而不是去帮助你的竞争对手。越往高处走的人，就越需要有人照应，同时对人脉的依赖也就越大。这正是成功者最大的秘密，也是人类不断向更高处奋斗的本质需求。

每个人都要依靠不同的人的协助，才能获取更多的资源和财富。“个人奋斗”的奇迹在这个世界上从来没有出现过，你也绝不要奢望自己的人生会迎来这样的奇迹。

Part 1 第1部分

朋友圈的投入产出法则

在交朋友的过程中，处处都凝结着经济学的智慧。朋友就是资源，我们的朋友越多，所拥有的资源也就越多。在进行资源配置的时候，我们需要让其达到最优化。

◎人脉经营中的经济学智慧

我们做人和做事的过程，是一个经济投入与产出的过程，这就是人脉投入产出法则的计算前提。如果你不费吹灰之力就能做成一件事情，那么你就是一位投入成本很低但收益很高的人。相反，如果你费了很大的工夫，最后却一无所获，则等于做了亏本的生意，效益分析的结果就很差。

每个人都希望自己在人际关系方面达到低成本和高效益的境界，可是怎么做才是最有效的呢？如何才能事半功倍呢？

方法当然有很多，人脉资源就像我们的一种生财工具。经营得当的话，可以让你一本万利。不过，一旦处理不善，也有可能一夜破产。虽然人脉资源并不能直接转化为财富，但它是一种潜在的无形资产，是一种潜在的无穷财富。

在交朋友的过程中，处处都凝结着经济学的智慧。朋友就是资源，我们的朋友越多，所拥有的资源也就越多。在进行资源配置的时候，我们需要让其达到最优化。每一个人都有自己的资源优势，而人脉就是这样一种能够用他人的优势弥补自己的劣势的资源，也就是所谓的资源互补。

明白了这个道理，我们就能充分地协调资源，扬长避短，达到投入产出的最优化了。

★最近的路不一定是最有效的

有时候我们要去一个地方，计算距离的时候大都考虑直线距离。看到地图上两点之间直线最短，你说："呀，这样最近了。"但真的走起来你会发现，两点之间无直路可走，只能绕道前进才能抵达。

两个人之间怎么样才是最近的距离？看似直接的方法是不是就最有效果呢？通过我们的研究发现，结果往往是相反的。所以当有人问我："我如何才能跟他搭上关系？"我经常回答他："你先后退一步，找一条曲线，再去接近你的'意中人'，因为最近的路不一定是最有效的。"结果发现，那些想抄近路的人，却往往碰得个鼻青脸肿。

这条人脉理论的根据就是：两点之间的直线虽然距离最短，但阻力有时也最大，于是这条直线就成了最远的路径。

那么，我们为什么不选择那条虽然绕了一点儿弯子，却能更快地到达目的地的路线呢？

绕过了障碍，就能出其不意地到达目的地，有时可以为我们节约最大的成本，既节省了时间，又能展示你在人脉公关中不凡的谋略。这和我们在人脉课程上讲到的战略是一致的。

同时，这是一种在人脉和营销中都通用的公关谋略。不但在人际关系中适用，在商业营销中，它也是十分有效的手段，通常被一些营销高手采用并取得奇效。

日本的丰田公司就常常使用这一招，在开发新产品之前，他们总是先从解决城市汽车和道路的矛盾入手。比如，他们先成立了"丰田交通环境保护委员会"，调查和研究城市交通的现状，并在东京车站和品川车站修建"人行道天桥"，投资 3 亿元建立电子计算机交通信号系统，使交通拥堵现象得到缓解。

从表面看起来，你会说，丰田的这些行为似乎和新产品的开发没有任何关系呀，他们想干什么呢？愚蠢的"直接主义者"对此百思不解，还会嘲笑丰田公司在花冤枉钱打水漂。但是，丰田公司的独到之处在于使用了一种曲线进入的经营策略，因为这一行为为汽车工业的发展扫清了障碍，为新汽车的开发创造了良好的条件。

我在培训课上对此的总结是："当你想多卖掉 1000 辆汽车的时候，就为这座城市多修 10 条路。"

同理，当你想结识一位大贵人时，你首先要做的并不是递上你的名片，而是为你们之间的相识创造一种氛围和机会。

★成功需要的是最有效的通道

日本的世界级企业索尼公司，用一种别出心裁的办法来宣传自己的产品：

有一名美国游客去日本玩，他在东京的一家百货公司买了一台索尼公司生产的唱片机。但是回国后，他发现这台机器漏装了一个不是太重要但很有必要的零件。第二天早晨，他打算找索尼公司算账时，却在临出门前接到了索尼公司打来的道歉电话。

一个小时后，索尼公司的副经理登门道歉，除带来一台新的合格的唱片机，还赠送了一份蛋糕和一张著名的唱片。据说，索尼公司已经在大洋彼岸打了 50 多个紧急电话寻找这位顾客。

这个消息一传出，索尼公司声名大噪，产品的销量更是节节攀升。

索尼公司在产品营销策略上运用的就是一种曲线公关的战术，它故意制造这次事故，用意就是要通过事故的处理来制造引人注目的、轰动的新闻，借此来突显自己的质量观念和服务意识，并且扩大自身的知名度。

可以说，这种方法，起到了任何广告都无法达到的绝佳效果。当然，这样的策略也是有风险的，属于出奇制胜的范畴，但不得不说，它一旦奏效，产生的正面营销效应是别的方法无法匹敌的。

我一直认为，任何一个人想要成功，他需要的不是最直接的方法，而是最快和最有效的通道。

在人脉圈中你也会发现，自己面临的形势也是如此。比如你要到一条河的对岸，最快的方法就是多走一公里路，从一座桥上绕道过去，估计没有人会说：

我不要那样做，我要直接游过去。不然，你游游试试？

还记得以前有一次我在纽约打车，出租车司机问我："先生，应该怎么走？"

当时我着急赶时间，急忙答道："请帮忙走最近的路，我着急。"

司机笑了笑，回答说："先生，最近的路不一定是最快的路。你想想，最近的路一定是大家都熟悉的便路，大家都把车往那儿开，肯定会很堵。"

人与人的沟通正是如此，既然直接的方法行不通，我们就只能沿着一条曲线，虽然看似麻烦，却投入最低，得到的回报也最大。

◎只投入最低的成本

★建立六度节点：利用人脉的辐射效应

亚历山大·福特是一名非常有成就的企业家，他认为，把工作做细是吸引行业人脉的关键，所以他最关注的是行业人脉。

亚历山大·福特刚开始创业的时候只有12位客户，他知道这12位客户带来的资源毕竟是有限的，不会让自己创造辉煌的事业。这样下去的结果只有一个，那就是自己的事业将寸步难行。

他想："我有12位客户，那么意味着我这12位客户中的每一个客户都有12个朋友。假如这12位客户都愿意为我做介绍的话，那么我就会有144位客户。服务好这144位客户之后，假如这些客户都愿意继续为我做介绍的话，那我就有1728位客户……"

亚历山大·福特认为，百万富翁一般与百万富翁在一起，亿万富翁一般与亿万富翁在一起。朋友之间的差距都是不大的，这其实也是行业人脉容易接近的关键所在！亚历山大·福特就开始思考，该如何利用自己的行业人脉，又如何让这些客户利用自己的行业人脉为他做介绍呢？

后来，亚历山大·福特采取了请客户吃饭的做法，但他在饭局上从不谈介绍客户的事情，只谈自己的事业。比如，他会说自己在事业上付出很多，讲自己的创业体会，使对方对他产生敬佩的感觉，让对方知道他创业不容易，想帮他一把。在和对方混熟之后，亚历山大·福特才会向对方提出一些要求，比如他会问："你有没有朋友需要我们的产品？我们的信誉你已经很了解了，那么你能不能帮助你的朋友也认识我们的产品呢？"

在这方面，亚历山大·福特有一句非常经典的总结语，他说："我发现不断地开发客户很重要，对我们公司发展的推动作用也很大。"正是基于这个原则，亚历山大·福特不断地找到新的客户群体，不断地做大自己的事业。他的方法恰好是一种整合人脉资源的非常有效的办法，利用人脉的辐射效应，不停地使自己的影响力向外扩散，这正是人脉的最大价值所在。

★请说敬语：最实惠的投入

有一位叫作波尔的学员问我："如何才能投入最低的成本，换回最大的收益呢？"

我问他："波尔先生，你的经历是什么，可以拿出来与大家分享吗？"

波尔讲到了他自己的遭遇，他认为在人际关系的处理中，自己付出很多，收获却少得可怜。具体来说，他为邻居做了很多事，比如修漏雨的房顶，接送孩子，甚至在邻居遇到大麻烦时，义无反顾地借给他们钱。

"但是，我发现在我需要他们的时候，我得到的帮助很少，邻居刻意躲着我，他们似乎觉得我是一个不值得相信的人，这让我非常伤心。我问心无愧，却被误解。"

啊，这真是不幸的经历！波尔先生如果真是一位像他所言的处处为邻居着想的人，得到这样的对待真是很不公平。可是，他自己在这件事当中难道就没有一点儿责任吗？经过调查和访问他的邻居，我了解到了"真相"：

波尔是一个从来不会说敬语的少言寡语的人！

邻居霍芬太太说："波尔先生，我想他是一个有趣的人，他的生活很神秘，对我们大家都很大方，但他真的……让人难以接近，我们不知道他的职业，也不清楚他的银行信用。甚至有一段时间，我们怀疑他是俄亥俄州警方正在通缉的一名连环杀人凶手。"

问题竟然这么简单，波尔在他的生活中从来不会说一句客气的话，即便他在帮助别人时，当邻居向他道谢或邀请他到家吃饭时，波尔的反应仍是一语不发，掉头就走，尽管他的心中热情如火！因此，邻居们对他并不了解，且心存芥蒂。

美国佛罗里达州州立大学的研究人员开展的一系列研究表明，就算你只会说一句简单的"谢谢"，这对于致谢人和被感谢的人都有极大的好处。因为这能让表达感谢的人觉得自己考虑到了对方的感受，进而能够增进人际关系，让双方都从这简单的一句话中感觉彼此拉近了距离，这恰好是最小的也是最卓有成效的投入。

后来，我们为了弄清"必要的寒暄之语"究竟是如何促进人际关系的，为此开展了3项不同的研究：

在第一项研究中，我们对华盛顿的137名大学生开展了一项关于他们对朋友或情侣表达感谢和歉意的频率的调查。结果显示，他们觉得，说一些这样的话语，能让双方更进一步看待相互之间的关系。

在第二项研究中，我们询问了该校共218名大学生，他们认为，说一些尊重和感谢的话，让他们感到双方的关系更加紧密，并且更加互相信任了。

在第三项研究中，我们将参加调查的75名男性和女性随机分为4个小组。在3个星期的时间内，第一个小组向朋友表达感谢；第二个小组对朋友心怀感激；第三个小组只考虑日常的活动，就像波尔一样从不讲究这些敬语的使用；第四个小组则与朋友进行积极的互动。结果我们发现，说"谢谢"或"对不起"的小组相比其他的小组而言，小组成员之间的关系更为牢固。

显然，我们的这些具体数据表明了一个道理：当你表达对某人的感激之情时，你会注重这个人为你所做的好事。这让你从一个更为积极的角度来看待他们，让你更多地去关注他们的好品质。反过来说，当你表达歉意或者接受别人的道歉时，你和对方都能进一步体会到你们之间的关系是多么美好，从而在心理上建立一种互信。

那么，当这种关系随着彼此的信任的增加变得更加牢固时，双方都会认为值得为对方做出一些牺牲，而且也确实值得对其鼎力相助，从而形成一种良性循环。

毫不客气地说，人际“最低成本”无法用金钱来进行衡量，它是出于心理上的安全感，有时仅仅用一句话——可能你觉得毫无必要的一句话——就能实现。

波尔如果可以敏锐地体察到“友好表达”的重要性，他在邻居中间建立的形象一定是伟大光辉的，因为他是这么一个乐于助人和心地善良的人。

◎怎样迈出第一步

★学会以感情开路

当你开始了解人脉的真谛，并决定迈出第一步的时候，首先要明白的不是如何迅速找到最重要的人，而是要懂得交际的最低成本，体会人性的弱点：感情。

对于一个人来说，财富或机遇通常只是他人生的必需品，但不是最核心的部分，只有感情才是他的身体内最脆弱的部分，是最容易攻破的一道防线。所以，你只要抓住了人的这一特点，就可以动之以情，晓之以理，以和风细雨般的方式达到预期的目的，这样的成本往往是最低的，同时也是我们迈出第一步时首先要考虑的交际支出。

只要你懂得以感情开路，无论在什么时间、什么场合，你都能收到良好的说服效果，在对方的眼中留下一个好的印象。

在一般情况下，以感情的方式走出第一步，我们可以将敏感的问题放到一边，先从彼此都关心的问题入手，这样能营造一种宽松愉悦的气氛，使双方心平气和地进行沟通。

有效的沟通最重要的就是消除对方的心理屏障，在双方之间搭建起一座心灵之桥。

总的来说，人终究还是需要一种安全稳定、互相依恋的感情作为彼此关系的支撑。从生理学的角度看，人与人之间的联络就像细胞之间的营养液，其中主要的组成部分就是感情。你和一个人建立了一种关系，就必须用感情将你们之间的空间慢慢地填满。然后，你们才能谈利益。这是最稳固的人脉，能够经受住最为剧烈的冲击，承受得了困难的磨炼，也能经得起时间的考验。

在做人方面，我们第一当然要讲原则，第二就要讲感情，第三才是即时的感觉。为什么要把感觉排在最后一位，而把原则和感情排在最前面？这是因为即时的感觉通常是感性的，也是最容易获得的，如果过度重视它，则容易把我们带入死胡同。

感情通常也可以解释为“情义”，有原则的感情，对于人际关系来说相当重要。比如我们都知道，出卖朋友是不允许的，人与人之间要适当地讲义气。虽然社会交往讲究互利原则，但是互利并不光指庸俗的利益交换，也不是让我们去做一个势利的人，只重功利，不重感情。

你要知道，互利原则同样包含感情的联络与沟通。每个人都是有感情的动物，人与人之间，虽然有利益的分配关系，但不是赤裸裸的金钱利益的关系。有时候感情的联系，相互之间在心灵上的同情和关注，其实更为重要。总而言之，重感情人际关系的处理中的一大准则。

★人脉公关的“第一步”心态

○真诚

真诚的态度是决定一个人做人做事能否取得成功的基本因素，我们必须抱着一颗真诚的心，诚恳地对待客户，对待自己的同事和朋友。只有这样，别人才会真正地尊重你，把你当作朋友。

○自信心

信心是一种源自内心的强大力量。我们必须在每天开始的时候就鼓励自己。当你出现在交际场上时，有时你不仅仅是在销售你手中的商品，其实本质上，你也是在销售你自己。真正成功的人脉公关，都是让对方真正地接受你，然后再接受你的商品。

被称为汽车销售大王的吉尼斯纪录创造者乔·吉拉德，曾经在1年中零售推销汽车1600多部，平均每天将近5部。他去应聘汽车推销员时，老板问他，“你推销过汽车吗？”他说：“没有，但是我推销过日用品，推销过电器，我能够推销它们，说明我能够推销自己，当然也能够推销汽车。”

乔·吉拉德之所以能够成功，就是因为他有一种强烈的自信。他相信自己可以做到，所以他就成功了。

○要有韧性

人际关系的公关其实是很辛苦的，比如你作为一名销售人员，要不断地去拜访你的客户，去协调与他们的关系，甚至你要跟踪消费者，为他们提供服务。所以，人脉圈中不会总是一帆风顺的，甚至会遇到很大的困难。这就需要你有解决问题的耐心和百折不挠的精神。

○具备良好的心理素质

只有具备了良好的心理素质，你才能够正确地面对挫折，在困难面前不低头不气馁。因为你在人脉圈中面对的每一个人，都有不同的背景，也有不同的性格和处世方法，这就决定了你们之间会产生一些争议或矛盾。当你受到打击时，要能够保持平静的心态，要多分析对方，不断地调整自己的心态，改进沟通方法，才能够去面对一切困难。

○提高自己的交际能力

每一个人都有长处，不一定要求每一个人都在人脉圈中八面玲珑、能说会道，但一定要多和别人交流，培养自己的交际能力。我们要尽可能多交朋友，这样就多了许多机会。要知道，朋友是资源，朋友多了路才好走。

我必须强调的是，只是拥有资源不会成功，要善用资源才会成功。你必须提升自己的交际能力，才能善用自己拥有的人脉资源。

○热情的态度

热情是具有感染力的一种情感，它能够带动周围的人去关注某些事情，渲染交谈的氛围，正面塑造你的形象。当你很热情地去和客户交流时，你的客户也会投桃报李。当你在路上行走时，正好碰到你的客户，你很热情地与对方寒暄。也许，他已经很久没有碰到这么看重他的人了，你的热情可能就促成了一笔新的交易，就帮你获得了一位新的朋友。

○提高和拓宽自己的知识面

我们要和形形色色、各种层次的人打交道，那么你就应该知道，不同的人所关注的话题和内容是不一样的。你只有具备了广博的知识，才能与对方有共同的话题，才能谈得投机。

因此，在平时我们就必须做好准备，要涉猎各种书籍，无论天文、地理、文学、艺术、新闻、体育等，只要有空闲，就要养成不断学习的习惯。

○要有责任心

我们的言行举止，都代表着自己的形象，或者代表着我们背后的公司。如果你没有责任感，那么对方肯定不会看重你，这不但会影响你自己的形象，同时也会影响你背后的公司的形象，这无疑会对你的人脉品牌造成很大的伤害。

有一家三口，他们历尽千辛万苦，住进了新房子。妻子见到丈夫和儿子不太讲究卫生，就在家里贴了一条标语：讲究卫生，人人有责。

结果儿子放学回家以后，看见了这条标语，就拿笔把标语改成了“讲究卫生，大人有责”。

第二天丈夫又看见了，于是也拿出笔，把标语改成了“讲究卫生，夫人有责”。

经过这两次改动，可以充分看出他们两个人缺乏责任感，只想诿责于人。

我们只有负起自己的责任，才能迈出第一步。一个没有责任心的人，就算带着再大的诚意，也很难被别人接受。因为责任心就是一个人的信誉，它决定着我们的人脉前景。

◎如何走进对方的内心

在话题的选择上，我们不要让对方有被灌输、命令和操纵的感觉，如果对方有这样的感觉，就算你费尽了心机，也是不会有成效的。在交流和沟通中，话题的选择是人们第一考虑的要素，一个人会很直接地体会到“这个话题对我来说是舒服的还是难受的”，就像一名优秀的推销员会迎合顾客的需求，选择顾客最喜欢的话题来作为切入点一样。

人们在交谈时有一个常见的现象，通常是由第一个讲话的人选择一个话题，然后双方或大家围绕这一话题各抒己见，再慢慢地转向另一个话题。如果选择的话题能被大家接受，双方的谈话就会很顺畅地进行下去。如果你选择了不适宜的话题，引不起大家的兴趣，没有人做出反应，你发起的这场交谈就宣告失败了。

当然，有时候你可能拥有让人畏惧的权势。你是一家大公司的高管，或是政府某部门的高官，这样你就能使别人不得不坐下来听你讲话，无奈地听你讲述各种只有你自己感兴趣的话题。可是，结果又会怎么样呢？人们可能会假装在用心听你讲话，但是你无法强迫别人真正地去倾听。

有一些话题不管在任何场合中都是非常不合适的，比如：

只与谈话者自己有关的话题。有些人谈来谈去，总是围绕着自己的生活。他只对自己感兴趣，是一个表现得极度自私和自恋的人。也许开始的时候人们还有兴趣听一听，但是时间久了，人们便失去了兴趣甚至躲着这样的谈话者了。这样的人出现在哪里，哪里就是空荡荡的一片，没人愿意靠近他。

一些禁忌的话题。比如夫妻关系、家庭成员之间的矛盾、不愿谈及的疾病等。比如有的人不喜欢别人打听自己的经济来源或者经济状况等。这样的话题是谈话的大忌，即便谈论自己的这些禁忌，也不是旁人愿意听到的——除非你想将自己当作一名小丑，让你自己成为他人茶余饭后的谈资和嘲笑的对象。所以这些话题最好不要触及，除非对方主动提及，而你也乐意替他出谋划策。

一些根本无法继续下去的假话题。有些事情只说一遍就让人无话可说，比如“天气怎么样”，如果你用这个话题来开始你们之间的谈话，你会发现对方根本没有什么话来回应你。如果你发现周围的人不愿意与你进行交谈，可能你就要检查一下，自己是不是说错了什么话，是不是讲到了对方不感兴趣的或者毫无讨论价值的事情。

你可以就这一方面进行一次全面的自检，方法如下：我们以一个星期为限，尽可能地记下自己与人交谈时所选择的所有话题，把它们统计出来。如果你发现有的话题不停地重复出现，就在话题的后面记下出现的次数。

这样，你就得到了一张你选择的话题的清单。然后，我们仔细检查那些出现次数较多的话题，再问自己两个问题：

1. 如果别人总是跟我谈这样的话题，我想不想听？

2. 如果不想听，又是因为什么呢？

我们在沟通时应该选择什么话题呢？我们应该如何走进对方的内心，让他打开自己的心门？

一种普遍有效的话题，是鼓励并倾听他讲一讲自己的奋斗发展史。

如果我们对对方并不了解或者与陌生人进行交际时，我们有深入了解他的需求，而他也有表达自己的愿望。所以，了解他最好的办法，就是让他讲一讲自己的人生中最艰难的一段历史。

我们谈一谈能够勾起他回忆的话题。

一些有钱人或有所成就的人都有一个通病，就是最喜欢讲过去的生活如何艰辛，奋斗的日子如何难忘。在这个时候，你要做他的一个很好的倾听者，一边听，一边发表你的感慨，并且竖起大拇指告诉他：“你真不容易，你有今天，我很佩服你。”

这是你了解对方的一个好机会，你可以从中得知他是做什么起家的，现在的状况如何，这么辛苦的目的是什么，现在的现金流怎么样，和家人的关系怎么样，家庭和孩子的情况怎么样，等等。

你能够从这样的话题中掌握非常详细的信息，判断他的为人，然后设计更好的交际路线，采取更适合你们的交往方式。通过深入交谈，其实你已经不需要提什么问题就完全可以掌握对方的情况，拉近你与他之间的心理距离，建立了一种有着互信基础的同理心。这就是你们之间人际关系成功建立的开始。

我们中的大部分人都在试图以利动人，即用“好处”去打动对方，而忽视了说服对方的过程，对于利益之外的因素充满了漠视。失败者永远不吸取其中的教训，这是因为他们不懂得，虽然利益对于人脉公关来说至关重要，每个人都需要从人脉当中获取实质的利益，但它也应该用温情而理性的方式进行包装。赤裸裸的利益诱惑，只能让人与人之间的关系陷入功利的陷阱。

Part 2 第2部分

找到属于你的关键人物

你想早日成功，只有野心和能力显然是远远不够的。你必须找到一个贵人，也就是为自己寻找到一位欣赏你并且愿意提拔你的伯乐。他就是那个可以把你“提”起来，让你不用去挤独木桥，直接飞越河谷的人！

◎荣耀光环背后的秘密

你会发现，每一个想创立一番事业或在某一方面取得成就的人，都想了解那些成功人士是怎么做的。

“马云原来是这样白手起家的，他的口才真的很厉害，我希望自己也能做到他那样的从容不迫和临危不乱。”

“假如我拥有了松下十分之一的优点，激发出我身体内蕴藏的无穷潜力，勇猛地冲杀，谁说我不能创造一个新的‘松下’公司呢？”

你看，人们在憧憬未来时，经常很容易莫名其妙地激动起来，乃至激情四射，似乎梦想已近在眼前，不费吹灰之力就能实现。尤其在读完这些伟大人物的传记后，人们在敬佩之余，会纷纷发出上述感慨。接下来发生的事情你能猜到，无数的人匆匆忙忙而又斗志昂扬地行动起来，模仿自己的偶像去闯荡、去拼搏。

他们将成功人物捧上神坛，立志拷贝这些前辈的成功之道。于是，一种属于成功者的“荣耀”和对于荣耀的追随现象就出现了。在应人们的需求而产生的“励志市场”的刺激下，到处都有人在开讲座，在各大城市巡回演讲，撰写自己的传奇，去教导别人如何像他一样成功。他们的光辉人生不断地被印在纸上，出现在电视屏幕上，使他们成了励志名人。当他们一半心酸一半自豪地讲述自己奋斗的艰难和成功的不易时，无数的热血青年都被深深地打动了。

可是我现在要直言相告——尽管揭示真相很残忍，也不受欢迎——如果你听信他们的说法，雄心勃勃地放弃现在的工作，投入创业的艰辛历程中，当你如同一只野兽倾尽全力扑向茫茫未知的草原时，你一定会得到相反的结果，你可能会饿死在千里之外的河沟里，或者被更凶猛的捕食者吃掉。

你会在自己的失败中得到一种完全不同的结论，并痛苦地反省自己之前的幼稚。因为成功并不像他们说的那么简单。没有几个人愿意告诉你真正的秘密，即便他们确实希望与你分享这些经验，但也会下意识地对你隐瞒真相。

★依靠个人奋斗取得成功的概率还不到 2%

这是我们统计几万名优秀的企业家之后得出的真实数据。被调查者遍布全球 168 个国家，从欧美到日韩，从中国到南非，涵盖能源、金融、广告等几百个行业，既有世界级企业的创始人、CEO 和高级主管，也有中小型公司的老总和部门经理。

2%，这是一个可怜的数据，足以让人大跌眼镜！

即便这 2% 的成功者，也是在白手起家的过程中通过不断地积累人脉，逐步建立起强大的人脉圈，然后才如虎添翼，借势而上的。而超过 98% 的成功的创业者，他们都是依托于自己的圈子开始创业的，并非白手起家——虽然他们一定会这样宣传自己。

他们事业的起点，就是借助人脉的力量，将一个又一个圈子联结在一起，从而为自己备好了各种“武器”，为“汽车”加满了油！

比如，他的身边会聚集着可利用的知识圈、技术圈和资金圈等。在遇到难题时，会有人出来帮他排忧解难；在缺少资金时，会有人站出来帮他融资。

一个人要想取得巨大的成功，其实是很困难的。就像你所仰望的“股神”巴菲特，由于他雄厚的资金和人脉优势，他一直都是交易对象格外垂青和优先合作的目标。因为他的人脉和得天独厚的名声，许多时候人们会把钱送到他的手上，他不必那么辛苦就能得到为数不菲的利润。就像他与所罗门兄弟公司的交易，背后就活跃着人脉的影子。可以这样说，那简直就是一场人情交易，不能算作严格意义上的商业合作。

但是，就算这样稳妥和让所有内行人眼红的投资，也会有出现问题的时候，可见在今天的世界，投资和赚钱有多么艰难！一个人的判断力和决断力在其中起到的作用，有时连1%都不到。因为在比拼智力的舞台上，别人不见得会输给你。这个世界上的聪明人太多了，智力因素对一个人的成功所起到的作用，未必就如我们想象中那样巨大。

更多的时候，我们的命运的确是掌握在其他人的手中。这取决于对手是否有人为你让路，或者是否愿意弯下腰来扶你一把。

因此，你千万不要妄想通过阅读成功人士的传记，找到你可以复制的成功经验。这些书大部分经过了精致的包装，很多重要的事实他们都不会告诉你。就像我说的，荣耀光环背后的机密，通常不是能力，而是人脉和圈子！

一个不容忽视的事实，是许多成功者在帮助一个人成功，而不是这个人仅凭一己之力就走向了成功。就如同巴菲特说的："只有与成功者为伍，你才能成功！"落在沙堆里，即便你是金子，也早晚会被沙子同化；如果身边全是金子，就算你是普通的一粒沙子，也会因为金子的衬托，变得如金子般闪闪发光。

★人脉是财富的翅膀

在欧洲历史上，有一个神秘而又富有的金融家族，它的名字叫作罗特席尔德。有大量的证据表明，该家族一度控制了整个欧洲的货币机制和金融市场——有传言认为，这个家族还对英、法、德三国的财务历史有着惊人的控制，并且对美国金融体制和政治格局有过极为重要的影响。人们对它常常闻之色变，对这个家族出色的经营能力钦佩不已。

但是，你更该感兴趣的，或许应该是罗特席尔德家族经营人脉和构建利益共荣圈的能力。2004年，英国政府的移动通讯3G牌照进行公开拍卖，为其充当融资顾问的便是罗特席尔德家族——不过，你在《华尔街日报》上绝对看不到这条消息。这正是其兴旺发达的根本原因：

和财富为伴，与权贵为伍。

其家族创始人梅耶·罗特席尔德在13岁时找到了自己的第一份工作，去奥本海默家族的银行当学徒。这是他人生的起点，但并不是他发家的原因。当时，收藏古钱币是欧洲各国的王公贵族们一项非常普遍的爱好，这是上流社会品位大比拼的贵族游戏，就像中国的上流社会喜欢收藏名人字画和古董一样。

下层社会的人多对此嗤之以鼻。但梅耶从中看到了机会，他亲自编辑了一套《古钱手册》，附上详细的解说，然后把它邮寄给各国的王公贵族们，希望自己的店能够成为皇家指定店，以期从中获得丰厚的利润。

最后，他的投机行为成功了。欧洲巨富之一并从事军火生意的黑森公爵，向他敞开了大门。梅耶以近乎赠送的价格向黑森公爵卖出了自己收藏的珍贵古代徽章和钱币，这是一块诚意十足的敲门砖。他还尽力帮助公爵收集各类古币，并介绍一些顾客，帮这位贵人获得了数倍利润。当然，他从中得到的回报也很惊人，那就是数不胜数的上层关系和源源不断的发财机遇。

这就是罗特席尔德家族的基本战略：

他们将金钱、心血和精力彻底投注在像贵族、大金融家等具有巨大潜在利益的特定人物身上，他们付出巨大的牺牲与之打交道，提供情报并献上热忱的服务。等双方建立深厚的关系之后，他们再从这类强权者身上获得更大的利益。

在巨大的光环背后，起决定作用的不是其领头人无与伦比的经营能力，也不是让凡人仰望的出众的人格魅力，而是强大的政治资本和错综复杂的权贵人脉。他们成功地依附、建立并联结起了更多的重要的人脉网，和政界、商界等始终保持着紧密的联系。

这样的人怎么可能不成功呢？

我们的另一个结论则是：如果你没有这些，你怎么可能复制他的成功呢？

★能力、人脉与机遇

能力固然非常重要，我从不否认这一点。事实上，任何人都无法否认能力的重要性。一个人如果没有能力作为保障，即便他的人脉再广，也很难获得成功。

但是，只有能力远远不够！

与其说是能力决定了你的前途，不如说是机遇给了你展示能力的平台，而人脉为你创造了关键的机遇。它们密不可分！

你还感到困惑吗？

如果能力至上论者还在维持着基于传统认识的强烈的“自尊和质疑”，我可以讲讲身边的故事。

和我交往了十年的商业伙伴博斯特先生，曾经在业内上演了“70天成龙”的奇迹——他仅用了两个多月，就完成了从身无分文到百万富翁的华丽转身。

圣诞节刚过的时候，他还是厮混在洛杉矶“下水道区”（洛杉矶失业者常去的地方）的无业游民，几十天后，他就成了华尔街银行家的座上宾。

听起来是不是让人瞠目结舌呢？

如果一个人昨天还是穷光蛋，今天就摇身一变化身为亿万富翁，你肯定会感到不可思议！甚至可能大声质疑：“这家伙是丧心病狂抢了金库，还是买彩票中了巨奖？”

博斯特并没有什么特殊之处。就他个人而言，他的确是一个普通人，谈不上有什么过人之处，也缺乏创意的头脑。他经常活跃在洛杉矶的大小街区，没有固定的职业，就像一个需要领取失业救济金的人。他花费了3到4年的时间去做一些市场调查，也没有取得什么惊人的成绩。总之，他每天只是在默默地忙着自己的事情。他做的这些工作，也许你根本看不上眼。他从不吹牛，但也没有表现出多么谦逊内秀的品质。

你第一眼看到他，就会断定这人不会有什么作为，充其量是一个混迹于街头的某一“神秘行业”的调查员，或者干脆不礼貌地说，“他可能是黑手党成员”，有人就曾这样笑着对我形容他。但是，如果你了解到他那不为人知的家世，也许你就会改变看法，并重新看待他迅速崛起的过程。博斯特的妹夫是高盛公司海外投资部门的高级主管，他的一个远房表弟则供职于黑石公司。

当《华盛顿日报》的财经版讲述这位金融新贵的故事时，无数年轻人为之热血沸腾，纷纷猜测他的发迹史，是不是由于想到了某一个可以“改变世界或推动行业变革”的点子，然后在商界引发了一场创新的“核爆”？但是，有经验的传媒人和华尔街的老人们只是微微一笑，对此心知肚明。因为就在几年前，在这个行业的高端圈子里，博斯特的大名就已经无人不晓了。

华尔街的聪明人对他知根知底。只有那些傻瓜才相信他是真的凭借一己之力上演了一个平民崛起的神话。

光环突然出现在你的面前时，你看到的往往是伟大人物刻意展现给你的一面：

1. 我白手起家，童年时期历经磨难，经历了数不清的艰难困苦，但我从来没有放弃。

2. 我像你现在一样毫无机会，有时候只能通过别人的接济过日子，还数次失业，婚姻不幸，可是我有坚强的意志。

3. 我有着大胆而冒险的创意，制订了一份疯狂的计划，展示了我的勇气和能力。这是你缺乏的，也是你应赞颂和崇拜的。

4. 我是当之无愧的强者，因为我凭借一己之力创建了一个励志帝国。因此，这值得我到处宣扬，并倡导你跟随我的脚步。

听着，嘿，听着！能够叙述这些“经历”的确是一种荣耀。全球大概有着几百位乃至几千位类似的可以当你的人生导师的人物。他们有着管理的铁腕、冲天的壮志，还有伟大的雄心。但是，当你识破外在的假象，看清事情的真相时，你一定能发现一些不同的东西。在他们的经历中，保证他们真正成为伟大人物的原因，往往不是他们能够做什么，而是“他们能够借助什么”。

如果你真的懂了这个秘密，本书后面的内容对你来说才真正具备了价值。

◎你的关键人物在哪里？

毫无疑问，当你在传记和报刊上阅读励志名人的成功故事时，常常会对其产生崇拜之情，并反省自身的缺点和不足，但是，你总是无法发现这些重要问题——他们的成功真的这么简单吗？起到关键作用的力量究竟是什么？

为了打造个人形象，他们通常会说诸如“我经历了艰苦的奋斗，付出了卓绝的努力，这一切成功都源于我的眼光和能力”之类的话语，而他们的特殊人脉从不会轻易让你了解。

就如同漂亮女人，她们在家化妆的过程不会让你看到，用了哪些化妆品，是否整过容，只有她们自己的闺密和化妆师清楚。你看到的只是她们漂亮的脸蛋，就以为她们的美丽形象是天生的，这实在是大错特错。

★多数人看不到的“人脉”，作用往往最大

有一次在与清华大学的学生的交谈中，谈及“首富”的成因，有一位来自上海的男生也加入了讨论，他向我分析了比尔·盖茨成为世界首富的原因。尽管我已经猜到他的观点，但对他强烈的“自信”和毫无保留、不加研判的态度，仍然感到十分吃惊。

他说：“我认为他掌握了世界电子行业的大趋势，还有他在电脑上的智慧和执着。这让他能够坚定地为信仰付出一切，不达目的誓不罢休。就像我现在计划的一样，我在重走他的历程。我确信自己会像他一样成功，因为上帝不会无视有心人的付出。”

上帝会因为一个人的有心而给他圆满的赏赐？

“这很好。”我说。我首先称赞了他的精神，这种执着的信念和对待命运的顽强，的确是他需要的，也是每个人都应拥有的品质。但我又问他：“微软公司的崛起，你觉得人脉的因素起了多大的作用呢？”

他毫不犹豫地回答我：“是的，你将讲到的故事我心知肚明！他的母亲？他的合伙人？但我认为那不是主要的。甚至我觉得人脉的影响微不足道，因为全世界有关系和有权势的人太多了，中国人尤其讲究关系。但最后的成功者还是少数具备卓越能力的人。”

没错，他的看法是一种观点。事实上，在励志成功学领域，对于希望世界变得简单化和更加纯洁的人们来说，这也是一种主流的看法：许多人都有关

系，但最后的成功者只是极少数。他们讨厌关系，崇拜能力，但疏忽了“能力”本身就包括人脉资源，以及利用、整合这种资源的本领。

他期待我赞同他的看法，像他在书本上读到的那样。然而，我的回答也许对这位学生是一次沉重的打击：“如果你拥有人脉最后却没有成功，那只能说明你的人脉不够强势，无法将你本身的能力最大限度地发挥出来！”

比尔·盖茨的人脉资源不但相当丰富，而且还有着非常关键的隐身的“中间人”——让多数人看不到的关系往往才是作用最大的。他创立了微软公司之后，在20岁时就为公司签到了一份大订单，钓到了一条大鱼。这份合约是跟当时全世界第一强的电脑公司——IBM签的。

这是老掉牙的故事，但我们还是要询问：作为一个还在大学读书的学生，他怎能钓到这么大的一条鱼呢？

中间人不是别人，正是他的母亲。这在前面我们已经提到，相信你已烂熟于心。另一份合同，则是盖茨通过父母的关系找到了主管交通的政府官员拿下的。他的合伙人艾伦每天忙得不亦乐乎，按照传统方法——就像人们经常提到的“展示自己的能力”——到处推广公司的产品，但效果很差，远远没有盖茨利用家庭人脉关系为公司带来的回报多。

当盖茨开发课表编排程序时，他的第一单业务是自己所在学校的课表编排，第二单业务则是为华盛顿大学实验学院设计一套学籍管理软件。在第二单业务的签约过程中，我们可以看出身为华盛顿大学学生管理协会成员的他的姐姐的影响力，而他的母亲当时还是华盛顿大学的董事长。

同时你也会发现，保罗·艾伦及史蒂芬是盖茨最重要的合伙人，他们为微软公司贡献出来的，不仅是自己的才华，还有自己的人脉资源。在开拓日本市场的过程中，微软公司仰赖于一名叫作过彦西的日本人的帮忙，了解到了日本市场的一些关键特点，然后借助这个人，开发出了第一个投向日本市场的个人电脑项目，成功地打开了日本市场。

这些在背后帮助盖茨的人，都是我们所称的隐身的“中间人”。每一个成功者的背后，都有一个甚至数个沉默的贵人，来帮助他成长和发展起来，让他避免去走许多弯路，帮他少摔跟头，同时带来他们的经验和人脉，打开更多的窗口，为成功者提供更多的可能性。每一扇窗口和每一种可能性，都是宝贵的机遇。

这样的贵人，可以是合作伙伴、亲人、助手或得力员工，也可以是你的朋友。通常，他们隐身在你的背后，不抛头露面，行事低调，但能量巨大。他们可以从资金、业务、人脉甚至精神上，给你最有力的帮助、支持和鼓励。这是一种无穷的力量，几乎能让人少奋斗 20 年，快速地完成初期积累，走向成功。

没有这些贵人，你的能力即使再强也难以成功，也许你爬到半路时就会摔下来。

因此，你遇到的贵人越多，你在各个方面获得的帮助也就越多，成功的概率就会越高。比如，一些有才华的导演如果不是有幸得到了重要人物的投资和推荐，可能仍然是无名小卒，绝不会凭借一部好电影脱颖而出。

有人与这位上海男生一样，并不赞同我的这个结论。华盛顿大学有一位叫作姗妮的女孩对我说："李，我热爱艺术，这让我具备了无与伦比的感性细胞和发现本质的能力。我认为每个人都必须对自己的行为负责，直至死亡。他人起到的作用，只是让我们拿到及格的分数。只要自己付出一百分，无须他人的帮助，照样能在竞争中胜出。"

这种观点虽然可贵，但对于现实而言是极为荒谬的，可是我不忍心去直接驳斥并且打垮她的自信——她对未来的憧憬需要得到保护。因为她向往的世界就像一块干净的足球场，每个人都靠自己的脚法传球和突破，把球射进球门。在她的世界里，裁判是绝对公正的，不会因为有人是自己的亲友而有所偏袒。

但这仅仅是一种美好的愿望。有些成功者的确会告诉你，他就是这么做到的。事实上，他们夸大了自己的成就，忽视了别人给予他们的帮助，以及在此帮助下对于规则的更改。他们在你面前"忘记"了人脉对他们成功的作用，选择性地忽略了他们身后强大的人脉圈。

在现实中，你的能力再强、想法再好，也得找到一个伯乐为你指明方向。否则，你只能独自在黑暗中摸索，虽然也有走出"黑屋"的机会，但是在这个 10 万人争夺一个成功者席位的世界中，我可以告诉你，你赢的希望将十分渺茫。

姗妮是一个热爱读书的人，在课堂上掌握了丰富的理论，并培养了超强的自信。她说："我可以给你讲出 1 万个成功人物的故事，他们都没有依靠任何人！"

但是，当我用统计学的方式告诉她 2% 这个可怜的数字时，她只好沉默了。

★除了野心和能力，你还需要伯乐

法国著名小说家莫泊桑是许多文学爱好者的偶像。作为 19 世纪著名的批判现实主义作家，他的《羊脂球》《漂亮朋友》和《项链》等许多优秀作品至今还在广为流传。他的作品所描述的故事是当时社会真实的缩影，为我们展现了一幅幅活生生的生活画卷。

你看到这里，也许马上就要对我提出的疑问："您不会认为，一名伟大的作家也是依靠人脉的力量才得以成功的吧？"

没错，尽管这是一个残酷的事实——它打破了你心中早就设定好的那种美好的想象，或者击碎了你从小就建立起来的文学梦想。但我仍然要告诉你：如果没有文学巨匠福楼拜的鼎力推荐，莫泊桑可能会在军队中做一辈子小公务员，至少他成为知名作家的道路会十分艰难，绝不会如此顺利！

莫泊桑的成长过程并不顺利。他小时候曾经因盗窃被学校开除，他的母亲希望他成为一名牧师，可是莫泊桑没有当牧师的愿望，他想干点儿别的。确切地说，他想找到自己一生的事业，而不是每周末待在教堂里指导信徒向上帝忏悔一星期的罪恶，然后再祈祷下星期继续发财。

普法战争结束以后，莫泊桑加入了军队并来到了巴黎，先后担任海军部和文化部的公职。在此期间，他去拜访了母亲的朋友。这时，主角登场了，这个人就是著名作家福楼拜。莫泊桑在这一年成了福楼拜的正式弟子。

看到了吗？他的老师是福楼拜。这个人的名气足以排在当时法国文坛的前 3 名，他以一部《包法利夫人》奠定了自己在文坛的地位。巧合的是，他正想找一个有潜力的弟子来培养。他们在彼此的渴望中相遇，顺利地成为了师徒。

在福楼拜的指导下，莫泊桑的写作水平迅速提升。他非常勤奋地写作，成了一名出色的作家。这段时间长达7年。每个星期日，莫泊桑就会带着他的诗稿、剧本和小说来向福楼拜求教，当面看着恩师怎样修改他的稿子，并告诉他应该怎样创作出高质量的作品。

在这种亲密的交往中，福楼拜教给了莫泊桑成为名作家的三重定理："观察，观察，再观察。"这是一些文学青年穷尽一生都得不到的机遇。

后来发生的事情我们就十分清楚了：30岁时，莫泊桑发表了他的短篇小说《羊脂球》，这部作品受到了福楼拜极大的赞赏。从此，莫泊桑在法国文坛正式站稳了脚跟。又过了3年，他更为重要的一部作品《一生》发表，莫泊桑迅速成了世界级的当红作家。

在今天这个人才辈出的时代（不用多说你也知道，这是一个竞争多么激烈的时代），人们怀着几乎相同的梦想，奔着同一个目标前进。独木桥上相当拥挤，人人各显其能，能成功走过去的人实在是少之又少。

你想早日成功，只有野心和能力显然是远远不够的。你必须找到一个贵人，也就是为自己寻找到一位欣赏你并且愿意提拔你的伯乐。他就是那个可以把你"提"起来，让你不用去挤独木桥，直接飞越河谷的人！

★关键人物能改变你的命运

1978年的某一天，12岁的小泰森被押进了太龙学校。这所特殊学校容纳的多数是来自不幸家庭的黑人后代。进入这所学校，就等于被关进了劳教所。进入这所学校的孩子，相当于被打上了"劣质品"的标签，他们的未来一片黑暗。

泰森在这所学校里依然劣性不改。他容易愤怒，习惯用拳头去赢得别人的"尊敬"。在打架方面，他从不手软，充满了攻击性。这让老师非常失望，好多次都公开说："这孩子将成为'混世太保'，不如现在就把他投进成人监狱吧。"所以在次年，他被押往埃尔姆伍德少年犯管教所，继续接受改造。

如果不是遇到了伯乐斯图尔特和达马托，泰森可能只是一个流氓。

有一天上午，泰森又在和别的少年打架。管教所的拳击教练斯图尔特正好路过这里。他本来要去制止这场斗殴，没想到就在迈出几步时，突然被泰森的拳法所吸引了。当泰森以一记又准又狠的重拳击在对手下巴上时，他竟然情不自禁地叫起来："多么漂亮的勾拳啊！"

斯图尔特曾是拳击运动员，获得过美国全国"金手套"轻量级拳击冠军。当他意识到自己不可能成为拳王后，便把兴趣转移到了培养青少年拳击手上。

斯图尔特像发现了一块稀世宝玉。他冲上前去，很快制止了泰森的打架行为。他抑制不住兴奋的心情，对泰森说："你这么结实，是块好材料。那么，我来教你打拳，你同意吗？"

泰森看了斯图尔特一眼，不解地说："我打架已经很厉害了，为什么还要学？"斯图尔特耐心解释说："你是来学拳击，不是学打架。打架只能让你毁掉一生，拳击才是你将来的职业。你知道阿里吗？他就是拳王，也是你们黑人的骄傲。认真学吧，你也会成为拳王的。相信我，你将成为最优秀的拳王！"

从此，泰森开始了他的拳击生涯，这是泰森人生中的重大转变。斯图尔特作为一位优秀的教练，称得上是泰森真正的"伯乐"。泰森经过了一段时间的专业训练，拳法突飞猛进。拳击房里那些练习拳击的孩子，一个个都成为他的手下败将。

1979年初春的一天，斯图尔特向达马托推荐了泰森。达马托听说后非常兴奋，因为他正为找不到好苗子而苦恼。达马托对斯图尔特说："你把他带过来，我测试一下再做决定。"

在达马托面前，斯图尔特亲自与泰森"过招"，为的是让泰森有充分表现自己的机会。果然，泰森左右躲闪的灵巧动作以及进攻时的勇猛出拳，令达马托大喜过望。他说："我想不到，你真的发现了一个天才！"

达马托收下了泰森，为他办理了担保。这样，泰森便提前离开埃尔姆伍德少年犯管教所，与他的第二位伯乐达马托住在一起。达马托像亲人一样对待泰森，让他一边在学校读书一边练习拳击。但泰森不是读书的材料，老在学校惹是生非。无奈之下，达马托只得让他结束学校生活，专门请了家庭教师为他补习文化课。

达马托为了培养泰森，又为他请来了一流的拳击教练，为他提供了最好的训练设施。这是泰森在少年犯管教所绝对得不到的机会。

15岁时，泰森成为全美少年拳击冠军。18岁时，他进入了职业拳坛。1987年，他成为继阿里之后又一个获得世界三大拳击组织金腰带的“三冠王”。

假如没有这两个人呢？泰森还有机会取得如此高的成就吗？他可能连走出少年犯管教所的机会都没有！

一个关键人物，不但能够改变你的命运，并且会把他全部的资源无私地赠送给你，让你享受他几十年的“积累”，助你加速前进，迈入一个全新的世界。

★怎样发现你的隐身贵人

当我告诉人们泰森的故事时，许多人对此感到惊讶或者不屑。因为他们正在准备创业，却没有为自己寻找一个“中间人”的计划。他们当然知道泰森是怎么成功的，但问题是，人们总是这样，“知道”不一定就会“相信”，“相信”也未必肯“执行”。

“我准备得相当充分，做好了市场调查。我认为不会有风险，主动权握在我的手中，难道我还要找人帮忙？”

“我知道圈子和人脉的重要性，但我不想依赖这些，因为我希望凭借自己的力量去成功，而不是依靠别人！”

“我渴望创造奇迹，我想尝试一下！”

可是，现实无比残酷。通常几个月后，他们与我谈话时就完全改变了观点。他们重新找到我，迫切地希望我告诉他们一些寻找贵人和通过关系打开事业突破口的技巧。因为他们遇到了自己无法迈上去的台阶——需要有人推他一把，就像盖茨的母亲和巴菲特的父亲所做的那样。

当你真正地意识到问题出在哪里的时候，解决起来才会简单明了。否则，你只能在原地打转，永远无法走出困境！

我说：“在过去的某些时间，你曾经遇到过一些重要的人脉。他们就在你的圈子里，但是你没有抓住他们的意识和心理准备，所以你几乎没有正眼瞧过他们。”

你的中间人在哪里呢?

你遇到了多少贵人，却又轻易地把他们错过了呢?

请你赶快检查一下，别让他们与你擦肩而过。紧紧地跟在身后，抓住他们的衣角，然后让他们正眼瞧你一眼。“看，我是如此谦卑，请帮助我!”让他们发现你的价值、你的能量以及你为此愿意付出的诚意!

在你感到疑惑与迷失时，多问问自己问题出在哪里，这对你有益无害。

如果他们还没出现，那么，请马上行动起来!打开窗子，打开手机，打开你的一切通道，接收来自外界的信息!

有些时候，他们并不会站在原地等着你。他们既没有这个义务，也缺乏这样的心情。这就需要你自己去寻找。

你能想象一个对你的人生前景手握“生杀大权”的人，站在站牌下等着你赶过来一同乘车的场景吗?这一幕不会出现。请丢掉这种幻想，跑起来!在他到达站牌之前，就谦虚地等在那里，等着他的出现!

你能找到的这种宝贵人脉越多，你的成功之路就会越加顺畅。他们是你的“油料”，是你的“翅膀”。在你为了事业头疼之时，他们的指点和帮助，可以让你少摔很多跟头，尽快抵达成功的站点。

◎握有“免费门票”的大人物

人脉的“链条”一旦贯通，它所产生的效应是惊人的。就像我们在迷宫中打通了一道墙壁，就可以穿越重重阻碍，可以在不同的空间自由出入。

这就是为什么高明的商人都喜欢结交“掮客”——就是那些替人介绍买卖，从中赚取佣金的人——的原因。他们最大的作用，就是能为你提供“门票”和“入场券”。他们拥有你所没有的人脉和门路，可以为你牵线搭桥，迅速达到目的。

在美国，提供“门票”的人活跃在政客与商人之间。他们或者拥有某种渠道和权力，或者能够帮助客户拉拢选民，制造有利的舆论。我们设立在华盛顿和纽约两地的总部机构，主要的业务便是为政客提供帮助，多年来一直如此，而且效果显著。

亨廷顿在他的《难以抉择》一书中，提到了一种叫作政治掮客的群体。我们通过许多渠道可以了解这个概念。但我仍然很乐意引用他自己的总结，来说明这一群体在人脉领域的作用。

他说：“在乡村以及城镇的落后地区，一无所有的可怜的无产者，实际上被排除在社会参与和政治参与之外。从而，他们得靠社区特权成员来充当他们与该制度其他部分联系的掮客。”

掮客在他们中间做什么工作呢？他们愿意并且能够为解决个人和社区的问题去向当局说情，在政府部门和社区民众之间展示神奇的力量。

而且，这些人常常试图确立起自己的声望，将自己打扮成“老好人”。比如在日常行动中，让人们把他们看作整个社区的恩人，使人们感到，他们提供服务和谋求政府的帮助，不仅是为了帮助个别人解决困难，而且也是为了整个社区的利益。

★神通广大的政治掮客

我可以讲讲布尔吉的故事。按照布尔吉自己以及他的对手的说法，他是法国总统的私人财神。听起来似乎是吹牛，但事实确实如此。对于充当法国政客提款机的非洲国家来说，他的作用更大，是能为那些小国带来外交与军事援助的隐形天使。

布尔吉出身于非洲塞内加尔一个黎巴嫩籍的移民家庭。他出身贫穷，但他曾经就读于一所著名的学校。在这里，他有一位著名的校友雅克·佛卡尔——法国前总统戴高乐的心腹，同时也是法国政府新殖民主义政策的设计者。

佛卡尔的政策给了布尔吉最大的一次机会，因为他设计了一套一直沿用至今的外交策略：为了控制非洲国家的资源，安排一些信得过的非洲政客就任

“二战”后独立的14个非洲国家的首脑，然后为他们提供外交和军事援助，进而控制这些国家的自然资源。

于是，布尔吉成功地走上了舞台。他以律师和法国总统非官方助手的身份，在非洲政客与法国政府之间牵线搭桥，充当多国的“中间人”。他开始为别人提供机会了。

他说：“希拉克和维拉潘当着我的面数钱。”

你相信吗？至少，在高级政治人脉圈内，这并不是什么耸人听闻的事情。一切都很正常。布尔吉成功地充当了“人脉交易者”的角色，只有他可以将非洲的金元送到欧洲政客的手中，然后将某些“有利”的外交政策带回来。

★谁在拐口处给你指路

事实上，“门票”从来不是免费的！当你握有大量“门票”时，有时却突然不知道该走向哪一个路口。尽管你为了这大把的“门票”付出了许多，“收益”却如同打水漂一样，看不到一点儿回流的迹象。别担心，它们会帮助你在其他地方将你的“投资”成倍地收回来。

美国商界奇才唐纳德·特朗普（我们在培训中，曾将他的故事作为人脉课程的一项重点，讲给那些患有白手起家妄想症的人听），他的成功几乎完全依赖于自己的人脉。从特朗普大厦，到“环球小姐大赛”和超一流的高尔夫俱乐部，再到风靡全美的真人秀节目《学徒》，特朗普的涉足之处无不引来媒体的聚焦。就连伊拉克前总统萨达姆入狱后，也对美国政府提出要求，希望让特朗普加入陪审团。

世界各地的恐怖分子提到特朗普的名字，也会一脸憧憬：怎样与他见上一面？而不是如何敲诈和绑架他。

特朗普是怎样做到这一切的呢？

在四年大学生活中的每一个暑假，特朗普都会去协助父亲管理公司业务。这是一个重要的信息：他的父亲就是一位了不起的成功人士。他获得的第一张门票，是父亲给他的。他从大学毕业之后，就开始进入他父亲创建的房地产公司任职，开始了自己的事业。

不过，这不是他想要的。他热爱繁华，喜欢热闹，不想安静地待在美国二三线的小城镇。所以，他经常住在曼哈顿，并伸展自己的人脉触角，活跃在曼哈顿的高级社交圈，结识了不少财势兼备的政经名流，为他日后的房地产事业打好了人脉的基石。

1974 年，特朗普迎来了第一个重大机会：曼哈顿的宾夕法尼亚中央铁路公司宣告破产。他兴奋地从椅子上跳起来，宣布立刻买下这块地产，并且积极通过人脉关系向政府建议在此兴建市立会议中心。他的公关极其有效，纽约市政府决定接受他的建议。

1975 年，特朗普继续出手，他以 1000 万美元买进了邻近纽约中央火车站的一家破旧旅馆。这样一个很破的旅馆，在他的眼里却充满了商机。之后经过 5 年的准备，他利用自己在政界的人脉说服了市政府给予 40 年的减税优惠，顺利地办妥了贷款手续，并且亲自监督这项重建工程。1980 年，凯悦大饭店竣工了。这是特朗普的房地产事业中的一个重要的里程碑。

他花重金请来著名的建筑师设计了新颖亮丽的饭店外观。这项投资在市场上大获成功，顾客络绎不绝，饭店至今仍然生意兴隆。凯悦大饭店的成功，向世人展示了特朗普卓越的经营才华——更关键的，是他利用政界人脉公关政府、左右政府决策，来为自己的商业投资开道护航的能力。他在 34 岁的时候，就已经在纽约市颇具名气了，因为他黑白通吃，人脉深厚。

随后，特朗普在纽约曼哈顿商业区买下了高达 70 层的综合商业大楼——特朗普大厦。这是专为中产者提供的宽敞办公室、精品商店以及豪华公寓，吸引了无数的长期租客。这桩生意又让他赚进了数不清的钞票，其背后的人脉运作同样惊人。

但他的脚步并没有停止。特朗普借助自己的商界人脉，逐渐将投资范围延伸至房地产以外的行业，比如经营航运，执掌职业足球队，赞助职业拳击赛等。他的经营范围几乎到了无所不包的地步。

由于他多年来在政经界建立的深厚的人脉关系，没有他进不了的“房间”，没有他解决不了的问题。因此，他的信用极高。人们相信他手眼通天，可以轻而易举地做成任何事情，以至于有的银行愿意随时给他提供上千万美元的贷款。

重要的从来都不是野心和梦想，而是攀登高峰的过程：有没有人在拐角处给你指路？你将如何通过重重关卡，保证自己遇到的始终是绿灯？

这才是人们所渴望的“门票”的终极价值。

★如何得到行业“入场券”

我们知道，王永庆在台湾的名气与巴菲特的声望不相上下。台湾人可以不知道罗杰斯、卡内基，也可以不明白彼得·林奇是怎么发财的，但一定对王永庆的故事如数家珍。

有一次我去台北，问一位酒店经理：“社会的价值观是什么？”

他毫不犹豫地回答：“人人平等，人人有机会！”

说完，他笑了，我也陪着笑了几声。但我们都清楚，这是全世界都讲的场面话。比如王永庆，他绝不是赢在“人人平等”或“人人有机会”，而是有人把机会给了他。

在他的事业发展过程中，当他走到十字路口时，人脉关系起到了非常关键的作用。20世纪50年代，利用美国的援助，台湾开始发展自己的塑胶工业，一个新兴行业在台湾诞生了，许多人拿着钞票争相投身其中。

这时，王永庆也决定进入这个行业。但他此时并不知塑胶为何物，是一个不折不扣的“行业白痴”。就像你不懂股票，却正要迈进证券交易所进行股票投资一样。那么，这个对塑胶行业一窍不通的富翁，他是如何拿到“入场券”的呢？

1953年，台湾设立了一个叫作“经济安定委员会”的机构，召集人是尹仲容。他负责拟订玻璃、纺织、人造纤维、塑胶原料、水泥等建设计划，并且筹划运用美国提供的援助资金。王永庆就在这个时期进入了该行业，准备在工业领域做些事情。但他不知从何下手，而且他对台湾要搞的这个计划也缺乏足够的了解。

如果准备投资的这个人是你，你会觉得：唉，我一定会失败！前面都是黑的，水深水浅我都不知道，这个行业就是坑人的嘛！

不过，解决问题的“关键人物”出现了。王永庆有一个生意上的好朋友赵廷箴。两个人的私交甚深，王永庆曾经借钱给赵廷箴解决一些困难。所以，赵廷箴是信任王永庆的，既把他看作一个信誉卓著的好生意人，也把他当作一个可以信赖的至交好友。

因为他们都想从事制造业，这就有了合作和互助的基础。赵廷箴来找王永庆，两人谈了很久，最后他给王永庆提了一个建议：投资水泥行业。不过，申请递上去才知道，水泥项目有人搞，而且轮胎项目也落入了他人之手。这时，两个人都有点儿傻眼了。

这说明，赵廷箴和王永庆虽是颇有实力的知交，有钱并且有雄心，但和普通人一样缺乏关键情报和介绍人。他们通过各种关系，才找到了尹仲容。尹仲容派了自己的手下向二人介绍了塑胶项目的投资计划，又亲自当面向他们详细说明了这个行业的发展前途，还就美国方面的援助以及政府对塑胶行业的优惠政策，做了很深入的介绍。

到这时，王永庆的心里终于有了底，下定了决心。他和赵廷箴联合出资，走出了关键的一步。很显然，尹仲容就是那个提供“入场券”的大人物。

怎样才能拿到一张“入场券”？这是人人都想问的问题。回看王永庆的经历你会发现，一个关键人脉会有多么重要。

这个人当然不可能是身旁随处可见的路人甲，他必须是“高高在上”的，因为不是每个人都可以进入他的“视线”。如果你需要有这样一个人打开前进路上的关卡，就务必要严格“挑选”。

首先，这个人必须拥有一定的权力——他不是政治人物便是商界大佬，手里捏着无数的资源，甚至掌握了你的命运。

其次，他对你的实力十分看好，至少对你没有什么偏见。这个问题，涉及你自身的形象和你的努力。如果你告诉我：“多年来我始终这样，没什么改变，我不是那种努力抓住机会、愿意付出太多的人！”那么你完了，即便别人有张

“门票”本来要送给你，也会在看清你的真面目或者强有力的竞争者出现后，果断地把它收回去！

最后，如果你没办法认识重量级的人物，那就努力认识他身边的人。就像王永庆，他就是从尹仲容的身边人开始着手的。通过中间人的跳板，结识重量级人物，也是非常常见的方法。

◎关键的内部价格

★内部价格与“内部关系”

我们都了解什么是内部价格。比如，两个人在同一个地方买进同样的一件东西，你花了 100 元，而别人却只花了 80 元。如果我们只是在超市买一两件生活用品，他的便宜而你的昂贵，这还无法体现差异，因为你可能并不在乎。但如果是做生意呢？

假设你开了一家 A 公司，你的竞争对手开了一家 B 公司。两家公司成立的时间差不多，投入资金也相仿，都是在同一个行业，经营思路也大体类似。总之，你们的起跑线是一样的。但是购买同样一件产品，你在批货时需要付出每件 10 元的成本，1 万件就是 10 万元；他则只需要付出每件 8 元的成本，1 万件他只用了 8 万元，每 1 万件就比你节省 2 万元的成本，100 万件就是 200 万元。

在这种情况下，你的竞争对手就占据了利润和售价的双重优势。他在压低销售价，把你挤出市场的同时，还能赚到不低于你的利润。

事后你愤愤不平，发誓要调查清楚到底是怎么回事儿，看看自己输在了哪里。结果一调查才发现，对方不过是占了关系客户的便宜：与供货方有着多年的交情，或者在某一方面达成了双赢的默契，从而让他拿到了内部价格。

所以，你们付出了同样的努力，你们的能力也差不多，他加班你也加班，他准备充分，你也不辞劳苦。但在付出相等的情况之下，竞争对手的B公司只用了一年就崛起了，完成了最初的资本积累，成功地在行业内立足，还越做越大。你的A公司却坚持了不到半年，就负债累累，最后只能关门大吉。

这就是内部价格，它的真实含义是“内部关系”。通过人脉关系，各自占据了一条产业链的不同环节，然后达成优化合作，互享价格和渠道优势，共同构筑起一个强大的联盟，一起对付威胁到他们的利益的敌人，垄断和控制某个行业。

如果你拥有了一个贯穿整个供应链的圈子和人脉网络，你就有资本在价格和成本上压倒你的竞争对手，轻松地获取对方难以企及的巨额利润。

重要的是，你能凭借这一点彻底打败对手。

同一种商品在价格上的优势如何体现呢？一般来说，产品的价格比同类产品越低，该商品的竞争力当然就越强。因为价格低的保障是生产成本较别人更低，作为一种起跑线上的优势，低成本永远是最具杀伤力的武器。

如果你能获得内部价格的优势，在市场竞争中就为自己的公司和事业提供了强大的保障。

★以四分之一的价格买入，你能做到吗？

40年前，巴菲特投资《华盛顿邮报》的举动，今天已经成了一个伟大的投资案例。但是在巴菲特刚开始这项投资的前几年，恐怕没有几个人敢说巴菲特做了一桩了不起的投资。由于人们对于该报价值的低估，使得巴菲特在表面上吃了大亏。但是时间最终证明了巴菲特赢在哪里，他实际上占了一个“最贪婪的人做梦都会笑醒”的便宜。

1973年，巴菲特出手把它买入的时候，只花了《华盛顿邮报》内在价值的四分之一。许多出价更高的对手败在了他的脚下。

《华盛顿邮报》当时的高层人员对此一无所知吗？当然不，世上没有这种傻瓜。如果你看看巴菲特的背景和当时邮报高层人员的实际需求，就不难明白了，这其实相当于一种基于人脉的人情交易。

结论就是：内部价格最直接的好处是让你获得强大的竞争优势。内部价格来源于人脉，可以让你获得一些其他人无法获得的特权。

一个微小的价格变动会产生巨大的利润变动。聪明人知道怎样在价格的差异中赚取利润。如果你有这样的人脉资源，就能够通过内部价格来制造价格差异，战胜你的竞争对手。

◎你需要的10种人脉

在具体到人脉经营时，我们当然不会仅限于喊口号和空谈理论。每个人都有一套拓展人脉资源的方法。但是一般而论，人们首先想到的都是如何建立自己的圈子。

在我看来，在每个人的圈子当中，有10种人是不可缺少的。有了他们，我们的生活和工作就会左右逢源，轻松愉快。

★能够为你提供特权通道的人

他们能够提供的既可以是重要的机会，也可以是一些实际的需求。我将此类能力定义为提供某种“特权通道”。他们可通过内部关系帮你搞定在“市场渠道”中无法做到的事情。

比如，你的客户希望你帮他紧急联系某明星演唱会的售票方：“我需要4张票。”但是所有的售票处都保持一致的口风：“票早就售完了。”你的奖金和前途都与小小的门票联系在了一起！你不得不把这件事办成，你该怎么办？

如果你有办法，你就能在客户那里留下一个“力能通天”的印象，你们的关系和合作都会得以延续和保持。如果你做不到，便意味着你并不是那么八面玲珑，暴露了你在这方面的人脉“荒漠”，客户会觉得你让他“失望”了。事实上，全世界都知道这样一个秘密，不管是演唱会还是球赛，绝不会出现“票全部卖光了”这种情况。只要你愿意，一定有人有办法搞到主席台的贵宾票。问题是你必须有这方面的人脉，知道应该去找谁，他们也要愿意帮你才行。

能够为你提供关键机遇和重要“门票”，这是你需要物色的第一种人脉。无论你从事何种职业，身处哪个国家，你都需要他们。他们的价值尽人皆知，他们对每个人来说都是梦寐以求的人脉资源。

★能够为你打点旅游关系的人

如果有一位贵宾客户拜托你帮他处理一些旅行事宜——这是成功人士经常做的，他们四处观光、度假，有时渴望得到便宜的机票，或享受更好的接待，或得到目的地的特别信息，最重要的是他们没有时间，不屑于在这种小事上浪费宝贵的精力，他们需要一个能摆平一切“准备工作”的人——那么，这方面的人脉你有吗？

我们不得不承认一个事实，大多数人没有这方面的人脉。大多数人希望别人为自己服务，却忽略了跟能为自己服务的人做朋友。

假如你是一个习惯宅在家里的人，我想此刻你已冷汗直流、满心惭愧。你翻遍了自己所有的通讯录，连压在箱底旧得发黄的名片都没放过，找到的最有“价值”的信息不过是一个坐落在郊区的特色餐馆的电话号码。

你还会指望与这位贵宾客户将来有什么愉快的合作吗？我想不会的。你一定为自己在过去数年中没有结识那些旅游方面的人脉而感到万分痛苦！你会有撕掉这些发黄的名片，然后用头撞墙的冲动！

我在美国时，经常会联系各州的旅行社，为那些有需要的贵宾客户提供力所能及的协助。这让我获得了客户广泛的好感，也促进了我公司的业务，对我的人脉资源有着非常积极的提升和帮助。对此，我还得到了一个“全球通”的绰号。在客户的眼中，我是无所不能的，人脉网遍布全世界，世界各地的每座城市都有我的朋友，能够随时提供超值的服务。

没有任何一种帮助的价值会超过雪中送炭。对需要帮助的旅行者来说，你的帮助就相当于雪中送炭。原因在于，人们对于自己在旅行时接受过的帮助——尤其是在人生地不熟的异地——总会念念不忘，并时刻想着回报。这源于人们在潜意识中总想牢牢记住心灵放松的时刻，在此过程中的每一个片断都会在脑海中不断重播。对他们来说，能帮助他们享受生活的人，无疑是重要的朋友。

★在关键时刻为你提供机会的人

当然，除非你需要一份新的工作，否则你可能并不会和这类人聊上半句话。但在我看来，重要的不是你现在怎样，而是你未来的动态和发展。如果你不希望自己永远待在小职员的岗位上，就要抓住一切资源与这类人保持联系。人总是无法判断自己的未来，所以即使你现在的工作非常稳定，也不妨先与他们建立良好的关系，未来总有用到他们的那一天。

因为，谁也不敢保证自己所在的公司永远不会破产。即便现在的工作再舒服，谁也不敢拍着胸脯说明天自己不会辞职走人。

失业的危险总是存在的，这一点并不因为你是蓝领工人或高级金领就有所不同。在口渴之前先掘井，这个道理永远都是正确的。因为拥有猎头人脉，就意味着有了一个专业的个人价值营销平台。他们就像采花粉的蜜蜂，能将你的价值无限扩大，然后传播出去。成为猎头公司的座上宾，也说明了你的身份和地位，证明了你有足够的资历进入更高级别的圈子。

或许也可以说：你已经在这个圈子里了。

所以，当下次猎头公司的某位经理热情地给你打电话时，不管你多么满意目前的工作，都不要急于挂断电话。你应同样礼貌地告诉他：“虽然现在我真的没有太大的兴趣，但是您的电话令我受宠若惊。您可以留下一个私人的联络方式，我们可以抽时间吃顿饭，彼此认识一下。”

让他成为你的家中常客，对你的生活只有好处，没有坏处！

★银行和融资人员

不管你是否真的需要，你都会发现，现实中银行的作用已越来越大了。哪怕你不做任何投资，只是简单地贷款买房、买车，也都无法离开这方面的人脉。当然了，投资理财人士更加离不开银行和其他的融资渠道。对他们来说，这方面的人脉简直就是天上掉下来的宝贝，是永远受欢迎的贵宾。

很多人都不注意储备这方面的人脉，但如果他们的资金运作出现问题时，他们就会如同热锅上的蚂蚁，才意识到这方面的人脉有多么重要。所以，不管你是否需要，都要如同晴天携带雨伞一样，提前做些准备。当“大雨”降临时，你就知道应该把电话打给谁，而不是坐在沙发上一筹莫展，摔了电话愁容满面。

“你喜欢银行吗？”

听到这个问题时，你可能会怒容满面：“我讨厌那帮贪财鬼，他们对我的信用卡总是胡乱扣费，还没完没了地推销各种垃圾保险！”

不！我会告诉你：马上改变这个态度！你可以不理睬那些保险经纪人，但对“银行”和“信贷机构”的人员，请你像对待自己的爱人一样——温柔而亲密地结交他们，因为你总有一天会需要他们！

★政府公务人员

政府关系是绝对不可忽视的公务人员或者警察之类的人脉，对于每个人来说都不能缺少。他们是每一类人脉圈都渴望结识的对象，而且总是排在最优先的位置。

我曾对一个初出茅庐急于创业的年轻人说：“你有政府关系吗？”他毫不避讳地对我露出一副鄙夷的神情：“我是一个凭自己的能力去创造财富的人，不需要依靠任何政府关系。”

瞧，很多人都是这样，为了某种“纯洁”急于撇清与政府的关系。可是等到他真正需要的时候，他可能会因此耗在某一个环节上，无法再走下去。

这类人脉的重要性不单单是运用在“大事业”上。具体来说，大到投资理财、经营公司，小到生活中的每一件事，你都离不开这类人脉的参与。他们能为你提供“安全感”。

★一切可以称为“名人”的人

“名人”有时候并不限于那些站在高处呼风唤雨的人。他们可以是全国性的甚至世界性的知名人物，也可以只是一位社区名人——因为长时间做义工而成了大家共同爱戴的社区明星。当然，“他”可以是奥巴马、马云、布朗、伦敦市市长、华盛顿特区议员，也可以是我、我的团队中的那些公关明星、你所在地区的行政首长，甚至是他的喜欢写书和参加电视讲座的秘书。

我们面临的问题其实并非他们是谁，而是我们如何才能认识他们呢?

许多人都告诉我，他们觉得名人是很难接近的：“你看，他们的眼光高，工作忙，哪有心情和我说上一句话？可能连看我一眼的兴趣都没有！我跟他们处在完全不同的世界！”然后产生畏惧和自卑的心理，从来不敢主动出击，不敢向名人靠近，难以进入名人的圈子，更不可能将名人拉入自己的圈子。

其实，解决这一问题的方法有很多。我们能想到的也只是可用办法的万分之一，但对你来说已经够用了。

在心理上，真正的名人并不高傲。他们愿意与任何人接触，只要此人不是狗仔队或意图不轨。除却那些故作姿态的伪名人——这些人也毫无价值，大多数知名人物平和而又谦虚。只要时机恰当，你总能得到与他们交流和交往的机会。

名人往往比你想象的还要容易接近。大部分名人都有自己的律师、医生、会计师、亲戚以及常去的地方。有一部分人还有他的经纪人、公关人员、专业教练或者生活助理。

看到这里，你是不是已经发现别有洞天了？你可以先去认识这些人，然后借助他们作为跳板，运用人脉理论，与你想认识的名人建立一个愉悦而长久的联系通道。

★金融顾问和理财专家

我认为，每个人都必须认识几个金融顾问和理财专家。他们是可以告诉你钱往哪里投的人。

现实中，你可能要等到结果出现后才知道投资是对还是错，但这时往往为时已晚。你总不会希望有一天自己因为在投资方面发生了错误，只好默默地承受一大笔损失。因此，当你遇到金融顾问和理财专家这方面的人脉时，千万不要轻易拒绝与他们交朋友。

★律师必不可少

就算你为人善良，从不主动招惹是非，喜欢息事宁人，不愿得罪生活中的任何一个人。你也要明白，这个世界是如此复杂，什么人都有——换句话说，不知道哪一天，麻烦就会主动找上门。你可能吃了官司，或者被人侵权。这时，你将意识到律师的重要性。

如果你的人脉圈内有一些知名律师，哪怕只有一个，生活或工作中的麻烦事儿都会少许多。甚至可以说，有时候“麻烦”就会绕着你走。有这类人脉的存在，“麻烦”根本就不敢惹你！

★专业的维修人员

在生活中经历的事情多了，你就会懂得，在自己的人脉中有一些优秀而又诚实的维修人员是多么重要。你的汽车坏了，你的数字电视收不到信号了，你家的下水道被堵了，甚至你家的锁打不开了，都能立刻用上他们。

假如你知道有谁可以在最短的时间，以最快的速度，并且只让你付出最低的费用，就帮你处理掉这些事情，那么，请留住他们，并把他们纳入你的圈子。假如你对此不屑一顾，看不上这类人的作用，那么在大半夜时，你家的电器突然坏了，你就会意识到他们到底有多么重要。如果算一笔经济账，你就能发现，长此以往，他们会帮你节省下来一大笔维修费用。当然，最重要的是省心和舒适。

也许你会说："我可以随便找到维修人员，只需要支付相应的劳务费用，这比让我讨好固定的维修人员来得更容易。"

是的，你说得有道理。但是你要知道，随便找来的维修人员除了让你损失惨重之外，还会给你制造一段时间的不快和恼怒。他们还习惯于拖延时间，讨价还价。这一定会影响到你的生活质量。

★无所不能的媒体联络人

最后我问你："你的媒体人脉有多少？"

你属于媒体圈内的"受欢迎"人士吗？

或者说："在你的通讯录里经常联系的那部分，有没有几个记者的电话？"

不要告诉我，你在某天的某报发表了一篇关于如何建立友好社区的文章，在网络论坛发起了一场重要讨论并被推上首页，在微博被一些记者关注，就意味着你拥有了媒体人脉。

我们讲到的媒体联络人，是你可以在关键时刻调用的宣传资源，是能够在困境时帮你脱离苦海，或在顺境时为你锦上添花的"笔杆子"。

你可以从普通的记者开始。当然如果认识一些知名媒体的主编或投资人，那就再好不过了。不论你是绯闻缠身，或有新产品上市，他们都可以代表你，站出来聪明地处理这件事。他们以此为生，他们也十分专业，能够帮助你树立一个良好的形象；他们还能联合起来，助你完成品牌包装，开拓新的市场。

当然，你一定需要为此付出必要的费用。重要的是，你随时可以征用这条通道，不必像其他人一样不得其门而入！你要懂得给他们需要的东西，然后通过他们满足自己的需要：互相满足需要，这就是人脉圈的真相！

Part 3 第3部分

如何认识更多优秀的人

如果你还在感叹自己的人脉资源非常稀缺，事业空间太小，那么你回头审视原因的话，或许你就能发现这一点——你对于强者和贵人的心理需求缺乏把握，总是游离在他们的期望值以外。这就是你一直不能春风得意的原因所在。

◎抓住强人的需求

★每个人都有一个需求点

我们每个人都很清楚，人的兴趣各有不同，都有各自的喜好，也有各自厌恶的东西。你满足了一个人的欲望和兴趣，那么他也会以同样的方式来回报你。

通常来说，人总是逃离不了一种“情感引导行动”的本性，所以当你希望自己在与强势人脉的沟通中获得一个渴望中的高分时，你就必须在双方之间架起一座情感的桥梁，寻找对方的兴趣点，引起对方的兴趣，发现对方鲜为人知的优点，最大限度地引导，然后投其所好，才能满足他的需求，然后再满足自己的需要。

你能够满足对方的某种需求，他的心中自然会产生喜悦之情。这时你给予的建议或者提出的要求，他就比较容易欣然地接受，你的交际目的就能够比较轻松地实现了。

这是所有人的心理状态，同时也是处于弱势的人去公关强势人脉时可以采用的一种手段。

当然，反过来也是成立的。你会发现越是成功的人，他们对于别人的需求点就越是在乎。他们观察准确，且行动到位，言行举止总能切中你的心理需求，这是因为他们深刻地知道：人们希望别人按自己的兴趣和喜好行事。

你如果既能把道理讲明白说清楚，然后又可以迎合对方的喜好，你的言辞就能进入对方的心里，那么你的建议会被对方格外重视。这样的游说没有不成功的，而你也能够成为对方的人脉库中很重要的一名成员。

看看下面这个故事：

有一次，美国的大思想家爱默生和儿子想把家里的一头牛赶回牛棚，两人一前一后，吃奶的力气都用上了，还是徒劳无功。路过的女佣看见两个大男人累得满脸油汗、青筋暴突，但距离牛棚还是很远，就赶忙上前去帮忙。她只拿了一些草让牛咀嚼着，边喂边向牛棚引它，很快牛就进入了棚里，两个男人在一边看得目瞪口呆。

女佣之所以能够顺利地将牛赶进棚，就是因为她知道牛的心中所想，用一把它最喜欢的草就完成了两个大男人都无法完成的事。这就是“需求点把握”的强大功能，抓住对方的需求，你才能顺利地打开那间想要进入的房门，并且受到主人的真诚欢迎。

有一次，我通过层层人脉，终于要跟自己想找的那位客户搭上话，这时却在最后一个关卡卡住了，无论如何都无法与客户当面交谈。

当时，我的面前有两种选择：一是我放弃这个单子，不管它能给我和公司带来多大的利益，因为时间不等人，放弃也是可以接受的；二是继续努力，克服困难，拿下这个客户。

经过“痛苦”的思考，我决定不服输地向这个困难发起挑战，即使它看起来根本不可能克服。在一次次尝试失败之后我想放弃了，但是心底有一个声音在说：

“距离自己的目标只差这一步了，你真的要放弃吗？”

“难道不能换一个角度去想想，再去研究一下客户的信息吗？”

最终，我选择了坚持，无论如何，我都要再努力一把。而且恰好在这时，我听到一个最为重要的、在客户信息表格中没有的消息：这位客户最近喜欢上了养花，喜欢收集全国各地的名花，特别是那些不怎么常见的品种。

得到这条信息，我如获至宝，翻遍了香港和澳门大大小小的花店，我甚至还去了深圳和广州。几乎所有的花店我都去过了，终于找到了一盆不属于常见品种的君子兰，送到了他的府上。我因此成了他府上一位受到热情接待的客人。又经过一段时间的努力，我顺利地签下了那一笔重要的单子。

★了解并把握“喜好”

让一个人喜欢你或者对你产生好感的最有效的方法，不是尽快地让他了解你，而是你先要了解并且喜欢上对方的喜好，然后你根据他的这一喜好，再决定该说什么样的话、做什么样的事。

当你向客户推销或者与上级进行沟通的时候，你肯定要说他们所乐意听到的话，而不是只说自己心中的所想。我们的想法要经过基本的包装，以对方愿意听的形式传达过去。这是一项基本原则，不再多言。你要知道客户需要的是什么，上级希望得到的是什么，然后针对他们的“喜好”，制订相对应的沟通策略，步步为营地实现目标，而不是硬要向客户推销你急需卖出去的产品，或强求你的上司接受你的建议。

当你想钓到池中的鱼时，就应该在鱼钩上挂上鱼喜欢吃的食物。同样，我们在跟客户和上级沟通时，也应该投其所好。这样客户购买你的产品的机会就会大大增加，上司对你的评价也会提升。

我的一位朋友是一家餐厅的老板，他很喜欢饮食行业，就投资了一笔钱，开了一家店。因为店名不够吸引人，所以生意一直不好，于是就让我给他想想办法。只有抓住了消费者的心理，生意才能红火，于是我就给他找来了一位心理学教授。

教授来观察了一番他的餐厅，然后说：“你把店名改成‘五环餐厅’，在招牌上画六个环就可以了。”朋友很不解，但他还是照办了。

没过几天，奇怪的事就发生了，早晨餐厅还不到开门的时间，就有几个过路的人对这招牌议论纷纷，有的甚至还从窗户往里张望。中午的时候，店门刚开，围在店门口的人就蜂拥进来，他们的目的只有一个，就是告诉我的朋友，招牌上多画了一个环。

说完后，这些人脸上都充满着一种沾沾自喜的表情，他们为显示自己的聪明才智和超强的观察力而心满意足。就在这时，进来挑错的人闻到了厨房里诱人的香味，注意到了这家餐厅高雅的布局，还有这么多高素质的服务生，立即决定在这里吃饭。

结果，很多人临走时都说："还有这么好的一家餐厅啊，我原来怎么没注意到呢？"

不久，该餐厅就在这座城市声名鹊起，吸引了很多顾客。

心理学教授知道人们最大的癖好之一便是挑别人的毛病，所以教授给朋友出了这样一个主意，让他投人们之所好，迎合人们爱挑毛病的心理，这样才能吸引人们的注意力，餐厅才能赚钱。

不过必须注意的是，我们必须赋予对方一种纯正的动机，引导并满足对方正向的兴趣爱好。如果你心术不正，恶意引导，那么得到的效果往往是相反的。

在沟通时，把握喜好是改善或者获得人脉的一种绝佳的润滑剂，尤其在我们面对一些尴尬之事时，把握喜好就可轻而易举地改善或者获得人脉，达到使人看清你并认同你的价值的目的，然后产生心理上的共鸣。

美国前总统西奥多·罗斯福在此方面就表现甚佳，凡是拜访过他的人无一不惊叹他知识渊博。各色各样的人，不管是农民也好，政治人物也好，商业巨子也罢，罗斯福都能跟他们谈得很投机，使他们成为自己竞选路上的支持者。他深知获取人心的重要性，所以罗斯福无论接见任何人，事前一定要做的就是阅读那些对方会感兴趣的谈话资料。

因此，凡是拜访过他的人，都对其评价极高。他的人脉当然也极为广泛，竞选总统时占尽优势。

谈论对方喜欢、感兴趣的话题和认为最值得谈的事，你就能得到平等交谈和深入交流的机会。

★适当的恭维

几乎每个人都喜欢听别人说自己的好话，适当的恭维显得很有必要。恭维的原则在于，你要寻找对方的心理需求点，然后去赞扬他的长处，认同他的某些“成就”，从而引起对方的注意，对你产生足够的好感。

我们注意到，那些人脉广的人，他们在必要的时候总能得到贵人的相助。他们不一定就是靠溜须拍马得来这些机遇，而是在恭维方面拥有过硬的本领。

你不必苦恼为什么别人似乎认识世界上所有的人，而你连自己身边最常见的人都不认识，因为任何正常形式的恭维都会为你带来一些人脉。比如，你去找人办事，碰巧他的孩子在一旁活蹦乱跳，或者正在做什么事，恰巧让你发现了。这时候你可以找一个理由将他的孩子夸奖一番，即使孩子长得不好看，你也可以找到别的优点；就算是缺点，你也可以从另一种角度指出孩子的过人之处。

你可能发现自己的上司是一个脾气暴躁的人，他经常发脾气，得罪他的人没有好果子吃。但你在同事中打听到此人热爱艺术，是一个不那么靠谱但绝对忠实的文学爱好者，那么你就可以抓住这点线索，和他谈一谈《麦田里的守望者》或者《百年孤独》这样的文学名著，满足一下他的虚荣心和表现欲。

有一次，长江实业集团要组织一项活动，当时的营销经理有意让我的同事小王来负责策划。小王得到这样一个表现自我的机会当然是高兴得不得了，但是第二天问题就来了。他觉得凭借自己的经验，想要办好这项活动简直是轻而易举，只是有一个难题——经费不足。

他找到我说：“前辈，你说怎样才能让经理多批些经费给我呢？”我笑了笑对小王说：“这实在有点儿难度呀，我们的经理可是一个小气的人！”他听了叹口气说：“我也知道没什么办法，所以才找到你呀，经理平时最愿意听你的一些建议。”

他找到了我这条人脉——可以给他指点的人，然后对我讲了一些让我高兴的恭维之语，我就算识破了他的目的，心里也非常高兴，因为没有人不喜欢让人夸奖和赞美，这是所有人的一个弱点。于是，我便对他说，经理喜欢打高尔夫球，而且是一个高手，最近因为太忙没有时间，已经很长时间没打了，你可以从这方面入手。

小王立马在周末组织了一个小型的高尔夫球活动，他与九龙一家高尔夫俱乐部的老板沾亲带故，租用那里的场地毫不费力，几乎没花什么钱，就搞定了场地，还拿到了两张贵宾卡。经理对这次活动十分满意，在高尔夫球场大展身手，然后小王的预算问题就解决了。

适当的恭维有几点需要注意。比如，你不能赞扬客户或上司的性能力——这等同于在“指责”他是一名好色之徒。你也不能抓住一点儿小事便大做文章，因为对方可能根本不在乎这样的细节。恭维如果找错了地方，结果往往不那么美妙。

以取悦对方为手段，必然是以攻克对方的心理堡垒为目的。在大多数时候，这都是处理好自己的人际关系的好办法。如果你还在感叹自己的人脉资源非常稀缺，事业空间太小，那么你回头审视原因的话，或许你就能发现这一点——你对于强者和贵人的心理需求缺乏把握，总是游离在他们的期望值以外。这就是你一直不能春风得意的原因所在。

◎实现心灵的透视

你必须时刻琢磨“他在想什么”，或者“他想做什么”“他到底需要什么”，但更重要的是，透视并理解对方的心灵层面，你才能打破人脉道路上的关卡，实现互相在价值观上的认同。想让强者在价值观上认同你并不容易，其中最为简单直接的办法，就是能够与他进行心灵沟通，获得一些关键的信息。

“心灵透视”的本质：

理解和认同对方的价值观、信仰及人生的理想。

看清并熟悉对方的思维模式、习惯和一些基本的人生态度。

靠拢并且可以进入对方的心灵世界，在同样的领域内得到他的认可。

★“你知道我在想什么？”

每个成功者都想让别人知道他在想什么，尽管他们自傲于“那些小人物不知道我是怎么想的”，但是总的来说，成功者都有拿自己的心理去考验别人的欲望。

换句话说，如果有人摸清了成功者的心思，那么这个成功者就会在潜意识中不由自主地将这个人当作“自己人”。

我陪加利福尼亚州 UT 电器代理公司的总裁克雷默打高尔夫球时，克雷默告诉我，他的销售总监上个月离职了，他需要在两个人选当中确定一位新的销售总监，但是这个职位是如此重要，几乎关系到公司的生死，因为要跟客户没完没了地打交道，能否把握客户的心理十分关键。

“是吗，总裁先生，你的决定是什么呢？”我问他。

克雷默没有回答我，而是指了指远方正在过来的一个人，笑着喊道：“嘿，贝克，过来一下。”

我知道了，贝克正是他的人选之一。接下来，他或许要做一个测试来让我帮他做判断。

贝克迈开步子，很快走过 30 米左右的草坪，他穿着得体，面带谦恭的微笑，看起来彬彬有礼，很有亲和力。“老板，您有什么事？”他凑过来问。

“我的球杆坏了，贝克，你看，裂了一个小缝，我今天的准备实在不充足，打了很多次球，输给李维文先生了。”克雷默遗憾地对他说，接着又转身对我说，“李，今天的天气也不好，你看，好像要下雨了？”

我笑道：“我回去再看一下天气预报，这是我早晨出门前的疏忽。”不过，在我的印象中，好像最近几天都不会有雨。

贝克还在观察那个球杆，他很认真地看了一遍，然后干脆地说：“老板，不用担心，球场有各种牌子的球杆供我们更换，我这就去拿一杆新的。”他迅速地向球童招手，10 分钟后，拿来了一个新球杆。

3 天以后，我打电话给克雷默，问他销售总监的人选定了没有。

克雷默回答我：“已经定了。”

“能告诉我是谁吗？”

他稍停了约1秒钟的时间，说：“不是贝克。”

这和我的判断不谋而合。克雷默的本意是：“我不想打了，天气只是我的借口，我想回去处理公务，可是你只听到了前半句，却忽视了我讲到了天气。”贝克错误地判断了老板的意图，他在揣摩老板的心意方面表现迟钝。

如果他面对的是一个重要客户呢？这对于销售总监来说将是不可原谅的错误。

透视对方的心灵，重在含而不露，领会他的思想，提前揣摩他的意图。这种沟通的方式，在于摸准对方的心理之后，用自身的行动作为协助，在实际的表现中让他看到你的价值。遗憾的是，现实中似乎多数人在这方面的表现都不合格。人们总是以自己的立场去判断别人，忽视了跳出自己的立场、全身心地领会他人意图的重要性。

★做一个善解人意的朋友

我们不仅要做心灵透视的施予者，还要做一名合格的接受者。给予别人既中肯又深刻的意见、理解对方的意图固然重要，但是我们也应该观察工作中给予我们这些感受的人，做到互相理解和支持。

如果你做的事情总是很符合对方的心理期望，你的目的就会很容易达到，“贵人”会尽自己最大努力来为你找到目标人物或接近目标的人物。假如恰好你找到的这一人脉的手里有两个符合你目标条件的人物，那么他会给你介绍其中更为优秀的一个，你的工作就会变得非常容易，甚至有可能就此一步登天。

假如你不是一个善解人意的人，事事都与对方心中所想南辕北辙，那么即使你使尽浑身解数，也可能无济于事。更有甚者，你可能会就此中断自己的这一支人脉和潜在的关系，咸鱼再也翻不了身。

现在的服务业特别注意揣摩顾客的心思，这其实跟人脉圈中的处理方法是一样的，你必须能够摸准顾客的心思——透视他的心灵，你要准确地把握他喜欢什么样的产品，他想买哪种牌子或款式的衣服，然后你才有机会满足对方的需求。

有一次我去一个地方出差，在谈完工作的第二天，为了赶火车，我就匆匆忙忙地离开了房间。谁知道，刚走到旅馆门口，外面就下起了倾盆大雨。于是，我转身向身后的服务员说："麻烦你去我房间里看看，我的伞是否还在房间里。"过了几分钟，服务员气喘吁吁地跑回来说："是的，您的伞在您房间的床头柜上放着。"我只好深表无奈。

这名服务员看似对顾客服从和尊重到了极点，可是他为什么还只是个普通的服务员呢？甚至我敢断言他离失业已经为时不远了。因为他根本不了解顾客真正的需求和心思。

我在当时需要的不是让他去看看我的伞还在不在，而是我渴望有一把伞拿在手里，让我赶紧离开。可惜服务员的理解完全错误。当时我想，如果他是我的员工，可能下一秒钟他就失业了。

★胜在提前领会意图

在我们的工作中，最大的人脉目标，往往不是其他人，而正好就是我们的上司。换句话说，上司将是你的人生中最重要的人脉，你在人脉方面最大的努力，就是让你的上司给予你最大的重视。于是，如何及时地领会上司的意图就非常重要。

透视你的领导的心灵世界，这也是我们最重要的一个交际需求。

领导的每一个动作和每一句话，很可能都包含着大量有用的信息，这就要发挥你的观察力，从他的一个普通的小动作里，预见到他在想什么、他想做什么，以及迅速地替他接下来的行动做好准备。

一名优秀的上司，从来不会浪费时间反复地下命令，如果你了解他的这一特点，领会了他的意图，那就表明你是一个果断精明的下属，就会更容易让他对你产生好感，也就为你赢得了一支非同小可的人脉。

我在新加坡的时候，公司的市场部经理珂先生让他的助理李小姐，就他的部门全年的工作写一份工作总结报告，并且嘱咐她说："越详细越好。"李小姐马上调查情况，花了几个星期的时间，然后把一年的工作都事无巨细地写了出来。

但是珂先生看了这份洋洋洒洒多一万字的报告，却摇头表示不满。

珂先生的意思是什么呢？他希望这份报告在总结方面详细一些，而不是列出所有的数据却不总结。李小姐完全会错了意，也不理解自己的顶头上司平时的工作风格，结果是在具体的工作事务上无一遗漏，就连上司组织了几次会议出了几趟差，还有公司搞了几次请客吃饭都写得清清楚楚。

面对这份报告，珂先生无可奈何，苦笑之余，只好自己动手又重新写了一遍。

李小姐的错误，许多公司的下属都在犯。对于上司的意图，她实际上并没有心领神会，提前判断和预知的能力太差，只限于机械简单地理解执行。这就向我们表明，在与领导的相处方面，下属的心领神会至关重要。不是说你应该成为他肚子里的蛔虫，至少他想要什么，你是需要提前预知的。否则，你只会提前败下阵来，很难成为一个上司眼中值得信赖的自己人。

为了领会上司的意图，当你接受他的指示或者吩咐的时候，假如你并不十分清楚，或者不想冒险，那么你就应该问得再清楚一些，不要有太多的顾忌心理，而去模棱两可地执行。错误的执行就算再迅速，得出的也是错误的结果，那样以后麻烦的还是自己。而且，也不要上司说了什么，你就想当然地认为完全理解了。在这方面，自负的心理完全要不得。

首先，你得明白这项工作在整体的工作当中处于什么样的地位，你也应该明白你的领导目前正处于什么样的需求和心理状态。同时，你应该根据上司一贯的思想意图和工作作风来加以完整地理解，把握他真正想要的东西，达到“心有灵犀”的境界。

要做好上司的得力助手，成为他的放心手下，重要的就是要提前领会上司的意图。他的意图有时不会直截了当地表达出来，而是需要你仔细地揣摩再去做。这样的现实确实无奈，但你无可回避，只能提升自己的能力，努力去胜任。

对于一个指示来说，如果需要领导不断地重复，同一件事和同一个指示说了一遍又一遍你才茅塞顿开，那么你给领导留下的印象就实在太过糟糕了。领导对下属最基本的要求，就是必须对自己的意图快速领会且坚决执行——当他有这个想法时你就要提前判断出，当他对你交代一件事时，你必须有一点就通的能力，而且你要在他规定的期限内保质保量地完成。

如果你做不到，那么当你想通过他去找到某一个人或者达成某一件事的时候，他就会再三思量要不要把你介绍给对方，要不要满足你这个“小小”的要求。相信我，不管他的眼神看起来是多么无辜和抱歉，他的内心一定是这样想的——他很讨厌你，简直想让你马上在他的眼前消失掉，永远也不想再看到你。

◎表达的勇气和内容

从心理学的角度来分析就能发现，人在沟通时的大胆表达，运用的是人的心理代偿功能。也就是说，当我们处于弱势或困境时，可以用励志的心态来激励自己，用其产生的积极情绪来代替心理上的负面情绪。

每一个人都有自尊心和虚荣心，都喜欢争强好胜，但是由于某种原因，总会使一个人的正面心理被压抑，出现自卑、气馁和不思进取的情绪。

当一个人处在这种状态时，他的人际关系就堪忧。当他进行沟通时，就会产生严重的信心不足。他会想：“我能不能说服对方？”进而他会一个劲儿地怀疑自己的能力。

他觉得自己是无能的，什么事情都做不好。

他认为自己不管怎么努力，都只能接受一个无可奈何的结局。

被消极情绪压制的人，他需要唤醒内心的信心，然后释放出无穷的潜力。通过自我激励，激发出表达的勇气。首先敢于表达，其次去组织表达的内容，这才是打动强者的关键因素。

你要敢于向一个人进行表达，从而得到结果。有时就算结果不怎么美妙，完全不是我们想要的，但只要勇敢地表达和提出合理请求，相信你的收获也一定是积极的。你能够从中总结教训，收获经验，在下一次面临类似情况时，你将做得更好一些。

我有一次去见一位泰国的客户哲坤先生，长江实业集团希望通过哲坤扩大在泰国的市场，他是曼谷最大的代理商。资料显示，哲坤并不是曼谷人，而是来自泰国的边远地区清水。他是一个很狡猾的商人，以善变和不讲原则著称，是一个“唯利是图”的家伙。

我并不十分清楚他的性格以及他会对我采取的措施，所以不知道该如何开口。我在犹豫中丧失了许多机会，差点儿失去这笔生意。在起初的几次会面中，我们除了天气和旅游信息，几乎什么有价值的内容都没有谈到。

他并不着急，对此表现得坦然自若，游刃有余。而我忧心如焚，如同热锅上的蚂蚁，却无从下手。

到了最后的时刻，我发现再不行动，就将彻底告诉人们“我是一个失败者”了。我在曼谷大酒店的门口连续抽了 4 根烟，徘徊许久，硬着头皮打通了哲坤先生的电话。这次我没有再漫无目的地找借口，直接向他请求见面，想谈一谈业务的事情。

哲坤不冷不热地回答：“好啊，你到我的公司来吧。”他已经为这一刻准备好了，只不过对我迟迟没有开口略感惊讶而已。

原来他一直都在等我开口，我却被自己内心的怯懦绊住了脚步。

我打了一辆车，很快到了约定的地点。我坐在哲坤的对面，没有再进行客气的寒暄，因为我实在没有时间了。我马上提出了公司的希望，并且开出了我们最优惠的条件。我唯一的要求就是尽快给我答复——不，马上给我答复。

“现在？”哲坤的眼珠子都要掉出来了，这真是有点儿不符合商业习惯了，一个小时的考虑时间都没有吗？

我的回答是：“实在不好意思，我希望您尽快，最好是下一分钟，不然我只能回香港辞职，请公司另派人来。那么，对您的时间也是非常大的损失，不是吗？”

哲坤顿时紧咬嘴唇，满面愁容。我从来没见一个老板会愁成这个样子，他就像一个突然发现自己在股市亏掉了全部家底的股民，正痛苦地思考如何回家向老婆交代。然后在下一分钟，他就像迅速下定了一个决心，重重地一拍桌子，说：“好的，我答应你们公司的条件，请把合同准备好吧。”

当我走出他的办公室时，足足有半个小时，我始终没有回过神来。“就这么简单？难道这一切不是幻象吗？这几天我的犹豫究竟是为了什么呢，我真是一个愚蠢而又缺乏勇气的人啊！”

如果哪一天，你为了某件事而羞于向你的“关系目标”启齿，并为此焦虑甚至绝望时，我想告诉你的是，你可能夸大了表达和获取回报的难度，你凭空为自己设置了一个“不可逾越”的障碍，你自己的潜意识在“告诉”自己跳不过去，这其实是在以自杀的方式断送掉一次公关的机遇。

事实是，只要你开口，并且符合情理地说出你的期望，问题马上就得以解决了。

我至今还记得另一件事。当我初到美国时，钱很快就花光了。短时间内，我的财务危机非常严重，而我暂时又没有进账可以缓解这一困难。我只有一个办法，向别人借钱。我为此愁苦满面，几夜不眠，在纸上列了一个“可能会借钱给我的人”的名单，长长的一串人名，有二十几个人。他们有的是我的老乡，有的是同事，还有的只是刚到美国新结交的朋友，其中有一位是我现在十多年的挚友：海德曼先生。他当时在华尔街一家证券公司担任中层经理的职务。

我采用排除法，逐步删掉那些借钱机会小的人，最后就只剩下了海德曼一个人。他虽然是我初到美国时刚认识的朋友，属于萍水相逢，却对彼此的印象不错。而且我有一个“阴暗”的判断是，他是美国人，又是一位成功人士，他会相信自己的眼光，然后帮我渡过难关。相反，如果是中国人，借钱给我的机会很小，因为中国人即便是最好的朋友之间，也往往“恐惧”借钱，这是我们在国内都会体验到的一种无奈的现实：我们在国内的人脉往往不会涉及金钱的借用，人们只愿跟现在的强者结成好友，而不想去搭理那些穷困的家伙或者哪怕是“潜在的强者”。这正是中国人的人际关系中功利乃至势利的一面。

即使如此，我仍然不敢开口。我拿着电话，一遍遍地摁着海德曼的号码，就是没有拨打出去。我痛苦地辗转反侧了好几日，通宵难眠，设想着无数的灾难性的后果，都是他拒绝我的反应。比如，他强硬而冷漠地挂断了电话，从此不再跟我联系；他婉转地拒绝了我，然后我在朋友圈中大丢面子；他还有可能根本不会接我的电话，让我连一丁点儿开口的机会都没有。

直到我的身上还有200美元的时候——我连下个月的房租和伙食费都没有了——次日的下午房租必须要打进房东的账户，我咬着牙颤抖着手打通了海德曼的电话。

听到是我，他的语调有些奇怪："哦，李，想不到你会主动联系我。"听到这里，我的心已经凉了一半。

"不好意思，我第一次给你打电话，竟然是希望获得你的帮助。"

"李，有什么事需要我相助吗？"

我的心一硬，干脆地说："借钱。"

我所没有料想到的是，他听到这个词之后没有丝毫的犹豫，马上问："你需要多少？人民币还是美金？"

"3000美金，我保证在3个月内还给你，并且支付给你利息。"

"请把账号给我，我想10分钟内就可以到账。"海德曼说，"不过，我认为3000美金对你来说可能只能解决暂时的问题。作为一位值得你信赖的朋友，我愿意借给你10000美金，1年内归还，你只需写一个借条给我就可以了。"

"啊……"

"我能想到，如果不是非常需要一笔钱，你不会打电话给我。我能理解你现在的处境，而且我很荣幸，你能对我表示信任，把我视为一位可以开口求助的朋友。"海德曼真诚地说。

他既愿意借钱给我，还"保护"了我的自尊，让我非常感动。

放下电话，我如释重负，然后我坐在沙发上，全身无力，并且突然嘲笑我自己的小题大做。这有什么呢？有什么要求，直接大胆地说出来就是了，不管结果如何，最起码我要做好自己：勇敢地表达，去向这些潜在的关系请求帮助。

敢于表达的勇气，将体现你的决断力：

1. 不浪费任何时间在无谓的犹豫上。

2. 相信你的判断力和真诚的沟通能力。

3. 敢于面对有可能出现的风险及不可预测的结果。

对表达的内容的选择，表现的是一个人的逻辑能力和内在思维的价值：

1. 表达的内容依旧是优先考虑的问题，除了勇气之外，你还需要学会沟通和表达的方法。

2. 内容表达的顺序和对于沟通方法的选择，能够体现出你这个人的内在思维的价值。

3. 预先做好的准备至关重要，鲁莽的勇气和不着调的内容也会让你的表达变得一文不值。事实上，许多人请求别人帮忙遭到拒绝，或者在谈判公关时遇到麻烦，都是在这个环节出现了巨大的失误。

◎获取理解

“获取理解”是一项我们与别人建立通畅的沟通渠道的必要手段。人与人之间，要有一个同理心的比较。不但你需要有同理心，也要让对方心怀同理，这样才能让他理解你，他才愿意帮助你解决你的难题。

★拿出你的正确方法

在公共关系学中，如果我们把自己的境遇和对方相对比，并让对方看到一个清晰的结果，从而对你产生必要的同情，就是运用这个规律。在后面的章节中，我们会具体谈到同理心这个问题。同时，我们也可以在对方的难题面前迅速表现自己的“做事能力”，将一种正确的方法摆在他的面前，比你仅仅是表达诚意所起到的作用要大得多。

一名精明的营业员，通常会为了拿到丰富的提成而向你推销某一件商品，这时我们会拿另一品牌的同类商品与此进行比较，最后为自己认为最划算的商品付账。

我们都有过这样的很直接的感觉：同一种颜色，我们把它放在较暗的背景下看起来更亮些，放在较亮的背景下看起来则就会更暗些。两种不同的事物同时出现，比它们单独呈现所得到的效果要好。

在人脉理论的实践中，强势人脉的积累策略，并不是规定说一定要你在这方面拥有多么高的造诣，对于某一方面有多么深刻的研究，才能短时间内通过最简便的关系找到自己的贵人，比如跟布什总统通话，或者跟巴菲特先生共进晚餐，而是能用巧妙的语言和方式让别人记住你，让大家对你的印象分上升，从而争取到人脉。

换句话说，我们需要的是两项最重要的素质：

1. 强有力的解决问题的能力。

2. 心灵的有效沟通和互相的理解。

你有很多超乎常人的看法，即在别人头脑模糊的时候，你便已经看到了事物的本质，那么你要怎样来向当事人提醒呢？这不仅要有良好的意愿和态度，更需要合适的方法。你可以将所有供选择的机遇与前景组合在一起，列出几个方案，再系统分析，将想法和意见巧妙地表达出来，让他看清楚并从中选择最好的一个选项，你也会因此而获得别人的重视和好感。

★有效的选项

另外你一定要记住，有一些人脉对于我们来说，并不一定就是真正有利的——利好来得过于幸福的人脉往往潜藏“凶险”，这就需要你拥有一双火眼金睛来辨别出哪些是可以接受的人脉，而那些看似“前景光明”而暗藏危机的人脉，你一定要拒绝。

人脉会把你带进天堂，同时也有可能把你推入地狱。如果有一种人脉可以让你一步登天，比如“只需一个电话就能让你与奥巴马共进晚餐”的人脉，如果你自己并不具备“与奥巴马共进晚餐”的价值，那么这种人脉经常是不可靠的。

去年的4月，我去纽约出差时，在酒店遇到了一位国内的同胞吴先生。他向我讲了自己在这方面的失败事例。他在浙江义乌有一家艺术品公司，每年生产大量的艺术品，既有外销，也有在国内打开市场的机会。但是，他在国内这方面的渠道并不多。他这几年的主要业务都是向日韩出口，是比较纯粹的外贸型公司，一旦出口受到影响，他的公司就会立刻陷入困境。

这使他非常苦恼，一直在想办法发展国内的代理销售商和打开相关的市场。但是，国内的竞争异常激烈，市场蛋糕早已被瓜分一空，他能进入的机会是少之又少。

有一次，吴先生去北京旅游，在朋友的介绍下，偶然认识了一位自称“高干子弟”的楚姓青年，对方自称神通广大，有的是资源和渠道帮他的产品打开销路。吴先生顿时如获至宝，觉得自己遇到了一位不可多得的“贵人”，将他当作宝贝供了起来，不仅花了很多钱请他在京消费，而且回到义乌，又在当地购置了一套房产，准备送给这位楚贵人。

吴先生想：只要能真正地打开国内市场，与这样的贵人建立长期的关系，买这一套房产又有什么不可以呢？

没过多久，效果果然就出来了，他的产品在楚贵人的介绍下，真的收到了全国各地发来的订单，前3个月的销售业绩就提升了接近190%。这让他大喜过望，认为自己竟然结识了这样的人脉，真是上天照顾。他马上将房子送给了楚贵人，以示谢意。对方也一点儿不客气地收下了。

就在吴先生的生意一片红火时，却突然传来了一个让他震惊的消息：那位楚贵人因为涉及几桩金融案件，和几名官员一起被拘留了。而且，在他交代的收受贿赂的名单和钱物中，吴先生送给他的房子也赫然在列。可以说，这起事件给吴先生的公司造成的打击不亚于破产。他的公司被查封了很久，虽然后来证明他送出的礼物只是出于“谢意”，他从中获得的回报也只不过是产品打开了一些销路，楚贵人只是居中介绍了一下，但是，从此以后，他的公司就一蹶不振了，没有人再敢订购他的产品。

类似的事件在国内数不胜数，这表明，如果你不能够看清楚有些事情的本质，对于人心和“人的交际目的”没有清醒的判断，你很可能会因为自己的错误选择，而将机遇变成不可测的危险，从而失去其他更好的选择，让自己在人脉的公关方面得不偿失，一招不慎便掉进泥潭。

从人脉结交的现实角度看，真正的友谊不可能会让你轻而易举地获得，它需要经过长时间的培育，也许需要一些灵光一闪的契机，但肯定要经过彼此的相知和理解，才能绽放出友谊的花朵。

在努力培养关系的过程中，我们必须充分尊重别人，并且尊重自己；我们要热情真诚，乐于助人，心胸开阔，宽宏大量。只有这样，我们才能看清楚那些“黄金选项”，真正的友谊才会降临到我们的身上。

你不需要怀疑一切，有效的选项总是存在的，人脉会向你敞开两种颜色的大门，区别在于你的洞察力和是否具备诚实正直的品质及长远的眼光。

当相互利用在人们的人脉结交中成为一种不良风气的时候，我们确实应该睁大眼睛。当人脉被涂上金钱和功利的色彩时，这种被人们叫作友谊的东西也就随之发生了质的变化。它成了一种收买与利用的关系，这并不是人脉的适用范围。我们倡导的人脉结交，永远也不可能跟功利关系结为盟友，而且也不会对此提出任何建议。

有些关系，在表面热情的背后，真正的用意是钱与权，他们投入的是自己经过包装的无耻资本，用伪装的外表和言行与你来往，对你虚与委蛇，他们期待实现自己权钱利益的最大化。因此，他们所谓的人脉的概念和应用，完全是功利性的。

在与朋友的交往中，每个人都要时刻保持清醒的头脑，认清对方是否真心想与你进行交往，是否能够提供双方真正需要的友谊。

在人脉领域中，最难的也是最重要的，就是我们想给别人留下一种清晰独特的印象。而让别人记住你的最快捷简单的方式，就是通过适当的话语在最短的时间内表达出自己的目的。如果在沟通中，你分析问题时总能一针见血，那么就会成功地被别人刮目相看，从而给贵人留下深刻的印象。

Part 4 第4部分

建立属于你的圈子

如果平时对一个强者多进行一些感情方面的投资，同时将更多的强者拉进自己的圈子，和他们进行资源的共享，建立深厚的友情，那么，你的事业发展就如顺风行船，获得的推动力非常强大。不管遇到多大的风险，都能平安度过。

◎智囊团：找到愿意帮助你的有识之士

当读到这里时，我们显然都已经明白了这个道理：在成功的道路上，人脉比能力更重要；你拥有什么样的人脉圈，比你在什么样的公司上班更重要。

因此，尽力拓展人脉资源，应当是你在生活中优先考虑的事。你必须找到愿意帮助你的有识之士，因为他们就是你的“智囊团”。我们都知道那些亿万富翁积累财富的过程，也十分清醒地看到，他们成功的原因并不仅仅因为自己天才的构想和强大的意志，更重要的是，他们本来就处在一个容易成功的高级圈子里。那些已经成功的人乐意对他们拔刀相助，所以他们才成了后来的成功者。这就是“成功的真相”，这就是这个世界的成功者俱乐部中的普遍现象！

香港的某一份杂志曾经针对一些上班族做过一个详细的调查。结果在所有受访者中，有70%的人表示他们有被贵人提携的经历。而且年龄越大的受访者，受到提携的比例越高。尤其是50岁以上的受访者，他们几乎每个人都曾经遇到过贵人在他们身处逆境时出手相援，助其脱困，使其免受意外之苦；或帮其突破瓶颈，把握机遇，进而平步青云。

在这些受访者中，凡是做到中高级以上主管的，有90%得到过贵人的提携。在自己创业当老板的群体中，调查员发现了一个不可思议的事实：这些人竟然100%都得到过贵人的提携。

★想成为亿万富翁，首先要认识亿万富翁

这不仅是一个事实，还是一条亘古不变的奋斗真理！正如我们在本书的第一章列举的，在历史和现实生活中，众多成功人士的背后，往往都能发现一个或几个能量巨大的愿意为他们提供帮助的人。这些人乐意向他们敞开自己的经验宝库，为他们提供人脉和资金，甚至只是说一番鼓励的话语，就像天使对待凡人一样。但这并不是天上掉馅饼的“撞大运”，因为即将成功的人和已经成功的人其实处于同一个圈子，他们有交集是必然的。

于是，即将成功的人才得以跟在这些贵人的身后，得到贵人的提携和帮助。这种帮助有的是给予某种机会，有的则是直接提供资金或其他支持，使他们迅速发展，超过了身边无数的竞争者。他们中间有些人的最终成就，甚至比援助他们的人还要高。

这样的人，他们在上马的时候有人扶，摔倒了有人拉，落水时有人向他们抛去救生圈。

雅虎公司的崛起历程你知道吗？杨致远和他的几个同学拿着雅虎的策划书四处寻找资金，却屡屡遭到投资人的无情拒绝。天使机构在这时表现出了魔鬼般冷漠的一面。相信许多人对此并不陌生——我在当年就曾经数次遭遇与杨致远类似的待遇，抱着厚厚的项目策划书，到处领教风投机构冷酷无情的面孔。

不管你多么自信、专业和真诚，他们的回答都只有一个字：“NO！”（不！）

正当杨致远一筹莫展之时，孙正义毅然拿出了2亿元，并提出只占有35%的股份，这才有了今天的雅虎公司。当然，孙正义也因此在后来获得了超过200亿的巨额回报。

国内另一位著名的由体育运动员转行经商的李宁先生，他的成功也是因为在飞机上认识了一位后来给他做顾问的朋友。在这位朋友的帮助下，李宁品牌在中国内地迅速走红。如果没有这种高质量的人脉，也许李宁在今天的身份不过是“一位著名的退役体操名将”。

能成为亿万富翁的人，首先往往是因为他认识了亿万富翁！

因此，我们才经常提出这个建议：在你的一生中，一定要善待你周围的人，不要怠慢任何一个人。因为你不知道他究竟是谁，也不清楚他将来是谁。或许，他在未来的某一天就会成为你一生的贵人！

当然，在你寻找到有识之士之前，一定要把自己打造成一匹千里马。只有这样，才能被伯乐发现。

江南春是分众传媒董事会的主席，他是在电梯里遇到自己的幸运天使的。2003年的上半年，江南春将自己10年的积蓄投出去，在高档写字楼里安装了价值2000万元的液晶显示屏之后，却没有盼来源源不断的广告客户。他的公司生意惨淡，眼看就要陷入破产的境地。公司每天不断烧钱却不能赚钱，他的压力很大。此时，同在一层楼办公的软银上海代表处的首席代表余蔚注意到了他。

在一系列专业的“拷问”后，没过一个星期，江南春就获得了一笔风险投资——50万美元。虽然这笔钱与日后数千万美元的投资相比显得微不足道，但它帮助江南春摆脱了当时面临的生存困境。

与巴菲特有意去寻找政商两界的人脉不同，江南春的贵人看似是撞大运撞来的。但余蔚一开始能注意到江南春，是因为江南春的勤奋。余蔚发现，这个广告公司的年轻老总没有星期六、星期天，常常从早晨8点钟工作到夜里12点，自己在电梯里遇到他时，他总是拿着一个笔记本和一份策划书。

这说明，机遇只会留给那些有准备的人。要想成为亿万富翁，每天都要做好成为亿万富翁的准备。在你清醒着的每一分钟、每一秒钟，都要给予所有人善意，不轻视身边的每一个人。包括你的上司、朋友、同学、老师、客户甚至一个普通的路人，他们都有可能在未来成为你的天使。

只要在生活中做一个有心的人，你就会在周围看似平凡的面孔中寻找到你的天使。

每一个人都有自己的梦想，大到已取得成功的人士，小到仍在朝九晚五的普通人，我们都是梦想的“俘虏”。梦想当然是美好的东西，但并不代表只要你有了一个正确的理想，就能为自己将来的人生打上“必然成功”的标签。

要想把自己的梦想尽快变成现实，我们就离不开一些关键人脉的帮助。一个人的力量从来都是有限的，成就梦想需要付出很多努力，经历很多艰辛，其中很必然的一步，就是要得到别人的帮助。

在你跨出第一步的时候，如果有天使助你一臂之力，后面的道路就相对容易和轻松很多了。尤其是那些有能力为你出谋划策的人，他们来为你排忧解难，会让你更加自信和放松。就像在黑夜中拿到了一支手电筒，你可以比别人更快地找到正确的道路，到达自己的目的地。

★你的“大脑”是谁?

借助别人的智力和经验，能够缩短我们的路程，还可以提高效率，提升我们奋斗的成功率。

USL公司的调查小组在全美和东亚两个地区，通过网上问卷调查了4364人。其中男性占到了54.40%，年龄层次主要集中在18—29岁，总共占了调查人群的77.98%。在我们的受访者中，绝大多数人在信息技术和互联网行业工作。当然，加工制造、贸易、生物制药行业也有一部分受访者，他们主要集中在东亚。在学历方面，受访者多数以本科学历为主，占到了43.81%。

在受访者中，超过80%的人认为，要使事业获得质的提升，绝对离不开别人的指点，特别是一些“高明的指引”。他们相信一定有许多比自己更聪明的人，也相信团队的力量。因为团队的智慧总是大于个人。只靠自己的智慧，虽然做得未必很差，但走到一定的高度后，就无法再有新的突破。只有向别人“借用”智慧，借助于他人的“大脑”，才能更进一步，取得更大的成功。

一个愿意帮助你的“大脑”有多么重要?

一位成功前辈的建议，会对我们的人生产生多大的影响?

我们国内有一句话：“30岁以前靠专业赚钱，30岁以后拿人脉赚钱。”专业和人脉，结合起来就是成功前辈的“大脑”，它是许多有识之士智慧的总和，发挥的作用远远超过你自己的“个人能力”。有些道路，他们早在你之前就走过了无数次，深知哪个地方有暗坑，哪个地方埋着炸弹，哪些区域和路口则充满了不易发现的机会!

在我们的调查中，关于哪类因素对于自己的事业影响最大的问题，只有不到 20% 的人选择了“个人能力”。在全部的受访者中，还有 30.77% 的受访者认为机遇起着不可忽视的作用，有 17.35%的受访者则将成功的唯一因素归结到了人脉。

他们说：“如果没有人在关键时刻扶你一把，给你宝贵的机会和资金，你可能一辈子都活在怀才不遇的阴影之中。”

我们调查的结论就是：如果你有能力，这当然最好不过了。而在能力之外，你还需要有良好的人脉资源。在你需要天使时，马上就有人站出来，那么你的人生将格外顺利，不管做什么事，都会产生事半功倍的奇妙效应。

这就是为什么有的人在几年前看起来还一事无成，生活拮据，但几年后就突然成了某一领域的“成功者”。因为他在度过知识积累的阶段之后，利用早就积攒好的关键人脉，展开行动，很快就能获得巨额回报。在这场人生的“马拉松”比赛中，他一个加速就超过了你——尽管他的过去没有什么值得称道的地方。

既有能力，又拥有关键性的人脉，这样的人必然拥有辉煌的未来。虽然在短时期内，他看起来没什么作为。

这是成功者公开的秘密。每个人都需要有一个贵人慧眼识才，引领和帮助他快速地成长。不论是比尔·盖茨、巴菲特，还是摩根、范德比尔特，或者是 Facebook（脸谱网）的创始人扎克伯格，当看到他们推动着这个世界飞速前进时，你应该仔细想一想，你的成长又得到了哪些贵人的帮助呢？

你如何去寻找身边的贵人呢？

你是否也愿意付出努力去成为别人的贵人？去以自己的能力和人脉充当他人的天使？

另外，我们需要特别强调的是，这些贵人经常以一种不起眼的幕后者的身份出现，他们不会抛头露面，站在闪光灯下成为焦点，而是经常在幕后操纵台上的一切。所以，我们很难在成功者的传记中找到他们的踪影。对你来说，这种人脉当然也是最为稀缺珍贵的。

你需要的是一个可以保护你的安全、可以为你出谋划策的人。如果用一个词来总结，他就是你人生的“智囊”。他把关键的营养输送给你，让你变得更加强壮。

★企业家与智囊团是怎样发生化学反应的？

与此同时，我们又该如何组建自己的智囊团？

我问一位国内公司的老板：“你有自己的顾问团队吗，3 到 6 个人的专业团队？”

他顿时睁大眼睛，惊奇地反问我：“公司的事情又不多，我雇他们做什么？有事情我自己就解决了，不用他们指手画脚！”

他做的是服装生意。他在珠江三角洲有一个总公司，还有 7 家分工厂。听起来这是一门简单的生意，把衣服造出来，装上集装箱再运到世界各地，凭借价格优势占领大部分市场，每年稳赚不赔。

“不需要对国际市场做出分析，对公司的结构调整进行专业咨询和规划吗？”

“不需要！”他很自信，回答得斩钉截铁。

于是，当两三年前国内进行产业大调整时，他因未做好转型准备而措手不及。7 家分工厂关闭了 5 家，营业额降到了原来的 30% 以下，利润完全消失，只能靠贷款度日。这一切来得是如此之快，他还没有醒过神来，这家发展了长达 20 年之久的知名服装出口公司就倒闭了。

假如他有一些有预见力的“智囊”对他提前预警，结果会大不相同！事实却是，他不但没有专业的顾问团队，甚至连这方面的朋友也没有交到一个。在他身边，围拢的都是只能陪着他吃吃喝喝的人。

对企业家来说，他的智囊团可以称为智力后援或思想库，既是他的顾问团队，也是专门的咨询机构。这些人，是有“智慧”的贵人。这等于将各学科的专家学者聚集起来，运用他们的智慧和才能，为企业的发展提供最佳方案或优化方案。

这已经是现代领导管理体制中一个不可缺少的重要组成部分，构成了一种雇佣性质的高效又极为专业的智慧圈。

这些常规的智囊团的主要任务是：

1. 提供咨询，为决策者献计献策、判断运筹，提出各种有效的方案。

2. 反馈信息，对实施方案进行追踪、调查、研究，把运行结果反馈到决策者那里，便于纠偏。

3. 进行诊断，根据现状研究产生问题的原因，寻找解决问题的方法。

4. 预测未来，从不同的角度运用各种方法，提出各种预测方案供决策者参考。

我们注意到，这是成功的企业家和伟大人物积累、利用人脉的重要方式，且已呈现专业化和制度化的趋势。在美国，超过 99% 的企业家都有自己不同形式的智囊团和顾问团队。这些人隐身在后，很少出来站在第一线，但他们提供的参考方案和悄悄进行的公关工作，一次又一次地让自己的雇主起死回生，渡过危机。在东亚，日韩财阀和中国新兴的世界级公司，也擅长利用这一方式进行产业布局和开拓新市场。

美国“钢铁大王”卡内基说：“将我所有的工厂、设备、市场、资金全部夺去，只要留下我的成员，4 年后我仍将是一个钢铁大王。”

他为何如此自信？因为他正是智囊团这一制度的倡导者。他最大的财富不是自己的金钱和设备，而是人才和人脉。

所以，卡内基去世后，在他的墓碑上这样写道：“这里安葬着一个人，他最擅长的能力，是把那些强过自己的人都组织到他管理的机构中。”

这不仅是对卡内基一生中肯的评价和赞誉，也给了后人非常深远的影响和启迪。微软公司、西门子、诺基亚、国内的海尔集团……几乎所有傲视群雄的实业巨头，无不遵循卡内基的这一原则。在制订决策时，总会有一个智囊团为公司运筹帷幄，提供建议。

在长达 10 年的研究中，我们发现国内的公司在这方面远不如欧美、日韩的公司成熟。中国人虽然最讲究人脉，却习惯性地沉溺于人脉个体的公关与联合，而忽视人脉整体的优化整合。

中国的优秀企业家有着非凡的个人魅力、果敢的判断力以及过人的领导力，这是毋庸置疑的。他们也有着庞大的人脉圈，有些人甚至双管齐下，在政界和商界都畅通无阻，显示出了极为深厚的人脉资源。他们总能找到各种关系，去解决公司碰到的各种问题。可是，当他们的公司在快速扩张的过程中，需要解决更为专业的问题——比如市场的拓展和政策的利用等技术性难题时，他们却无法拿出精准有效的决策。这时，他们就找不到自己的“大脑”了。

这使得大部分中国企业都陷入了一个致命的怪圈：快速发展、不断扩张，然后又快速倒下，被并购乃至消失！

国外的优秀企业则不同，这些公司经常弱化个人的领导作用和人脉优势，去组建专业的智囊团。这些公司与智囊团的合作费用一般占到公司销售收入的3%以上，并于每年年初即列入预算。他们有常年的智囊团合作项目表，包括战略分析、行业发展趋势判断、政策分析、研发咨询、产品营销等方面，应有尽有。他们不断地寻找相关的智囊团，并将这些“大脑”为己所用，为公司的发展提供智力方面的保障。

现在，你可以想一想了：“我的智囊是谁呢？”

◎实力派朋友：专业领域的专业人物

“一个创业者，他一定要有一批有实力的朋友！”这是我经常在培训时讲到的一句话，“如果你没有一批实力派朋友，就不要急于创业，否则你会死得很难看！”对于这种人脉，你要用多年的诚信和人格魅力去经营，用心与他们相处，才能让他们成为你的至交好友。

什么人才称得上是我们的实力派朋友呢？

第一，某些机构的实权人物，比如融资或贷款担保机构。他们能提供“钱”，而且是很多的钱。这是全世界的创业者都渴望拥有的资源。

第二，某个行业的知名人士，某些市场方面的专家。他们可以提供经验、方案甚至机遇，为你引路，让你少犯错误，抓住宝贵机遇。

在创业之前的这种实力派人脉的积累，对我们创业的帮助具有决定性的意义。在创业以后，我们还可以借助他们的力量，帮助自己解决事业中的难题，提高赚钱的能力。

胡雪岩作为清代著名的红顶商人，经常出现在各种关于人脉的案例中。人们为什么喜欢拿他做榜样？因为他是这方面的典型代表。他将自身的能力和平时结交的人脉进行整合利用，把人脉的价值发挥到了极致。

胡雪岩在做生意时，既时时刻刻注意培植自己在官场的势力，又注意培植自己在商界的人脉。在起家之前，他就已经结交下了一批实力派的官场朋友，同时在商界也有了深厚的人脉。通过多年的努力，他培育出了自己在官商两界的强大“势能”。就如同经过了长时间的努力，终于将一块石头搬到了山顶。这时的石块，向下冲击的能量是非常强大的。

官商两界的各种实力派人脉，帮助胡雪岩在商场中立于不败之地。

这种实力派人脉，是构成一个人整体实力的重要部分，也是决定他能否取得成功的关键因素。

因为人本身就是一种群居性的动物，群体力量是每一个人都不得不依靠的。你的能力再强，也需要得到其他强者的帮助。如果平时对一个强者多进行一些感情方面的投资，同时将更多的强者拉进自己的圈子，和他们进行资源的共享，建立深厚的友情，那么，你的事业发展就如顺风行船，获得的推动力非常强大。不管遇到多大的风险，都能平安度过。

一艘船在大海中航行的时候，需要借助风向，快速地前进，船的动力再加上风的力量，速度就快了许多。人也是如此，清高者往往不屑于得到友人的相助，他们总想自己解决问题。那么一人独行的艰难，就是他们无法避免的了。

如果我们能借助强者的力量，以这种实力派人脉作为后盾，再加上自己出色的能力，想不成功都难！

★关系为你带来宝贵的资金

马云在创建阿里巴巴的时候，曾经一度资金困难，直到一个人的到来，才挽救了他。这个人就是 CFO 蔡崇信。为何这样说？因为蔡崇信本来是瑞典银瑞达投资公司的副总裁，他原本代表风投公司来跟马云洽谈投资，结果被马云的魅力所吸引，临阵倒戈，做起了阿里巴巴的 CFO。

他的入主，带来的不仅仅是财务上的管理方法，还有四通八达的金融领域的人脉网络。由于蔡崇信的工作背景，他加盟阿里巴巴之后，立刻就引起了投资界的关注，许多投资机构开始认真地关注阿里巴巴这家公司。比如香港的汇亚基金，来到阿里巴巴进行考察；还有高盛公司——它提供给了马云第一笔风投资金，而这，正是源于蔡崇信的人脉。

1999 年 8 月，蔡崇信在一家酒店碰到了自己的老朋友、高盛公司香港区的投资经理林女士。他们早在学生时代就已经结识了，并且同在一家投行工作过，始终保持着密切的联系。此时，高盛公司的目光已经转移到了新兴的互联网行业。

机遇就这样来临了。在蔡崇信简单地做了介绍之后，林女士便安排时间到阿里巴巴进行考察。考察的结果令她非常满意。马云接受了高盛公司的投资条件——其实，他也无法拒绝具备国际背景和领先地位的高盛公司的投资。对他而言，这是一次天赐良机。最后，在蔡崇信的帮助下，已经山穷水尽的阿里巴巴拿到了第一笔投资，金额高达 500 万美元。

如果没有这笔钱，阿里巴巴可能很快就倒下了。

你也可以这样设想：如果自己遇到类似的危机时，没有人提供这种机会，自己能否转危为安呢？

我相信，即便是千年难遇的天才，他也很难凭借一己之力摆脱这种困境。因为这么短的时间内，不论具备多么强大的信心和多么优秀的口才，一个人如果没有强势人脉的帮助，根本没有办法两手空空地变出白花花的“银子”来。

实力派人脉仍在继续发挥强大的作用。阿里巴巴获得的第二笔投资同样来自重要人脉的帮助。1999 年 10 月，在拿到高盛公司的 500 万美元投资的两个月之后，马云的一位印度朋友古塔找到了他，为他介绍了大名鼎鼎的孙正义。我相信许多人都很清楚接下来的这段故事。没错，在最经典的“6 分钟”交谈结束以后，孙正义的软银集团决定向阿里巴巴投资 2000 万美元。

短短 3 个月不到的时间，凭借两个实力派人脉的出手相助，马云不但解决了公司的生存问题，还为公司的未来发展打下了坚实的基础。

当你准备创业时，你想到这一天了吗？如果这一天到来，你又会怎么办呢？

现在，你一定意识到了平时积累关键人脉的好处。多一个朋友多条路，多一个天使，你就多了千条路！

你可以观察一下身边的成功人士，他们除了工作和生活之外，大部分的业余时间都在做什么。很明显，只有一件事：广交朋友。他们几乎把自己全部的业余精力，都放在了拓展实力派人脉上。

从现在起，请收回过去的那些说辞吧！当你还想嘲笑他们“业余时间只会钓鱼”时，不妨换一个角度，关注一下“他在和谁钓鱼”，这才是最关键的问题！

★圈子给你机会，朋友给你实力

为什么你赚钱这么难，那些亿万富翁赚钱却这么容易呢？

为什么你像患上了独居症一样，只想宅在家里，沉溺于网络世界，富人却喜欢扎堆居住——形成富人区和富豪俱乐部，每星期结伴去打高尔夫？

为什么这些年读诸如 EMBA、总裁训练班等培训课程的人越来越多，诸如高尔夫球会等各种贵族俱乐部也越来越多了？

你想到这些问题并迫切想知道它们的答案的时候，才是你真正认识到命运如何获得转机的时刻！

通过读 EMBA、打高尔夫球等方式形成的圈子，会给一个人带来大量的机会。圈子给你机会，朋友给你实力！通过加入一个成功人士聚集的圈子来拓展人脉，你才能让自己变得和他们一样成功。

有一种错误的观点是：越是成功的人，就越注重人脉。其实正好与之相反，我告诉你正确的答案：因为他们注重人脉，所以才能取得成功。

脱离人脉圈对你只有坏处，没有好处。脱离人脉圈就像一个人被割掉了耳朵，毒瞎了眼睛，他一定会失掉对这个世界最基本的判断能力。好的人脉就如同健康的血液，所到之处支撑着每一寸皮肤、每一个细胞，还有身体的每一种功能，让人能够正常地活着。

很多机遇和成功都是在社交中诞生的。没有加入任何圈子的人，会失去大把的机遇。只有加入圈子，并且加入高质量的圈子，你才能找到更优质的人脉资源，逐渐变得和圈子里的人一样。这就是亿万富翁越来越富有的根源，也是富豪俱乐部不断成立的原因！

在软银集团的网站上，有一段话是这样说的："融资通过朋友和私人的介绍是很好的方法。朋友、私人的介绍可以给双方一个很好的参考意见，以增加您计划的成功率。"

想一想，在你需要创业资金时，你有这样的推荐人吗？

你的推荐人必须和风投公司很熟，他对你的情况和你的计划了如指掌。他理解你、支持你，并且善于将你的想法总结出来，甚至比你自己的语言还要生动形象。他还能升华你的想法，用更为简练和更有说服力的语言把它阐释出来。

这样的朋友不但很难找，而且他本身就必须是一位富有经验和人脉的成功者。你必须有勇气融入这种圈子，主动地接近他们、结交他们，以他们的语言和方式去做人做事。只有这样，你才能被他们接受，然后通过学习，变得和他们一样优秀。

那么，当你寻找创业资金的时候，你就要记住这句话："如果你认识100个亿万富翁，还怕没有天使吗？"

现在，我告诉你一些关键的改变方法，你必须聪明地学习并且马上付诸行动。在你的生活中，有一些事情左右着你的生活，但你没有意识到对此做出改善的必要性。

比如，我们中间有接近20%的人，认为上司应该是自己的亲密朋友。如果工作上没有最好的朋友，他们全心投入工作的概率不到8%，大多数时间只能尸位素餐，无法发挥出最高的效率。

这是为什么呢？

在我们的调查中，有17%的上班族反映，他们在上司试图与自己建立友谊时，选择了消极地拒绝，而不是主动与上司建立良好的关系。

一位人力资源总监告诉我，在过去3个月的时间里，他曾花费了大把精力和时间与下属建立友谊。他尝试过和下属一起下班乘电梯，邀请下属吃午餐，还试图和他们在生活中建立私人关系。但是，大多数员工都以各种借口离他远远的。

“他们刻意与我保持距离。一起乘电梯时，哪怕只是从一楼到十楼这么短的时间，也简直能让人窒息。他们就站在我的旁边，却一句话也不说，我甚至听不到他们的呼吸声。”

“这让我变得越来越严厉，甚至想要故意给他们点儿‘苦头’尝尝。”

这类员工通常没有什么升迁的机会。而且，他们总是会从上司那里吃到“苦头”。如果你也是他们当中的一员，请告诉我为什么你会与上司保持距离呢？

难道你以为只要和上司保持距离就不会“引火烧身”？或者减少跟上司的接触，会让你处在不被盯紧的“安全区域”？

这便是问题的核心。我们都需要实力派人士的相助，上司恰好是离你最近的实力派。但大多数人自相矛盾，他们既想得到上司或其他贵人的垂青，又不希望和对方走得太近。从而，他们在事实上为自己营造了一座堡垒森严的孤岛——把自己锁在上面，错失了许多机遇。他们的行动总是十分迟缓，并且只会在事后抱怨。

请相信，每个人都不是一座孤岛。快点儿打开门吧！用自己的热情和勇敢，去结识那些实力派的朋友，他们是决定你成功与否的关键。

我们可以肯定地说：正是这些人在无形中决定着你的命运。不管我们是否愿意承认，都无法回避这一事实！

◎引路人：让你轻松进入关键人脉圈

想象一下这个画面：在你前进的道路上，有一个人走在前边耐心地为你指引道路。如果你不知道想去的地方怎么走，那么他就会带着你走过去。

这是多么安全！我们在小时候寄希望于父亲和母亲，跟在他们的身后便会感到十分安全；在长大后，我们也无数次地期待在人生中有这样的人出现，由他来告诉自己，从事什么职业是最合适的，如何挺过最艰难的时期，以及怎样走向光明。

每个人都对此充满了渴望，但真正的幸运儿少之又少。

请你不妨仔细地想一想，在你的身边存在这种人吗？如果没有，你就要好好反思一下自己的人际关系。

一个真正优秀的人，身边一定会有人愿意替他指路，甚至付出很大的代价为他引路。因为这是一项虽然冒险却回报极大的投资，一旦这个优秀的人将来取得了成功，就会给引路人带来很高的回报。

★一个称职的引路人，让你节省 20 年时间

我经常想，如果没有史密斯先生，如今我在美国的生活会是怎么样的？我可能早就回到了香港，或者还待在新加坡，却一定很难取得今天的成就。我当然也可能闯过重重关口，取得与今天一样的成功，但我付出的时间绝对是十分漫长的。我可能需要再耗费 10 年的时光，才能将公司发展到现在的规模，甚至是比 10 年更长的时间。

就像一辆车在路况复杂同时大雾弥漫的高速路上行驶，司机在这时最需要的并不仅仅是控制车速、补充油料等基本性的工作。对他而言，最关键的是在路口有一盏闪亮的灯，提示他应该在路口向哪个方向转弯，确认前方有没有危险！

有一盏明灯指引方向，我们就不会迷路。在我们驾驶汽车从地点 A 行驶到

B 的过程中，不但可以节省时间，还能避开许多情况不明的道路，绕开那些事故多发的路段。

这就是引路人的价值。每个人的人生中都有一座看不见却等待你去挖掘的金矿，这座金矿就是你的引路人，是你的黄金人脉。你必须使自己具备一双慧眼，在无数的人脉中，选择那些对你最有利的人脉，而且是能够为你带来大好机会的人脉。

在你幸运地遇到自己的引路人时，千万不要忽视和放弃。

在培训中，每当讨论“黄金人脉”时，我有时会讲一些历史上的故事。因为我觉得很多历史人物的经历特别有说服力，跨国公司的高管和名校的学生也喜欢听。这些故事既有趣，又能帮助人们学到鲜活而且实用的人脉运用技巧。

比如汉武帝刘彻，他是一个相当了不起的帝王，出击匈奴，开拓疆土。可以说，他是中国历史上最优秀的皇帝之一。但在他只有几岁的时候，他的处境是很危险的。因为他既不是嫡子，也非长子。在嫡长子继承制盛行的那个时代，他完全没有成为太子的可能。

那么，刘彻最后是怎么成为太子的呢？——他的母亲王美人做了一次极为英明的人脉投资，为刘彻找到了一个政治引路人。而且，这个引路人是一个强势到几乎稳赢的关键人物：汉景帝的姐姐馆陶公主。

当时，汉景帝的薄皇后一直无子，所以很长一段时间，汉景帝既没有立皇后，也没有立太子。直到公元前 153 年，汉景帝才立了栗姬所生的长子刘荣为太子，同时把刘彻封为胶东王。这时候刘彻只是一个小王爷，当时还能待在皇宫，但长大了就得去封地，没有皇帝的召见，不许再回到京城。也就是说再过几年，刘彻就绝对没有当皇帝的机会了。

馆陶公主作为汉景帝的姐姐，一直以来都想让自己的女儿陈阿娇在将来成为皇后，于是，她就盯上了太子刘荣，去跟栗姬商量这件事，想把阿娇许配给刘荣。然而，栗姬非常傲慢，不但回绝了此事，还把这位皇帝的姐姐大大地羞辱了一番。

栗姬的举动十分愚蠢，得罪了关键人脉。馆陶公主恼怒不已，很快就站在了王美人的阵营里。因为王美人知道这件事以后，立刻就跑过去主动示好，希望让自己的儿子刘彻将来娶阿娇为妻。

两家结了娃娃亲，馆陶公主为了让女儿当上皇后，只有一个选择：力争让汉景帝废掉刘荣，改立刘彻为太子。当然，她成功了。作为皇帝的姐姐，又是当时的皇太后最宠爱的女儿，她要做到这件事实在太简单了。

一个关键的引路人，确实具有这种可以翻天覆地的能量，将“不可能”变成“可能”，逆转局面，帮助你脱颖而出。他能做到许多你做不到的事情。他不但可以做到，还能做得更好。因为他的能力强大，身边的资源又多，圈子的人脉质量也很高。在关键的事情上，他们往往具有一锤定音的决定力。

要结识这样的引路人，你必须主动出击。待在原地不动，是没有任何希望的！

真正的聪明人，他们从来不会坐等自己的贵人“降临”到身边。他们会积极主动地去抓住机遇，像王美人一样，绝不将天赐良机关在门外，而是及时地抓住，这才是明智之举。

你在创业之前就必须开始这项工作。你要多多留意身边的人，找出属于自己的贵人，让他们愿意担任你的引路人。贵人多了，在前面为你引路的人就有了。这样，就可以大大缩短成功所需的时间，就可以为你提供想象不到的资源，使你如虎添翼，在创业的道路上走得更加顺利。

简单地说便是：引路人可以帮你指引方向，为你解决一些意料之外的、你无法独立解决的问题。

你还在等什么呢？

★怎样找到你的人生导师，进入关键的人脉圈？

有家公司的人力资源总监向我表达过他的困惑。在与下属面谈的时候，他问员工：“你的职业目标是什么？”他得到的回答90%都是“没想好”和“我没想过”。

甚至，有些人还直截了当地对他说：“总监先生，请您不要再问我这个问题，我真的不知道。”

这位总监耸着肩对我说："他们根本不想自己的未来，也不希望有人引领他们的未来，你做不到，我也做不到，这是现实！李，不是所有人都希望自己成为精英，建立一个高级的人脉圈子。他们只想稀里糊涂地上班，简单思考，然后快乐生活。"

我告诉这位总监："那么，下次您可以换一种问法。您可以阐述这两种生活的区别，然后直接让他回答，他到底想成为那10%，还是90%。"

事实上，没有人不想让自己走得更远，生活得更幸福。因为这是一个残酷的世界、一个功利的世界，人们的想法不需要加以掩饰：你的同事在跟你竞争晋升的机会，你的客户每天都想着赚你的钱。

人们都希望过得很好。只不过，这90%的人意识不到应该采取哪一种明晰而有效的方法。人们在不确定的时候，总喜欢用"不知道"这三个字来回避自己的"无知"和"犹豫"。

你需要一个导师，不管是工作、生活还是具体的人脉方面的。每个人都在寻找引路人，这个引路人，可以在某种程度上扮演自己的终生导师，也可以在一定阶段或某些方面帮助自己，改善自己的人生状态和人际关系。

一个好的人生导师，可以使你的人生产生质的跨越和提升。

比如，我视自己的一位同事查理先生为我的健康导师。因为是他一直在鼓励我去跑马拉松，最终让我养成了健康的工作习惯，拥有了一个好身体。查理对马拉松并非只是业余爱好，他曾是英国伦敦地区马拉松赛的前三名。他不但爱好跑步，还擅长打羽毛球和击剑。

我对他如此热爱健身曾经感到好奇，问他："你每个月都要出差两三次，回到家几乎没有休闲时间。在这种劳累的情况下，人就只想躺在床上睡一觉。你是怎么做到坚持锻炼，而且取得了这么高的成就的呢？"

查理说："我始终抱有一个信念，一个成功者应该是一个热爱健康的人。"

啊，没错！查理的这句话提醒了我，对我的启迪很大。成功和健康有着必然的联系，一个真正成功的人，他的身体也应该是健康的！那么，这何尝不是一种新的境界？

现在，因为与他的结识，我成了全美最知名的健身俱乐部的 VIP 会员。这不但帮助我接触到了我原本不会触及的领域，还接触到了各个行业的高级客户。

你看，即便在一个小小的领域，若能找对了你的领路人，产生的积极效应也是相当惊人的！

我对他说：“您改变了我的生活方式，对我的人生有很大的帮助，使我的生活产生了积极的连锁反应。您做了一件非常伟大的事！”

尽管他对我夸张的赞美和感谢表示惊讶，但事实的确如此：一个好的引路人，会对你的人生产生一系列连锁作用，会带给你全方位的提升。他可以使你表现出自己最好的一面，也会帮助你在自己的事业、内心等方面不断地成长。

◎“三驾马车”构成一个强大的圈子

★想知道自己的价值是多少吗？

史密斯说：“你想知道自己的价值有多少？就看看你身边的朋友，然后从中选出 15 个人，他们价值的平均值，其实就是你的价值！”

今天，你可能觉得自己很厉害，可能认为自己本可能迎来最好的人生机遇，不过是运气不好才失去了机会。

“我有天才般的想法，我看问题比较透彻，我的工作能力很强，我忧国忧民，一眼就看到了社会的弊端。公司存在的问题，项目应该怎么做，我的心里都知道！谁会比我聪明呢？”

有这种感觉的人可不少，我在年轻时也曾经这样，以为自己能够左右一切，只是怀才不遇。

正如这些人最后想说的一句话：“老板不重视我，同事都轻视我，家人也不相信我，我能怎么办？”

我对这类人的反问则是：“你有没有想过自己的问题呢？你平时是怎样体现你的价值的，你反省过自己的圈子吗？你反思过自己的生活态度吗？”

遗憾的是，从他们的口中，我得到的通常都是否定的回答。

很多人都希望自己的一生能够轰轰烈烈地做一番事业，实现自身价值。可是直到年老，他们依旧只是一个小角色，身边的人大多也不过如此。他们可能都很有能力，但在人脉链和资金链这两方面，是一片空白。

其实，我们只要看看他的身边都是一些什么人，就知道答案了。

琳达是一名普通的办公室文员，她来自一个蓝领家庭，平时不怎么喜欢结交朋友。经常和她在一起的几个朋友也同她一样，都是一些为了生活而到处奔波的上班族，每月领固定的薪水，在节俭中度日。

为此，琳达时常感到郁闷：为什么自己和朋友永远只能做小职员呢？

和她在同一个部门的珍妮是部门主管的助理，工作出色，而且拥有一些赚钱的商业渠道。同事都在背后议论她，说她的背景很强大。当然，珍妮的家庭背景的确不一般。她生长在一个富裕的家庭中，父母是华盛顿小有名气的富商，而且她的同学和朋友都是学有专长的社会精英。

相比之下，琳达与珍妮的世界有着天壤之别。她们不但在工作业绩上无法相比，就连家庭背景、朋友圈子和思维方式都大不一样。

这是导致她们的命运截然不同的原因吗？

琳达在参加了我们的培训课程后才得知，她之所以一直这样“默默无闻”，与自己所结交的人、每天所做的事有着很大的关系。她和朋友处在同一个圈子里，具备共同的能力和特点。她们在一起时，不是在抱怨生活，就是在感叹自己的命运有多么坎坷。她们总是怀着沮丧的情绪讨论问题，但是真正出了什么事情的时候，彼此之间因为能力有限而帮助不了对方。

这就是她要马上解决的问题：你是小人物，因为你处在小人物的圈子里。

如果每天都和小人物打交道，时间长了，你也就变成了一个小人物。当你开始抱怨命运不公的时候，如果你能将目光投注在自己身上，你就会发现，问题的关键并不在于上帝有没有帮你，而是你自己的选择决定了你自身的状况。

★成功＝人脉＋资金＋能力

假设你成立了一家公司，本来一帆风顺，但是突然间，你的人脉链断裂了（实力派朋友不帮助你），资金链也突然出现了危机（资金危机），你将怎样继续运作？

这时，公司的账上只剩下可怜的几百元，而且它们也即将不是你的；你的客户现在并不欠你钱，也没有提前“援助”你的可能性；你的朋友没有钱，根本不存在“借到钱”的机会。

我的问题来了：你是苦苦坚守，还是放弃公司，攒够了钱再回来，或者是永久地放弃创业的想法呢？

只有在这种时候，你才会意识到自己的处境是多么危险。在春风得意时，人们往往认识不到外部力量的作用，内心膨胀，好像自己无所不能。其实，无论多么强大的人，离开了足够的人脉和资金，都没有办法实现自己的抱负。

人脉、资金再加上能力，这三者结合在一起，才能构成一个人强大的气场，组成他强大的圈子，使他呼风唤雨、如鱼得水。三者缺一不可，离开哪一项，都无法让一个人获得巨大的成功！

如果你问我，世界上所有的亿万富翁的共同点是什么？我会告诉你，是一本厚厚的名片夹。这是一个成功者的人脉链。

在这个世界上，我们能看到的亿万富翁，首先都拥有一条丰富有效的人脉链。他们清楚地知道，自己应该结识哪些人，谁是他的贵人，而他又是谁的天使。然后，他们共同组成一个互助互利的人脉圈。

人脉就是财脉。没有钱创业的时候，会有人送钱上门；资金周转紧张的时候，会有人提供贷款。这就是一个人渡过危机的“法宝”。当他无法凭借一己之力闯过难关时，他的人脉就会发挥作用，帮助他遮风挡雨！

同时，一个人可以调用的人脉丰富、资金充足，意味着他可做的事情和能得到的机会也就越多。他可以在做事的过程中获得更多的资源支持，最终他获得成功的可能性也就越大。

★你有融资能力吗？

最后一个问题：如果有一天你发现自己的经济状况已到了糟糕透顶的地步，需要立即采取措施加以改善。这时，你有足够的融资能力吗？

你不要急着回答我，也许你可以先问一下自己：我在接受别人的帮助时，是否心安理得？

记住，每个人都有自己的财务烦恼，这不是什么羞于启齿的事情。马云的资金缺口比你我更大，巴菲特也因为现金流的不足，不得不考虑与其他人合伙筹集一笔巨额现金。从本质上来说，这都是借钱，没有区别。

你因为自己的小公司缺了几万块钱而紧皱眉头时，你的邻居可能正坐在床边愁云满面，因为他需要上百万元。这是很可能出现的情况！所以，请这样告诉自己：越是积极上进的人，越会发现自己需要借钱和融资。只有那些没有雄心和处在最低级的生活圈的人，才会只满足于每天三餐的温饱。这些人往往不需要借钱，有一份可以养家糊口的工作就行了。

美国历史上的一些著名人物都有过“难以启齿”的财务危机。林肯和华盛顿都必须低下头来向人借贷，才能起程前往华盛顿去就任总统一职。难以想象吗？这是真的，一国总统也需要伸手借钱，才能满足自己的某些需求。

问题是，他们借到了。而有些人在需要钱的时候，怎么努力也不会有银行家看他一眼！

这就是资金链的人脉。不管对于个人还是企业，融资能力的大小强弱，都在事实上决定了其发展的空间。

我们在评价一个人的社会地位的高低时，也不能仅仅依靠他现有的收入和财产来做判断，还必须去观察他的融资能力。他能从银行或风投机构拿到多少资金，有多少人愿意借钱给他，是他的社会地位的评价指标之一。而且，这是一个非常重要的指标。

我们同时也发现，有强大的融资能力的人，大多数都是很会赚钱的人。他们不但拥有出色的市场眼光，还善于向高等圈子营销自己，团结更多的人来一起赚钱。当他向风投机构讲述自己的以往业绩和项目未来时，对方毫不犹豫地选择相信他，放心地将钱交到他的手里。

他们擅长借鸡生蛋，也有着非常强的表达能力，能够达成与投资人的合作。人们愿意把钱放在他那里，让钱去生钱。最后，这样的人也是优秀的管理者。他们能够吸引、留住好的员工，组建一个优秀的团队，共创事业。

人们相信，跟着他一定有肉吃！

请想一想，你是这样的人脉吗？你离我讲的这一步还差多远？

当你可以从容自信地回答这个问题时，你就为自己找到了正确的方向。并且，你对于人脉和圈子社会的实质也就有了深刻的理解。你就能够对自己的人生做出更好的规划，在下一个机遇到来之前，做好每一环节的准备工作。

◎圈子联络：保持沟通和会面的渠道

这个世界的新秩序青睐那些擅长依托圈子平台进行人际沟通的人。他们在沟通中，拥有灵活地运用各种工具的能力；他们独具慧眼，可以不断地扩充自己的高级人脉库，从而将那些意志薄弱、能力较差、人脉贫乏的人，远远地抛在后面。

长于圈子联络的人不断地变得富有和高贵，与此相反的人则停滞不前甚至不断地倒退，两者的差距不断地拉大，这是今天的世界一个非常残酷的现实。

相信很多人都会议论一个问题：高质量的圈子到底意味着什么呢，它们为什么如此重要？

更关键的是，如何使这些圈子一直延续下去，而不至于在自己用不到的时候被搁置或者被“遗散”？我们应该怎样抓住这些自己十分需要的高级人脉，并让他们顺利地融入自己的圈子？

这是一个很重要的话题。只要你没有到忙得要死的程度，请与那些重要的人士一直保持紧密的沟通——哪怕你只是用电话联系他们，用邮件问候他们。当然，如果你想持续不断地扩展已有的圈子，就需要拥有能够使你认识他们和继续深化关系的会面渠道。

大多数人不喜欢联系自己的老同学，除非有事情需要他们。那些旧交就如同旧相片一样，被长久地弃置在一个不起眼的角落。这是一种非常不好的习惯，很容易给别人留下“有事情相求了才联系我”的坏印象。遗憾的是，几乎每个人都在这样做。

请想一想，假设你今年 30 岁了，这 30 年来你必然相处过很多同学和同事，请仔细地把他们总结一下：他们都去哪儿了？至今你还能联系上多少人？他们参加的聚会，是否邀请过你呢？

如果你仍然能联系上他们每一个人，那么，我对你圈子联络能力的评价是“满分”。假如你能联系上一半的人，我给你的分数是“及格”。但是，如果这个数目达到的比例在 20% 以下，我只能说，你聚合圈子和联络关系的能力是非常差劲的！这并不是一种苛刻的评判，而是相对中肯的客观评价。

★沟通是最重要的能力

什么是沟通？

“石油大王”洛克菲勒说：“假如人际沟通能力也是同糖或咖啡一样的商品的话，我愿意付出比太阳底下任何东西都高昂的价格购买这种能力。”

沃尔玛公司前总裁沃尔顿说：“如果你必须将沃尔玛管理体制浓缩成一种思想，那就是沟通。因为它是促使我们成功的真正的关键因素之一。”

沟通的重要性不是怎样说话，而是如何达成协作。前者只是手段，后者才是目的。加入一个圈子，这不是终结，怎样在这个圈子获取自己想要的资源，这才是开始！这方面的成功者都是擅长人际沟通和打心眼里喜欢交际的人。

处在一个人脉圈中，沟通的能力决定了你的曝光度和受欢迎的程度，并左右着你在圈子里的形象。如果你善于沟通，人们就能充分地了解你的内涵，然后为你提供帮助；如果你沟通不善，或者你没有沟通的勇气，你就没有办法取信于人。你甚至会慢慢地被这个圈子里的人遗忘，甚至被“驱逐”出来。

对于一个团队来说也是如此。如果通过有效的沟通，能够使大家交流顺畅，上下合力，那么所爆发出来的力量是非常巨大的。工作的成绩也会有大幅度提升！反之，必然是一个混乱不堪和没有力量的团队。

我们对全球排名前100位的顶尖公司做了一项调查。结果显示：大部分公司的部门主管每天都要花费85%的时间处理管理中的沟通问题。导致这些管理难题的原因之一，恰恰就是人与人之间的沟通不畅！

对你来说，也许最需要的不是跟你的员工和直接上司进行交流，而是某一个关键人物——他可能是客户、集团大老板、投资方，还可能是你的亲人。不管他是谁，一旦你跟他沟通，有两件事情都是需要特别注意的。

实际上，这是我建议你今后要遵循的沟通的两条基本原则：

第一，认真地听取对方的意见。先让他说，你安静地倾听，除非他另有要求。

第二，不要紧盯着他不放。你要跟他保持一个不失礼的距离，包括心理上的距离。

在每次重大的沟通完成以后，回拨一两次电话对他进行问候。对我们的亲人也是如此。你千万不要以为亲人就可以随便应付了。你要知道，越是血缘与我们亲近的人，在你的圈子里所占据的地位，往往也就越为重要。

★如何长期维护关系是维持高质量圈子的核心

一般而言，人际关系的进展速度，通常跟人们之间接触的频率成正比。接触越频繁，关系可能就越亲近。如果你跟某一位刚认识的朋友在开始时总是有机会接触的话，那么你们的距离就会很快拉近，形成一种比较亲密的关系。

这就道出了长期维护关系的实质：你必须跟他们经常保持联系，才能维持良好的人际关系。

保持联系的方法有很多。无论什么方法，都万变不离其宗。比如，有空时多给远在异地的朋友打一打电话，询问一下对方近来的工作和生活，再介绍一下自己的情况，互相交流，彼此倾听，并给对方提供一些建议（假如对方需要）。这不但必要，而且十分有效。因为心灵的交流是保持亲密关系的最佳方式。倾听和建议，都可以触动对方的心灵。

保持联系，无论多么困难！

保持联系，才能帮助你成功建立高质量的人脉圈！

有一位《纽约时报》的记者问美国前总统克林顿："您是如何保持自己的政治人脉网的，有什么诀窍吗？"

克林顿回答说："我在每天晚上睡觉前，都会在一张卡片上，列出我当天联系过的每一个人，注明重要的细节、时间、会晤地点，以及与此相关的一些信息，然后输入秘书为我建立的人脉网数据库中。我平时会多看，随时注意与他们联系。"

这可能是最好的办法。你应该建立一个专业的人脉日程表，记录下详细的联络信息，并且经常对它们进行运用。比如，记下那些对你的朋友至关重要的日子，他的生日或公司的周年庆祝等。然后，到了那些日子时，提前、准时地跟他们通话，算准日期寄送礼物，保证对方可以及时地收到。

哪怕只是给他们寄一张普通的贺卡，对方也会高兴万分。因为他们知道，你心中在想着他们。即便你的表达司空见惯，也总比消失不见更为体面。

除此之外，在他们升迁或离职时，送上你的祝福和安慰，也是你应该做的。当他们处于人生的低谷时，记住，找到一个恰当的时机，马上打电话给他，奉献出你的理解和同情，和他说一说你的心里话，再听一听他的心声。

在他们倒霉时，记得让他们知道，你跟他们永远都是"一伙的"！将来在你倒霉时，他们才会跟你是"一伙的"！

只有电话联系和礼节性的祝贺是远远不够的，必须创造宝贵的见面机会。我建议你每星期都要和自己的重要人脉见面，交换彼此的想法，进行心灵的沟通，培养双方的默契，聊天或吃饭都可以。

在美国，这几乎是总裁们的一项基本生活原则。就算是距离很远的重要合作伙伴，他们也会利用自己的商务旅行，顺路到对方所在的城市，与对方共进晚餐，并与他们交流一些重要看法。

如果有人在私下批评你："嘿，瞧这个坏家伙，只会在有事情的时候，他才想到来找我。"那么你就完了！这种评价基本可以判定，你的人际沟通能力不合格，你在圈子里的地位已经岌岌可危！如果再这么下去，你们之间的沟通渠道不但会逐渐堵上，而且还会因此破坏你的名声，影响更多人对你的看法。

对于这种情形，你要赶紧设法补救，使出吃奶的力气，抛开面子和自尊！最好的方法，当然是亲自现身，到对方的家中拜访。在此之前，你应该先通过电话说明情况，说明你这一段时间工作忙碌的现状，真诚道歉，以求得对方的谅解。

当对方邀请你赴约时，不管是派对、公司开张或者是他女儿的婚礼，你都必须出席。请注意，我使用了"必须"一词，你没有任何拒绝的理由。除非你身在国外，在那天确实抽不出时间——而这是对方十分清楚的，你才可以满怀歉意地说明理由。否则，你就要遵循礼尚往来的原则，准时现身，以维持你们的良好关系。

Part 5 第5部分

如何经营你的人际圈子

我们要了解一个人的身价，就要去看他的对手；要了解一个人的品行，就去看他的朋友。后者，说明了一个人的价值与他周围的人息息相关。物以类聚，人以群分，人们总是喜欢与自己类似的人交朋友。这表明，你对自己的圈子管理得如何，将决定你最终的价值！

◎谁为你提供“黄金门票”

★善用高质量的“圈子资源”

只有懂得为自己建立高质量的圈子，并且善用这种圈子的人才会成功。

在长期的公关工作和培训服务中，我发现许多人之所以不成功，并不是由于他们缺乏人脉。事实上，他们总有自己的一些渠道，或许还有一些优质人脉，问题是他们不懂得利用这一点。

就像一个人家里的厨房突然失火了，他狼狈地逃了出来，眼睁睁地看着自己的家被烧了个干净。事后他才想起来，当时在不远处的墙角就放着两个灭火器。他只要拿起来轻轻一摁，火就被熄灭了。但在这种关键时刻，他完全把这事给忘了！

在古代有一个富人家的孩子，他特别爱吃饺子，每天都要吃。但他的口味又很独特，只喜欢吃馅，饺子皮就被他丢掉了。他生在富人之家，当然可以这么挥霍。但是好景不长，他的父母不久之后病逝了，只留下他一个人坐吃山空。慢慢地，他就没钱吃饭了。

他生来娇生惯养，不好意思出去要饭，也不会劳动，注定是饿死的命。幸亏邻居家的大嫂对他很好，每天都给他吃一碗面糊糊，还供养他读书。

几年后，这个孩子参加科举，考上了举人，后来做了大官。举人想起了自己的恩人，决心拿出一些钱，感谢一下那位邻居大嫂。

这时，邻居大嫂对举人讲：“你不要感谢我，我并没有给你什么，那都是我收集的当年你丢的饺子皮，晒干以后装了好几麻袋，本来是想着备不时之需的。正好你当时有需要，我就又还给你了。”

听到这句话，举人思考了良久，豁然开朗，明白了其中的道理。他昨天吃的，不过是前天自己浪费掉的东西。

有时你会发现，上帝其实非常公平，每个人都拥有同等的机会，去抓住机遇和利用资源。

比如，一个穷光蛋和一个富家子相比，他会输在起跑线上。富家子生来就拥有家庭的财富和父母已经开拓好的人脉圈，这些为他张开了一把保护伞；穷光蛋的全部口袋都是空的。但这没关系，因为富家子不一定就能抓住手里的机会，穷光蛋却有可能将这些资源借用过来。

拥有资源的人不一定成功，只有善用资源的人才会成功。

我相信，没有一个成功人士是完全靠自己成功的。即使他的能力再强，在成功的道路上，总会有一个为他提供“门票”和“入场券”的人。我们应该做的，就是善用这些资源，果断而明智地利用手中的“门票”。

★银行家

众所周知的张朝阳，在他只有一纸商业计划书的时候，所有辉煌的计划，迫于资金的问题只能躺在梦想的保险柜里。为了给投资人打电话，他在美国大街上的公用电话亭排队，甚至还曾被投资人狼狈地赶出办公室。

这时候的张朝阳，为了拿到融资而忍受了颇多美国投资者的歧视。后来，他见到了《数字化生存》的作者尼葛洛庞帝。这位风云人物在与张朝阳会谈后，答应给他的爱特信公司进行天使投资。

创业者在初期大多为资金、人脉、资源等问题所困。他们本身并不缺乏实力和专业知识，只要有一个引荐的机会就可以一举成功。通常，能够助你抓住机遇的必不可少的人有 3 种：能够为你慷慨提供资金的人、帮你炒作和扩大影响力的声援者，以及帮你指明方向和完善思路的贵人。

其中，大方而专业的银行家，通常是最不可或缺的、排在第一位的关键人脉。

★媒体联络人

除了银行家，我们还要有强力的媒体资源人脉，也就是那些可以帮助我们制造舆论、影响大众情绪以及最终判断的人。

认识拥有媒体资源的人非常重要。他们的作用类似于专业的媒体公关公司，可以在关键时刻帮你打通媒体通道。当然，在与媒体打交道时，尽量要自己出面去强化重要的人脉关系，保证在多数时候都可以直接联络，而不是凡事都交给公关公司。

媒体的正面报道可以为你带来长远的品牌价值、员工士气和业务提升等种种效应。同时，媒体的“诋毁”也可以很不幸地起到摧毁你的品牌、玷污你的名声的作用。在我们的客户中，我知道很多人都不在乎媒体的价值，他们觉得自己财大气粗，不需要惧怕媒体。可惜的是，在问题发生的第一时间，他们才明白原来并非如此。这时，再拿出迟到的诚意，需要付出的代价就太大了。

和媒体进行互动性的双向沟通非常有必要。这种沟通不仅仅是一种物质利益上的关系，更重要的是精神层面上的东西。让你的媒体资源加深对你的理解，比给他多少广告赞助费都更重要。

★有“一餐机会”的贵人

千万不要小看“一顿饭”的效果，很多成功者都是在酒桌上找到了那个可以让自己飞黄腾达的人。当然，我们这里说的“一餐机会”不单单指吃饭，它也许只是与贵人、名人的一面之缘，或者一次小小的交流机会。

巴菲特原来在宾夕法尼亚大学攻读财务和商业管理课程，但他在得知两位著名的证券分析师本杰明·格雷厄姆和戴维·多德任教于哥伦比亚商学院后，他就来到了哥伦比亚大学，找机会成了“金融教父”本杰明·格雷厄姆的得意门生。

巴菲特在大学毕业后，为了继续跟随格雷厄姆学习投资，他甚至愿意不拿报酬，就为了在这里学习投资理论，研究证券市场。直到巴菲特认为自己已经学到了老师的投资精髓，他才走出去开办了自己的投资公司。

那么，你的“格雷厄姆”在哪儿呢？我们翻看每一位成功者的发家史，都会发现他们的背后都有一位甚至数位贵人的身影。有时候，他们与这些贵人未必有多么深的渊源，可能只是一顿饭的谋面，或者一次短时间的接触。

法国人乔治在大学毕业后，就进入了美国一家著名的跨国公司。他的英文很烂，所以起初并不受重用。上司对他形成了这种既定的印象之后，即便乔治后来通过努力提升了自己的英语水平，上司对他仍然视而不见，不想给他机会。

有一天，乔治在下班后单独留在办公室加班。不一会儿，进来了一个美国中年男人，找了个座位就开始用电脑工作。这时，一个客户电话打进来找这个男人，正好问起乔治所负责的产品。乔治就为中年男人讲解了一会儿，成功地在电话中解答了客户的疑问。

第二天，上司过来通知他，他升职了，担任销售部的产品主管。这时他才知道，昨晚那个中年男人是公司北美区的副总裁，是自己上司的上司的上司！

很多人在人生的关键时刻总能遇到贵人，把自己的能力展示出来，赢得对方的注意和赞赏。

你为什么不可以呢，想过原因没有？是否在你的生活中偶尔出现的“一餐”或“一次交流”的宝贵机会，都被你的粗心大意给浪费了呢？

◎让自己成功进入高级圈子

穷人的思维方式大体相同，富人的思维方式却各不相同。

这是因为全世界的穷人都喜欢在原地打转，画地为牢。他们局限于自己的小圈子，既出不去，其实也不想出去。富人则乐意结交各种类型的人，他们持有开放性的社交心态。他们愿意进入各种类型的圈子，把所有的陌生人都变成自己的熟人，把一切陌生的圈子都变成自己的圈子。

2010年，我们在北京创办了第一家高级人脉交际平台，以一种交际俱乐部的形式立足于国内，为国内的一流人士提供聚会和交流的空间。当时，我们在全国范围内邀请了30名首批会员，拟定的聚会日期是7月20号。

但到了那天，偏偏天气骤变，北京市暴雨倾盆，交通状况很不好。我有些担心，不知道这些有身份的会员是否会因为这场暴雨取消这次宝贵的聚会。要知道，这是我们在国内的机构第一次“开张”，人们还不大熟悉。最后让我惊喜的是没有一个会员迟到。而且，他们都提前20或30分钟到达。

什么是高级人脉呢？这就是一种很好的体现，也说明了你要进入高级圈子的一个基本条件：你必须诚实守信，视同生命一样守护这份荣誉，才能使人对你高看一眼，打心眼里尊重你，愿意与你长期交往。

人际关系的本质就是圈子文化。不仅在国外，就是在国内也表现得更加明显。圈子文化已经成了中国文化一个不可分割的组成部分，越是有影响力的高级圈子，人们进入它的渴望就越强烈。

然而，想成功地进入这类具备高级人脉资源的社交圈，并非一件易事。因为不管进入什么样的圈子都需要“门票”，每一个圈子和人脉平台，都有自己的特色和一定的门槛。不符合要求的人就算勉强地进入，也会很快被剔除出去。

那么，怎样才能进入更高级别的圈子呢？

★交际沙龙和商业宴会

通过便捷的交际沙龙和商业宴会来进入高级圈子，是我的第一个建议，也是最为直接地接触和加入高级圈子的渠道。从名词的解释来看，沙龙和交际俱乐部是通用的，是有着相同想法的朋友交流共同感兴趣的话题的社交平台。

这是一个前提：你必须与圈子里的人有共同的交集，从事类似的工作，诉求相同，或者话题和爱好相同。

达到上面的基本要求后，你就能加入他们的沙龙或宴会，成为一个圈子里的好友。然后，才能在享受生活、放松身心的同时，在这里得到来自各方面的信息，真正地享受高级人脉圈带来的好处。

沙龙的优点是在轻松随意的环境下，人们通常能够很轻易地找到共同话题，既能迅速地了解别人，当然也能充分地展示自己。

★商学院的高等人脉

世界各地的商学院都有一个共同点，它们不但是培养未来商界管理人才的摇篮，还是培育这些人未来的友谊的地方。

当然，现实中的很多人，他们进入商学院的圈子时，想的并不是太多，只是因为时间上的宽裕才动了到商学院学习的念头。其实，这种圈子对于很多人都有极大的意外收获。他们进来以后才发现，原来这里已经有一个成熟的高级人脉圈子在等着自己加入。

进入这样的高级人脉圈，会对一个人的人生产生两种巨大的推动作用：

1. 对他未来的事业发展有很大的帮助。

2. 对他现在的生活状态有巨大的改变。

有一位国内民营公司的老板是我们的会员，他曾经非常感慨地对我说："我花20万能进入一个这么好的圈子非常值得！虽然花了不少钱，但想一想平时跑业务时的请客送礼，远远不是这些钱能够摆平的。而且，这些人脉可以让我受用终生。"

除了商学院，还有其他很多的商会和社交俱乐部，也是我们用来拓展人脉的重要方式。

一个成功的人生需要我们分 3 步走：

首先，你的命运掌握在自己手中，你得知道你是谁，要成为什么人；

其次，你的命运掌握在别人手中，你得去认识那些能够点拨你、提升你、成就你的人；

最后，你的命运仍然掌握在自己手中，主动搭建人脉圈，是你自己的事。

因此你始终要记住：进入了什么样的圈子，就会有一个什么样的未来！

所以，即便你得不到大人物的帮助，结识大人物也是一种积极的行为，是一种自我提升的最好方法。为了做到这些，你有必要重新检视自己的人脉网，为自己增加足够的亮点。只要你不是一块不开窍的石头，那么在一个起点很高的圈子里，展示你的聪明才智，去结交那些很有影响力的人物，并不是一件多么困难的事情。

商学院的优点：在一个人才济济、研究相同专业的圈子里，你很快就能融入。

★成功在于你如何管理圈子

成功者不但可以很好地管理自己，还能管理好自己所在的圈子。

圈子决定了一个人的价值。你的价值由你周围朋友的价值决定，而不是由你自己的能力决定。

看看你身边的朋友，从中选出 15 个，他们的价值的平均值，就是你现在的价值。

怎样管理好自己的圈子，我现在可以提供一个方法：

首先，像一个“财务主管”一样，把自己最要好的几个朋友列出来，清楚地写在纸上。每一个名字都要认真书写，并留下后面的空白。在这一步，不要漏过任何一个圈子里的人。当然，必须是你们之间有相互的联系，而且是一种稳定的联系。

其次，分别衡量和列举一下他们的价值。价值是多向的，你既可以衡量他的财富值：他有多少钱？也可以衡量他的品质值——他是一个品德高尚、乐于助人的人吗？你还可以衡量他的潜力值——他处在人生的什么阶段呢？根据这三种估值，写出他的综合“层次”。当然，也可以去计算其他的你认为有价值的分值，将他的优势和劣势一一列举出来，以“1. 2. 3. 4. ”的格式一目了然地写在纸上，并给出一个最后的得分。

最后，你再把这些人的价值进行平均计算。所有人的分数加起来，再除以人数，最后得出的数值是什么？就是你自己的财富值、品质值或者潜力值。

总之，通过这个计算你就可以发现，对于朋友的选择，在某种程度上，就是你对于自己人生的选择。结果一般不会出现意外，除非你的潜意识不由自主地作弊。比如，你有意识地将一位心中仰慕的成功者（他可能就住在你的附近，或与你有数面之缘）列进了名单，使得你的分值暴涨！

当你发现真实的数值，并且明白你的圈子质量时，接下来的问题就是怎样去管理自己的圈子了。

第一步，在你的关系圈内，先为自己物色一位指路的“高人”。看看你的朋友，哪一个人是值得你学习的，锁定他，然后与他重点联络！

第二步，如果没有这么一个人，也不要沮丧。因为你已经发现了问题的关键所在，知道如何升级自己的人脉了。这已是很大的进步。你要考虑怎么将现有的人脉整合起来，哪些朋友是你可以长期重点交往的，哪些在过去的几年或几月中关系没有什么实质性的进展？把这些问题搞清楚，然后归纳整理，列出联络的等级。

第三步，现在，你对自己的圈子已经了然于胸。你要走出现有的圈子，继续开拓自己的人脉，提升圈子的质量。你要为自己找到一位可以帮助你升级人脉关系的人，他可以是你的上司，也可以是你的客户。

你一定能找到这个人，除非你不够努力！在我们身边，总会有一个可以发掘你的潜能的“大师”，他就是你的伯乐。但是，需要你自己走近他。即使是天赋极高的人，也要保证自己遇到“对”的人，成功地更新和管理好自己的人脉圈。否则时间长了，他就会因为自己人际关系的混乱而变成一个平庸之辈。

有一句俗话说得很好：我们要了解一个人的身价，就要去看他的对手；要了解一个人的品行，就去看他的朋友。后者，说明了一个人的价值与他周围的人息息相关。物以类聚，人以群分，人们总是喜欢与自己类似的人交朋友。这表明，你对自己的圈子管理得如何，将决定你最终的价值！

★高级圈子的重要性：领袖的秘书也会成为领袖

环境改变人，圈子决定人。在同一个圈子里生活的人，即使他们之间偶尔有些差异，也会随着时间的推移，受到彼此潜移默化的影响而慢慢变得相近。

我对学员说："这就是同化。从来没有一种同化是单向发生的，人们总是互相影响并趋同。就像热水碰上了冷水，最后变成了温水。而一个坏人碰上一个好人，相处日久，你会发现坏人不再那么坏。当然，好人也发生了一些改变，他们似乎在品质上融为一体了！"

这就是为什么如果你向高人学习，一定会提高你自己；而如果你向一个混混儿看齐，最后你可能也会变成一个混混儿！向那些优秀的人物学习，跟随他们的脚步，你的价值就会提高，逐渐向他们的价值接近。相反，一流人物如果跟随三流人物，最后就会变成二流人物。

当然，值得注意的是，很多人都有机会与那些取得了极大成功的人在一起，却无法像他们一样成功。这是现实中常见的情况，原因是什么呢？

有个来自达拉斯的 25 岁的女孩詹妮说，她曾经长时间同一位优秀的乐队歌手做朋友。她们之间有着长达 4 年的友谊，有一半时间共同住在达拉斯的一间公寓中。那位歌手无论唱歌的天赋还是做人的品质，各方面都让詹妮敬佩不已。

"前不久我们分开，她去了芝加哥，而我留在了达拉斯。慢慢地，我发现了自己惊人的退步，不但没有像她那样燃起对生活的野心、对成功的追求，反而变得颓丧和消极了。我甚至发觉自己患上了轻微自闭症，宅在家里不想出门，想起生活和事业就觉得无聊。"

詹妮的反应很正常，这是一种非常普遍的"压抑"心理。与优秀的人在一起，人们通常都会觉得很疲惫，既产生强烈的仰视感，又感觉生活在阴影之下。既想超越对方，又觉得毫无希望。如果你不能改变这种心态，那么就很难和优秀的人成为朋友，向他学习也就变得更难了。

“如果你不能正视自己，不能走出压抑，那么不管你和谁在一起，自己的价值都得不到提升。”我告诉詹妮，解决的办法有许多，但归根结底，需要她自己走出过于强烈的模仿和跟随的心理，学会让心灵独立。

一个人从墙角走出来，他才能晒到太阳。

当你找不到自己的价值、看不到未来的方向时，我的建议便是先去做优秀人物的“跟班”，去提升你的能力，找到你的方向。但是，首先要从与优秀人物做朋友开始，在与他们感情交流的过程中，你就能受到良好的熏陶，学习到他们的优秀品质和一些出色的技巧。

我们可以列举很多实例来证明这一点：领袖人物的秘书往往也会成为优秀的领袖人物。

比如，塞缪尔·因撒尔是托马斯·爱迪生的秘书；约翰·拉斯可普曾经是皮蓬的秘书；安德鲁·卡内基做过托马斯·斯科特的秘书；乔治·科特刘是西奥多·罗斯福的秘书。

我和史密斯，在美国也曾经以助理人员的身份起步。

虽然很多人的出身是秘书，但最终成了领袖，为什么呢？就因为他们结识了优秀的领袖人物。在耳濡目染中，他们也学会了领袖人物的思维方式和做事方法。

今天，我们看一个人能否成功，已经不能仅仅从他们的学识来判断，更要看他的人脉圈的质量。他能不能成功，不在于他掌握了多少技能，而在于他认识什么样的人，在于他愿意和什么样的人成为朋友。

相信我，如果你的朋友中有一个非常有分量的人物，只要你们的关系足够亲密，那么，他很可能会促使你越来越进步；如果你的身边有很多这样的朋友，那么，你的前途将不可限量！

德国有一些心理学家曾经做过这样一个调查，他们对1990年从某些著名的公立小学毕业的300名学生，进行了长达15年的“成长追踪”。最后，他们发现了一个耐人寻味的现象：

这300名学生经过了15年的时间，都已经从学校走进职场，并在自己的工作岗位上各有建树，其中，有70人得到提拔重用，成了职场精英。令人难以置信的是，这70人中，当初在读小学时，有40人给校长写过信，有36人和校长有过亲密的交谈，有23人与校长共进过午餐。最后统计，这70人中，没有结识过校长的只有2人，不到总数的3%。

我们通常很难想象，这70个最先得到社会认可、最先找到自己的人生价值的学生中，居然绝大多数有一个共同点：他们在小学的时候就结识了校长，并与校长有过交流。

为什么会这样呢？因为在上小学时就能结识校长的人，一般都具备了3个特征：一是不畏惧权威，二是很善于与人沟通，三是乐于在“大人物”面前勇敢地自我表现。

正是由于具备这3个重要的特征，他们才在日后成长为“大人物”。

与他们截然相反的是，那些在小学时没有结识校长或学校其他重要人物的孩子，在其后的生活中总是小心谨慎。这样的人当然也能成功，但是很难走到很高的高度。在他们成长的过程中，总是会遭遇更多的挫折和磨难，而且很容易在困境中放弃理想，对困难的承受力远远不如那些从小就与重要人物有过交流的人。

对于这个研究，我们的总结就是：一个人生活在小人物的圈子里，他就一直是小人物，很难逃脱出来；而一个人如果从小就与大人物打交道，那么长大后，他自己也很容易成为一个大人物！

如果你的周围都是一些小人物，这种超低的生活标准会让你对自己目前的状态很满足，产生得过且过的心理，从而失去了奋斗的欲望。就算机会出现，你也不想抓住，在懒散的状态中，就与机遇擦肩而过了。

如果你的周围是一些大人物，看着他风光的人生和高质量的生活，你会不由自主地产生羡慕的情绪。在追赶和效仿的心理下，你当然能够产生奋斗的动力和激情，从而能够较好地提升自己。即便你追不上那些优秀的榜样人物，你也能比昨天的自己更加出色，不至于在生活中止步不前。

我们可以这样说，一个人拥有什么样的背景，活在什么样的圈子里，他往往就会有什么样的人生。

◎成功的秘诀：在需要他们帮助之前先认识他们

如果你想在关键时刻得到贵人的相助，就必须提前积累这种人脉。我们的人脉圈一直在不停地进行更新和交换，只不过你经常缺乏关注，对此不以为意。因此，你很难发现有哪些重要的人物被自己错过了，或者有哪一位原本值得交往的朋友因你的疏忽，已经决定和你保持距离了。

天使和你擦肩而过，常常是由于你自己的失误。只有在需要帮助的时候，我们才意识到平时多储备人脉是多么重要。

★主动打入新圈子：平时多烧香，用时才显灵

拓展人脉圈的前提，首先是认识更多的人。在现实中，大多数人都是生活在一个既定的圈子内。就像水塘一样，长期缺乏变化，既没有增加新的朋友，也没有新类型的社交活动。尤其对中国人来说，人们向往安逸，也喜欢稳定的生活。在这种保守的环境下，很难接触到新的圈子。即便有接触的机会，也往往由于自己的保守，不敢有实质性的进展，从而与新鲜的人脉擦肩而过。

当你处于这种状态时，你就很难认识到那些对你的未来很重要的人物。机遇和财富都会离你而去。只有主动地走出自己的旧圈子，打入新圈子，让自己换一换环境，并且让新旧人脉网巧妙地链接在一起，共享重要“数据”，才能为你将来的需求打下基础。

那些能够在关键时刻获得人脉相助的人，都懂得让自己在最短的时间内适应新环境，并且迅速抓住对自己最有帮助的人和最有利的机会。因为抓住了潜在的贵人，也就等于抓住了前进的“工具”。这些人能在必要的时候推你一把，载你一程，缩短你奋斗的时间，降低你奋斗的成本，带给你一个无限美好的未来。

香奈儿出生于法国西南部一个名叫索米尔的小镇上。她的父亲是个小商人，母亲生下她不久，父亲就抛弃了她们。母亲辛辛苦苦，好不容易把她拉扯到6岁。一场大病后，母亲又不幸去世，于是香奈儿成了一个孤儿，被送进了当地的一所孤儿院。

香奈儿长大后，与当地一个名叫艾蒂安·巴尔桑的富家子弟一见钟情，坠入了爱河。但香奈儿不愿长期生活在偏僻狭小的小镇，她迫切想出去见见大世面。于是，巴尔桑把乡下孤女香奈儿带到了世界大都市巴黎。

到了巴黎以后，香奈儿十分激动，外面的精彩世界让她感到新鲜无比。凭着女性爱美的天性，在这五光十色、拥挤繁华的大都市中，香奈儿发现了一片亟待开垦的处女地——巴黎女性毫无时代感的着装穿戴。

香奈儿经常流连街头，细心地观察和研究过往行人的衣着。她觉得她们的穿着既保守又没有时代感。于是，她的内心生发出了一个梦想，让美丽的时装装扮这个都市的女子，自己也决心当一名勇敢的拓荒者。可是她的男友巴尔桑对她的雄心壮志既不支持更不理解，两人为此经常发生争吵，最后不得不分道扬镳。

在陌生的大都市，一个弱女子要想开拓一番事业是不容易的。在这关键时刻，卡佩尔向香奈儿伸出了援助之手。这个生性随和、不拘小节、家境富裕的异邦人，非常支持香奈儿投身于服装行业。

凭着强大梦想激发出的神奇力量，香奈儿小试锋芒便旗开得胜。这让她信心大增。她迈的步子越来越大，大胆设计，自行缝纫，全身心地投入了服装改革中。

香奈儿服装店的规模一年比一年扩大。她在康蓬大街接连买下了5幢房子，建成了巴黎城最有名的时装店。

1922年，香奈儿出品了根据她的幸运数字命名的“香奈儿5号香水”，又一次大获成功。1924年，香奈儿创建了香奈儿香水公司。畅销全球的香水为香奈儿的事业提供了雄厚的资金，使她成为当时世界上声名赫赫的富婆。

她从一个只有6名店员的小老板，变成了一位拥有4家服装公司、几家香水厂以及1家女装珠宝饰物店的大企业主。

香奈儿来到一个新的城市，在这里为自己找到了一个奋斗目标。重要的是，她得到了卡佩尔的帮助，然后才成就了自己伟大的事业。

如果她仍旧安心地住在乡下的小屋，那么她这一生将只是一个普通的乡下姑娘。如果她就此嫁入豪门相夫教子，可能也只是一个终生享受枯燥生活的阔太太。

她主动并且坚实地迈出了第一步，才为这个世界带来了一个知名品牌。

走进新圈子，可以为自己发掘出新的机遇，遇到新的贵人。不管你处在什么样的环境，已经拥有了什么样的背景，在处理人际关系时，“主动性”都是一个最基本的原则。如果你坐在家里等着关系上门，是不会有任何收获的！

★搭建一个优秀的交流平台

韦伯斯特说：“人们只要团结在一起，就可以做出单独一个人不能做出的事业。智慧和力量结合在一起，几乎是万能的。”

这是一个放之四海而皆准的道理：不管你是经商或者从政，要把成绩做大，就必须团结周围的力量，懂得合作与双赢。因此，为你自己搭建一个优秀的交流平台，就成了一件很要紧的事情。

以人脉为目的的投资，总能比以金钱为目标的投资更能取得成功。从现在开始，把你的投资手段改变一下，去着重于人情的投资，将政界和商界的人脉资源都聚拢起来，整合到你的圈子里，为大家搭建一个优秀的交流平台，你的成功之路才能走得更加顺畅。

◎情感投资和名声效益

★如果有人向你借钱，你会怎么办？

对中国人来说，这显然是一个相当难回答的问题。因为多数中国人都惧怕有人向自己借钱。再有钱的人，也害怕突然接到某个人打电话，一开口就向他借钱周转。

问题是没有人能做到守财如命。事实上，如果你这样做了，你的人际关系慢慢就会变得很差，你在自己的人脉圈里的名声将受到很大的损害。

在洛杉矶拥有3家大型超市的华商陈先生不久前到华盛顿，和我交流这个话题时，讲到了他自己的一段亲身经历："我是一个不太在乎钱的人，经常借钱给朋友周转，少则几百，多则几万。慢慢地，我发现借出去的钱就像泼出去的水，很难再收回来，大多做了顺水人情。前两年，我的一位国内朋友到美国来玩，旅费拮据，就给我打电话。我想都没想，出手就是5000美元，几天后他就回国了，连见面吃顿饭的机会都没有。"

我对他的经历很感兴趣，因为像他这样频繁借钱给人，时间久了肯定要考虑把"债"收回来。否则，在常人的理解中，这岂不成了冤大头？

"后来你是怎么做的呢？"

陈先生哈哈大笑："有的属于不要自还，许多朋友还是给面子的。有的就算了，一是钱少，二是借钱的人经济困难，这钱就当是对朋友的帮助吧。"

然后，他重点谈到了那位国内来美旅游借了他5000美元的朋友。陈先生一直没有催要过这笔钱，两人除了偶尔通通电话，发个邮件，很长时间也没有什么实质性的联络。直到半年后，陈先生去国内买房投资，遇到了大麻烦：因为不熟悉当地楼盘的情况，他把房子买了，产权却没办下来。

他顿时陷入了焦急之中，自己在国内没什么关系，碰到这种情况只能束手无策！他连续跑了几趟房管部门，事情毫无进展。产权办不下来，房子也无法退掉。这时，他在绝望之中，想到了那位向他借过钱的国内朋友，便打了一个电话。

听说他来国内了，对方十分热情，邀请他到北京玩几天，并为借钱的事连声道歉，称自己回国后一度周转不过来，拖了半年还没还款，实在不好意思，承诺两天内就把钱打到他的卡上。陈先生忙说："没关系，我不是向你催钱，是有点儿事情，不知道你能不能给解决一下？"

等他讲完事情的原委，对方的回答让他又惊又喜，因为这家房地产公司的老总，竟然是这位朋友在生意上的固定客户。虽然关系不是太近，也算不上生活中的朋友，但在业务往来上，该公司一直有求于他。

他首先打了一个电话，然后亲自到了当地，将事情解决了。

陈先生感慨地对我说："尽管借出去的钱，不一定每次都能收回来，但我始终觉得，借钱就是与人为善，说不定哪一次，你就用到别人了。而且，你有时候也不知道对方的能耐。只有在求到别人时，人们才意识到当初的投资是多么必要！"

与陈先生的观点相同，我一向主张要将"借钱"作为一种情感的投资。同时，你必须把它当作一种纯朴的投资，它应该是不图任何回报的。

当然，你需要区分和鉴别向你借钱的对象，将他们分为潜力股和垃圾股。有些人你是不能借的，他们胡作非为，向你借的钱很快就挥霍了，花不到正途上；有些人向你开口，你就必须毫不犹豫地把钱拿出来借给他，甚至可以送给他，告诉他："你不用担心，我就是你的后盾！"

对此，你该怎么判断呢？

感情投资是在我们所有的投资中花费最少、回报率最高的投资。你投入的是一份感情，得到的回报肯定也是一份更加浓烈的"感情"，它远远超越了金钱的意义。在这个世界上，这是一切聪明投资者的最高境界。我们通过金钱和实物等形式的付出，无形中可以转化为巨大的感情投资，然后在未来的某一个时期，让我们得到巨大的回报。

因此，感情投资是在一个"人性社会"中最为有效的人脉投资策略，也是你与“冷漠”“无情”等负面标签划清界限的十分必要的方法。

当你有条件时，进行一些适当的感情投资，带给你的人脉收益显然是非常明显的。

曾任日本麦当劳商社社长的藤田田写过一本畅销书《我是最会赚钱的人物》。在这本书中，他将自己所有的投资分类汇总起来研究回报率，发现感情投资在所有的投资中是最划算的。因为它的花费最少，回报率却最高。

比如，他每年都支付一笔巨款给医院，作为保留病床的基金。当公司的员工或者家属生病、发生意外时，便可以立刻住院接受治疗，避免了在多次转院途中，因来不及施救而丧生的事情发生。

有人为此问他：“如果你的员工几年都不生病，那这笔钱岂不是白花了？”藤田田的回答是：“这没什么，只要能让我的员工安心工作，对于麦当劳来说，花这些钱就不吃亏。”

藤田田还有一项创举，就是把员工的生日定为个人的休息日，让每名员工都可以在自己生日的当天早早回家与家人一同庆祝。

他的信条是：为我的员工多花一点儿钱进行感情投资，绝对是一件值得的事情。

这和“借钱”产生的效果是一样的，人们在困难的时候找到你，需要的不过是你的“九牛一毛”。拿出一点儿你暂不需要的钱，借给对方解决麻烦。你可能觉得没什么，但对方会感激不尽。这就是一种最基本的感情投资。

在对公司的管理和经营中，必要的感情投资其实也花费不多，像藤田田的策略，就能换来员工前所未有的积极性，从而产生极强的创造力，将公司的业绩做得更好。这是其他任何一项投资都无法比拟的。

佐田在进入日本的三得利公司后不久，他的父亲便去世了。得知这一消息的公司总裁鸟井信治郎立刻做出决定，率领全体员工到殡仪馆帮忙。当葬礼结束后，岛井信治郎又叫了一辆出租车，亲自送佐田和他的母亲回家。

后来，佐田当上了三得利公司的主管后，经常对人提起这桩事：“从那天开始，我就下定决心，为了我的老板，即便牺牲我自己的生命也在所不惜。”

在我们对日本公司的调查中，发现日本的企业家都非常重视在管理中引入“家庭氛围”。他们把公司办成了一个大家庭，很重视为员工搞一些福利活动。比如，为员工过生日，当员工结婚、晋升、生子以及乔迁时，都会得到直接上司和老板的特别祝贺。这些做法收到了非常好的回报，增强了整个团队的凝聚力。

★感情投资：重在名声和未来收益

我在美国经常为商人与政客进行的感情投资充当中介。在多年的操作中，我发现，最有效的感情投资都很注重未来的收益，而不是追求短期的回报。马上就想拿到好处的人，其付出的“感情”很快就被证明是虚伪之举。

在所有的人脉投资中，名声的收获是最难得的一种回报。

你要知道，在今天这个社会，我们想要得到人心是一件多么困难的事。但这不代表做不到。总有那么一些人，可以将感情投资运用到极致，使自己在最大限度上得到最多的人心。

他们利用感情投资为自己赢得了强大的人脉网，使自己的身边聚集了一大群荣辱与共、不离不弃的人。得人心者得天下，因此，这些人在事业上获得了极大的成功。

感情投资和收获名声的方式并非只有借钱一种。有时，你只需要对别人多一些关爱，就能让自己的人际交往进行得更加顺畅。这跟钱财的关系不大，甚至不需要你付出一分钱，这是世界上最厉害的一种投资，它所产生的效果是其他所有投资行为效果的总和。它可以为你积累雄厚的名声资本，这是花多少钱都无法做到的。

Part 6 第6部分

遇到困难时，谁来帮助你

在现实中，人们每天都在寻找着“对的人”。但他们接触了很多人，未必有一个人能够对他们建立信任。因为在最短的时间内获得一个人最大的信任，是非常困难的。因此必须在平时就有意识地去树立和展示自己的良好形象，结交这些潜在的关键人，才能在需要的时候派上用场。

◎至少有可以拨打的求助电话

如果面临弹尽粮绝，谁来拯救你？

我相信很多人都遇到过这样的问题，当这种情况发生时，通常是致命而又无法摆脱的。人生的困难总是无处不在，许多困难还不是一些小事。今天刚开完庆功宴，明天就发现股票跌停了；上午还是春风拂面，下午便狂风暴雨。每个人都会遇到自己的人生低谷，在你春风得意时，它就在前面不远的地方等着你。稍不留心，你就会掉进去，困在里面无计可施。

没有人知道明天会发生什么。到时候，你只能拿出电话，向一切值得信任的人求助。

也许到这时你才发现，自己的手机上有几百个甚至几千个联络人，却没有一个是靠得住的。他们只会与你同富贵，却没有半点儿可能与你共患难！

简单地说，你只需看到他们的名字就立马可以断定：

“这家伙不会向我伸出援手！我们的关系没到这份儿上！”

“那个人只会对我落井下石，平时和我的情谊都是装出来的，他只想从我这里分点儿好处！”

遇到困难时焦头烂额，没有贵人指点；四处求助但是无人伸出援手；认识了很多人，但是他们对你的事业不但没有任何帮助，而且还在拖你的后腿。

看到这一段描述，你是不是突然感到很熟悉，就像在自己的身上刚刚发生过呢？

很显然，这种情况说明，你还没有优质人脉。甚至可以说，你现在所建立的这些人脉只是无用的联系而已，对生活没有任何积极作用。

★好的人脉圈如同蜘蛛网，可以最大限度地承重

一张蜘蛛网合格的标准是什么？就是不管遇到了多大的风雨，虽然它随风飘来飘去，左摇右摆，看似要破掉了，但仍然能在空中屹立不倒。

良好的人脉圈，就如同好的蜘蛛网一样，在大风大雨到来时，可以最大限度地承重。

我很好奇史密斯为什么总能在困境中“死而复生”。他在洛杉矶有上百家食品超市，在不断扩展规模的阶段，曾遇到过两次大的灾难，这些灾难都足以使他的余生活在“偿还巨债”的阴影下。作为食品业巨头，这样的新闻占据了当地各大媒体的头版头条。然而，就在媒体接连用了“食品巨头面临生死存亡”的头版报道半个月以后，史密斯的食品公司突然就“浴火重生”，就像充满了新鲜血液的“怪兽”重新复活了。

当媒体尖叫着问“这到底怎么回事儿”的时候，史密斯很淡然地微笑着说：“我有一沓厚厚的电话本，我只从中挑选了3个号码。现在，感谢那些拯救我的人。”

这3个号码分别代表了3种关键人脉：

一个能为你出主意的人！

一个能帮你找关系的人！

一个能立刻拿出钱来救你命的人！

★风雨来临时，翻开你的电话本

两年前，因为经营失误，北京的王先生苦心经营了3年多的小公司破产了。一夜间，他不仅成了一个穷光蛋，还欠了一屁股的外债，被人追得到处跑。家当然不敢回，在国内他也待不住了。

思来想去，他觉得唯有到美国的朋友那儿躲一躲。

他和这位朋友是从小一起长大的，关系当然好得没法说！按国内的说法，是一对铁杆发小儿。他们上学时在一个碗里吃饭，放学后骑一辆自行车回家，亲热得恨不得同穿一条裤子、同睡一个被窝。

王先生说，小时候，有一次去海边玩，朋友不小心掉进了水里，还是他不顾危险跳下去把朋友救上来的，说自己对他有救命之恩也不为过。

于是，他满怀希望地来到了美国，期待从朋友这里借到一些钱，回国解决危机，东山再起。但是见面之后，他才发现自己的想法只是一厢情愿。这位朋友虽然热情礼貌地招待他，让他在美国吃好住好玩好，愿意承担他在美国的生活开支，但对他的遭遇丝毫不感兴趣。他试探着提了几次借钱的事情，朋友每次都像没有听见。每次一提起，对方就绕开话题。后来，干脆不接他的电话了，也不管他在美国的死活了。

王先生在向洛杉矶的华人商会求救时，失望地说："以前我认为，全世界都有我的朋友，但这时才发现，原来我一无所有！"

是的，只有在风雨来临时，你才能发现自己的人脉到底怎么样！也只有在这时候，你才可以翻开你的电话本，看看有几个人是可以救你于水火的！

你可以想一想，在这个人情寡淡、反复无常的世界里，到底谁会帮助你呢？

上司？作为你的老板，他会克扣你的工资，不给你加班费，该给的也会千方百计地扣掉。在你没有利用价值以后，他还会残忍无情地辞退你。

亲人？作为你的兄弟姐妹，他们会跟你争夺父母的房产，诉诸法律，毫无亲情可言，甚至表现得比敌人还要无情。

同事？作为与你同部门的战友，他们只会把你的客户抢走。

乡邻？你没房子住的时候，这些邻居不会提供给你一间房子，作为你的暂住之地。

政府机构？你失业了，还要自己去交养老保险。不会有人免费给你提供一份工作，除非你真的能为政府创造价值，值得他们为你这么做。

在你感觉良好时，请按我的提示逐条检索，冷静地审视自己。可能这时你才发现，真正愿意帮助你的人真的很少。不要以为自己到处都是朋友——在你活得很好时，没有人拒绝跟你交朋友；只有在你落水时，才能看到自己的人缘到底有多好。

在洛杉矶大学，当我们的机构举办的人脉培训课程进行到第七期时，我提出了两个问题，让人们回答。他们有的来自这所学校，有的则是洛杉矶一些公司的中高级主管人员。其中既有白人、黑人，也有我们东亚的黄种人，比如中国人、日本人和韩国人。

“当你生活的世界突然天崩地裂的时候，谁会不顾一切地帮助你呢？”

“在你最痛苦的时候，谁会对你不离不弃呢？”

台下沉默了。人人都在沉思，在脑海中搜索。最后，只有很少的人在他们的本子上写下了一些名字。但我看得到，他们的选择范围很小，下笔的时候始终在犹豫。因为他们很难确定。即便他们填写了不多的几个人，也难以判断这几个人到底是不是那种能够在危难时刻对自己施以援手的人。

如果我们经常思考这两个问题，就会发现自己在人脉积累方面的严重不足。我们在遇到困难时如能得到强力援助，许多困难就会迎刃而解。不过，前提是你平时储备了能够在危难时援助你的黄金人脉。

◎在老虎来临前，就备好自己的跑鞋

想避免自己在“弹尽粮绝”时陷入无人搭救的局面，你就要时刻保持对于风险的“痛觉”，不要去做刀口舔血的狼，不要四处撒播你的狼性，而应宽和对待你的同事、朋友还有亲人，努力与他们分享你的成功。

在你自己的圈子里留下一条退路，才能保证危难时有人站出来帮你解决问题。尽管无论付出了多少，我们都难有十足的把握打动别人，但是只要尽力去做了，就会增加成功的概率。

做人不留后路，是最危险的一种处世态度。在美国商界有一条谚语：“当你飞上天空的时候，记得把你的垫子留给地上的蛤蟆。”也许你会一直在天上飞翔，这当然最好不过了。但假如有一天你掉了下来，你不会沦为蛤蟆嘲笑的对象。因为有你的恩惠在前，蛤蟆会帮助你，让你不至于在落魄时失去一块栖息之地。

花旗银行的高级市场经理摩万斯因为一次判断失误，导致公司损失了数百万美元。他不认为这是自己的错误，因为他的搭档在工作的协同过程中，给他提供了一份虚假情报。他的责任当然是比较轻的，而且他也是一位受害者。但是，最后他成了那个倒霉蛋，背着黑锅从花旗离职了。

我对他讲了一个“老虎二选一”的故事：有两个人在山林里，遇到了一只大老虎。第一个人赶紧从背后取下一双更轻便的运动鞋换上。第二个人很着急地骂他：“你干什么呢，再换鞋也跑不过老虎啊！”第一个人笑了笑说：“我只要跑得比你快就好了。”然后飞快地跑出去了，第二个人便落入了虎口。

摩万斯苦笑着说：“您讲得没错，我就是故事里的第二个人。”

“你想过原因吗？”

作为在花旗银行工作了6年的高级主管人员，摩万斯当然是一个聪明的人。他点头说：“就像您说的，我没有为自己准备一双跑鞋。所以，关键时刻没人救我的命，我只能落入‘虎口’了。”

很多时候，“自以为安全”其实就是最大的危险。即使你认为自己现在拥有非常稳定和优质的人脉，你的朋友很多，你的人脉遍布世界各地，也会面临许多变数。当“老虎”来临时，真正愿意为你准备一双“跑鞋”的人，其实很少！

因此平时遇事，你都要有退让一步的态度，才是高明的做法。学着让一步和退一寸，多付出，少求回报，就等于为日后的“进一步”和得到别人的主动相助，打下了牢固的基础。

摩万斯的人脉状况让人担忧。他26岁结婚，今年35岁了，有了两个孩子，在北卡罗来纳州买了房子，并拥有不低于200万美元的财产。一个取得这些成就的人，又是如此年轻，你肯定会说，他是真正的成功人士，美国中产阶级的优秀代表。

但我告诉你："No！"因为他的人脉状况与自己的身份、地位和财富完全不相匹配。

迄今为止，摩万斯没有加入任何一种社交团体或名流俱乐部，他不是会员——几乎没有一张健身俱乐部或交际平台的会员卡，他对此也毫不热心。当然，他的朋友很多，但都局限于"君子之交"，不涉及利益，没有建立深度互信，也很难在他遇到麻烦时，为他提供真正的帮助。

在花旗银行内部，这种糟糕的人脉状况到了一个顶点：除了善待下属，摩万斯没有在上司眼中留下另外的好印象。他在这家世界知名的公司缺乏关键人脉的支持，只能靠努力工作来保证自己的位置。

一旦工作失误，很难有人替他说话。而他的那位搭档，我们在调查中发现，背后至少有两位银行股东与他的家族关系亲近。这家伙是一位真正的"关系户"，无论犯下多么滔天的"罪行"——除非他把花旗银行炸掉，否则都会有人来充当他的天使，把他从泥潭中拽出去。

掉进陷阱时没人救他，反而会有人过来踩一脚，这就是摩万斯以及多数困于人脉危机的人共同的境遇！解决人脉危机的唯一办法，就是必须为自己积累高质量的人脉！

现在，很多国内的创业者都来美国融资。有的人就来找我们公司牵线搭桥，去接触美国的融资公司，去公关和说服他们的负责人。一些创业者就对我讲，他们觉得，创办一家成功的企业才是一种最好的投资，只要公司赚钱，目的就达到了。

我告诉他们："不对，事实恰恰相反，你要考虑一下自己的投资者是否容易退出！"

也就是说，你搭好的这个盘子，有人接手吗？

在你迫不得已时，是否有足够的关系来帮你开拓一条退出而不是前进的道路？你有能力保证投资的安全吗？

创业者将很多钱投入公司，希望做大做强，然后大家一块儿获益。风投赚了钱会退出，公司到时也上市了。可是他们没有考虑到最糟的情况：在投资遇到困境时，没有人愿意接手。

在你风光无限时，人们自然都想过来分一块蛋糕，但你落水了呢？有没有人拉你一把呢？

无论情况是好还是坏，你都要有随时可以借用的“退出”关系，即你的人脉圈中，必须有一双帮助你逃离困境的“跑鞋”。

我们要懂得借力，在向上攀升时运用“他人之力”；在摆脱困境时，也要善用外力，而不是只靠你一个人。只有平时多给朋友方便，日后才能让他们给你方便。

你要对此做聪明的换位思考。我们前进时固然需要朋友，后退时其实更加需要依靠过硬的关系。因为前进是为了分享利益，总有人愿意与你合作；后退却是保住本钱，安全撤退，对你伸手相助的人未必能得到好处。这时，最能考验你们的关系是否牢固。

在你一帆风顺时，和人相处一定要有谦让三分的胸襟，愿意并善于牺牲自己的某些利益，让人与你一起共赢。如果你总是独享利益，一毛不拔，你的好运本来已经让别人嫉妒了，你的小气和自私更会引起他人的不满和暗中“使坏”。再加上你积累的人脉太少，就像摩万斯那样，一旦出现问题，就很难自保了。

好的人际关系是我们“求人办事”和“脱离困境”的基础，这种优质人脉关系的建立，却不是一朝一夕就能做到的。我们要从一点一滴入手，依靠平日不断的“感情投资”，为了这双“跑鞋”付出长期的努力。

中国人有句话：“人情练达即文章。”我相信，国内多数人都知道这句话在讲什么。要想搞好自己的人脉关系，为自己准备一条安全的退路，我们就得牢牢地记住这句话。

不要吝啬你的情感，更不要吝惜你的热情。在能给别人提供帮助的时候，你千万不要犹豫；在你飞上天空之前，先在地上为自己准备一张落地的垫子，并请“蛤蟆”代为保管。因为说不定哪一天，这张垫子就能派上用场。

如果你忽视了这一点，你将在自己的人生中事事不顺；把握住了这个原则，你将路路畅通。

◎找到所有相关人士，并且提前获取支持

人们在做销售时，都必须找到客户方的决策人和关键人，找到了就好办事。但有一点你要注意，并不一定所有的关键人都是高层人士或公司的大老板；我们拿下一个项目，也不一定就要说服这个项目的直接决定人。

有时候，只盯着高高在上的那个人是没有用的。即使你通过几个人就能联系到他，甚至你马上就能给他打电话，也未必能起到积极的作用。

在给一些公司的销售人员做培训时，我针对这一情况提供了两个原则：

第一，找到可以决策的关键人，决策者愿意与你对话，当然最好。

第二，关注“关键人”身边的“次要关键人”，如有条件，尽量争取他们的支持。

大公司之间的销售公关，往往需要将第一目标对准他们的部门经理，因为这些人就有一定的决定权。高层会听取部门经理的专业意见，绝不会单方面根据销售公关方的说辞进行判断。

他们就是“次要关键人”，对于最终的决策有着巨大的影响力，你必须尽量去争取他们的支持。即使他们不支持你的产品，也要使他们保持中立，否则不但后患无穷，而且会使本来就陷入困境的说服工作面临无法逆转的危局。

石原就职于一家刚在大阪成立的小公司。有一天，她去一家销售额达到几十亿日元的公司拜访客户。刚开始，她找的是这家公司的一个文员。这时，石原还不太懂关键人的重要性。于是她很卖力地做产品的演示，并通过这位文员，了解了该公司的组织结构等一些情况。

后来，这个文员调回了公司在东京的总部，把石原推荐给了另一位大阪的业务经理。这位业务经理其实也只是一个普通的销售代表。当时，石原还不太懂得销售的这些常识，她还是很卖力地去和这位业务经理沟通，热情地推荐了本公司的产品。

该业务经理了解这款产品之后，比较认可，就把她推荐到了公司的一位总经理那里。后来，总经理又向东京的总部进行了汇报。最后，这笔单子非常成功地批给了石原。在该公司通知她签约的前一天晚上，石原还在忐忑不安地反思自己的策略，她一度觉得自己根本没有机会拿下这么大的单子。因为虽然经过了漫长的时间，但她连对方总部的相关决策人都没有见到。

在她接到签约的通知电话之后，这个意外的惊喜让她有些怀疑到底是不是真的，确认了两遍，她才意识到自己竟然成功了！

你可能会觉得这样做的周期实在太长了，为何不一开始就找到东京总部的决策者进行公关呢？实际情况是，即便石原直接找到了该公司的决策层，他们也会把事情推到大阪的分公司，并直接让分管部门来处理。而且，一旦决策层拒绝了石原的要求，就无异给了分公司的人员一个不太好的暗示，石原的机会就会变得非常渺茫。

因此，有时候我们从“次要关键人”入手，效率不但不会降低，反而会有更好的结果。因为让专业人员从纯业务的角度认识到事情的本质，发现你的产品的优点，对最后的决策者提供一种客观和专业的建议，协助其做出正确的决策，这恰恰是我们最想要的结果。

这就是“找对人”。只有找对了人，你的问题才能真正解决。也只有找对了人，然后提前公关，树立良好的印象，你的目标才能得以实现，才能收获意料之外、情理之中的惊喜。

在现实中，人们每天都在寻找着“对的人”。但他们接触了很多人，未必有一个人能够对他们建立信任。因为在最短的时间内获得一个人最大的信任，是非常困难的。因此必须在平时就有意识地去树立和展示自己的良好形象，结交这些潜在的关键人，才能在需要的时候派上用场。

◎锁定关键人物

★我赢在可以摆平一切问题

只有摆平了全部问题，你才是最后的真正赢家。

我在普林斯顿大学给公关系的学生上课时，有人问我："您为什么能成功？"我回答说："因为我解决了一切可以称得上困难的问题。"

"就这么简单？"

"是的，就这么简单！"

从2002年到现在，我们公司至少遇到过8次"致命"的危机：

公司有一次因为资金问题面临破产，资金缺口达到了惊人的600万美元。当时，我的账上只有150万美元。

还有一次，我被联邦调查局叫去谈话，一度被"威胁"拘禁公司全部的华人员工，并查扣他们在美国的所有财产。因为我们的培训过程涉及美国政界的许多公关秘密。直到我们请出一位共和党参议员出手相助，才转危为安。

还有许多问题，几乎每年都有一些麻烦事发生。因此，我更要感谢史密斯。他拥有雄厚资源并善于巧妙周旋，往往在问题刚发生时，便锁定了解决问题的关键人物，并让关键人物发挥了至关重要的作用，使得我们的事业至今没有遇到毁灭性的危机。

没错，我们的成功，就是因为能够找到相应的人脉，帮助我们摆平一切问题！

2009年，我们开始为世界各地的公司提供专业的人脉咨询服务，向他们讲述如何发挥关键人物的作用。

生活中，我们经常会遇到某种苦恼：当你试图摆平一件事时，你发现自己空有一些想法，却不知道向谁表达，或者由谁来传达。因此，我们要讲的问题是：你怎么去锁定那个有效而且重要的关键人，通过他作为中转站——或者他就是终点站——来解决问题呢？

“在一家公司，看出谁是关键的决策者是轻而易举的事情，但人们时常忽视这一类信息。”

希拉维尔公司的公关部负责人听到我的这个观点后，对我说：“商业公关的本质，难道不是展示产品和团队的信心吗？让客户相信我们的力量，是否远比这种公关技巧重要得多呢？”

这让我在心底认为：这位负责人，也许并不适合坐在公关部主管的位置上。

如果你只相信勇气和诚意，并夸大这些力量，对你的事业来说将是非常危险的！

人们常常遇到这样的窘境：拿着产品、文件，带着一腔的热情去找人家办事，却连对方的底细都不知道。如此糟糕的开局，你又怎能奢求最后的成功呢？和对方交谈时，你都不知道该从何说起。何况，你还可能犯下另一个错误：不知自己是否找对了人。

做好对关键人物的信息调查工作，对我们来说是非常重要的，要不然就太盲目了。在锁定关键人物后，还要充分地搜寻、整理对方的信息。

他的性格是什么样的？

他易怒吗？

他有宗教信仰吗？

他是否有过贪污和受贿的经历？

他的人际关系如何，喜欢交哪一类朋友？

他的亲朋好友都是谁，住在哪儿，他们之间的关系怎么样？

这些都是非常关键的信息，只有将这些空白填满了，我们才能确信已经成功地锁定了他。否则，就需要继续努力。在我们的人脉关系的发展中，总会有一些关键人物需要花费不少精力去重点攻克。当然，其间遇到的困难相对也会更多。

有时候，我们还可以绕道而行——正如同我们在政界的游说策略那样，去打通关键人物身边的“关键人物”，成功地达到剑走偏锋的效果。

●

★人脉公关的“夫人战略”

不只中国人，全世界的人都知道利用“枕边风”才好办事。丈夫和妻子在根本利益上，通常都是一体的，除非他们是一对即将离婚的夫妻。有时候，当你想要赢得某人的信任时，最重要的是先赢得对方夫人的信任，通过她去游说，实现你的一些想法和达到你的目的。

若你能够在求人办事时，将此重要手段巧妙地加以运用，往往就会收到意想不到的效果。不得不提的是，与重要人物的夫人交往，更需要高明的技巧。就像我们去见一位副总统的夫人，技巧远比到邻居家串门要复杂得多。

你千万不要奢望提着几个礼品盒就可以达到目的。你必须格外遵守礼仪，通过你的诚意来获取信任。你还要拿出你应该付出的“实际利益”，同时又避免给对方留下一种赤裸裸的交易的印象。

最后，还有一个很重要的原则：在对关键人物的夫人的公关中，不要涉及对方的私生活。公私分明，但又巧妙地化公为私，这才是最高明的手法。

★“亲情路线”必不可少

我们在协助切尼副总统进行竞选的过程中，曾经确立了5个基本原则，其中就有一条公关路线：亲情牌的重点使用。亲人对于我们的影响毋庸置疑，有时你说上几天几夜，不如他的亲人劝他一句。因此，许多时候需要运用亲情公关打动对方。

比如，在必要的时候，你可以走一下“老人和孩子”路线，迂回地接近目标，拉近彼此的感情，也是求得关键人物相助的好方法。在遇到难关时，一开始就要为自己走出这一步做好准备，事先结交关键人物的亲人，做好必要的铺垫，以免到了用人之时，才感到焦急和慌乱。否则，恐怕为时已晚。

Part 7 第7部分

如何巩固你的后援力量

利益的规则就是如此，你必须先发制人，让大家看到你的成绩并予以肯定，之后再提出你想要的条件。你所需要的人脉，其本质并非出于你的需求，而是你能付出的利益。你在努力为公司、为对方带来利益的同时，对方也在对你进行观察和衡量。人脉关系从来都是相互给予的利益交换，而非你一厢情愿的获取。

◎对“自我价值”的借势提升

★人脉后援需要及时储备

即便你才华横溢，但只凭借自己的能力，也会在走到一定程度时，感到无法突进和势单力薄。一个人的力量总是有限的，其人脉也总会有自己的边际，所以必须在必要的时候为自己寻找“后援”。

我们的“人脉后援”必须提前储备，才能在需要时从容不迫，以免使自己面临紧急的情况时捉襟见肘，不能及时地解决问题，展示自己的人脉能力。

每一位成功人士必定都有过借助外力的经验，强者如巴菲特、盖茨或者索罗斯、戴尔，如果离了外力的帮助，他们奋斗一生的成就可能也不过与我们现在一样，没什么值得称颂之处。若能将外部的人脉资源与自己的需求嫁接，掌握了引入后援的这一原则并成功运用到日常生活和工作中的话，那么你离成功就不远了。

我们借用别人的智慧、金钱、权势等来扩充自己的大脑，可以增强自己的力量和赚钱的能力，并且扩充自己的人脉库。

凭借他人之光照亮自己的前程，扩充人脉和资源，这就是人脉借势的最大价值。

由牛根生创立的国内著名的蒙牛公司，因为借了行业老大伊利的光，一跃坐上了行业老二的位置；麦当劳、可口可乐、迪士尼的跨行业结合，互相借助对方的资源，实现共赢；戴尔公司通过对国际知名公司康柏的挑战，将自己和康柏归为同一个档次，吸引媒体的目光，这产生的效果绝不是单纯的广告所能达到的。

在广告行业，许多公司都会乐意邀请某一位名人来做自己公司品牌的代言人，这是“名人效应”的体现。他们可以找一些名人来为自己的品牌呐喊助威，然后借这个机会增加产品的曝光率。

借助名人之光已然成为众多现代企业为达到销售目的所采取的惯用策略。

一个知名度很高的人出现在电视屏幕上说，我经常吃你这一品牌的食品，那么有着追星情结的大众也就容易趋之若鹜，都去买你这一品牌的食品；某一位名人说你公司的产品很好用，收到了不错的效果，那么接下来即使你的产品比同类产品要贵许多，大家也会争先购买。

这也就是为什么越来越多的产品不再标榜自己的实力而是不惜重金请名人做代言。

人脉的开拓也是同样的道理。如果你能跟名人搭上关系，和他一起亮相，或者参加某一个活动，或者能让他成为你的后援，不但可以提高曝光率，甚至连你的“权威”和“影响力”也会跟着成倍提升。

许多人感觉出人头地是一件很困难的事，如果没有文凭、学历和关系，要想成功就必须一步步地熬下去，仅仅是想一下，自己的脑袋就要炸了，他们觉得做到这些所需要的时间简直比自己的寿命还要长。

尤其是在一些组织机构复杂的大公司，他们直接接触到上司的机会很少，露脸都很不容易，更别说让老板看到你的发光点了。

但是，如果这时能够借助一些强势的人脉，找到必要的关系，得到那些有话语权的贵人的推荐，效果就要好很多。但是这个前提是，你必须先完成自己能力的积累，表现出卓越的才能。

借助人脉平台体现和增强自我价值的策略，是人们获得业绩甚至在职场中得以晋升的一条捷径。当然，它同时也是我们寻求贵人相助的一种必然策略。把脚步从自己的房间迈出去，到外部的无限空间拓展自己的后援，增加人脉资源，就有机会为自己构建更加充实的人脉网络。

通过一些强有力的外援的人脉，我们可以将原本几十步才能联系到的关系，缩小到 6 步甚至 3 步以内，省却无数的时间和精力。为人生节约了时间，也就等于提高了工作效率，加快了事业的进程。

★站到巨人的肩膀上

“巨人”就是那些可以借势给你的人，通过借势，你们之间以双赢的形式达成某种合作，借助他的力量，实现你的目标。

比如一只普通的蝴蝶，它的平均寿命只有 1 个月，而如果它想从洛杉矶飞到华盛顿，以它的飞行速度需要 6 个月到 7 个月的时间，那么，它如何在 1 个月的时间内完成这样的长途旅行呢？你会觉得这是痴心妄想。但是，方法非常简单，它只要先飞到一列从洛杉矶开往华盛顿的列车上，通过列车这个载体，就能轻而易举地做到了。

这就是借势。列车在很短的时间内就能完成这段旅程，蝴蝶搭乘列车去实现这个计划，根本不需要自己出太多的力——它只要飞上列车就可以了。在人脉领域，借势也就是借用别人的金钱、名望或人脉关系等，达到自己的目的。

对于聪明的成功者来说，借势能够有效缩短自己成功所需的时间，这种行为就是“站在巨人的肩膀上”。就像国内著名的商人王金祥，他就是借助大企业的品牌将自己的事业发展起来的。

早在 2002 年的时候，王金祥因为与其他股东有分歧，将自己在一家鞋厂的三成股份退了出来。退股之后，他并没有利用自己手中的资源继续制鞋，而是冷静地分析了当前的市场现状。他认为制鞋的厂子良莠不齐，面临的竞争压力都非常大。

从当时的情况来看，王金祥可以走的路有两条：一条是建立自己的品牌，另一条是借用名牌。王金祥想：创立自己的品牌固然是个不错的选择，但这样风险太大了。一是创建品牌是需要时间的，自己这些资金未必支持得了这么久；

二是随着市场竞争愈加剧烈，即使是自创品牌也未必能够突出重围。思考再三，王金祥选择了借势的方式。

既然要借势，就得选择一个有势可借的企业，王金祥选中了青岛双星集团。这家集团是拥有鞋业第一个驰名商标的大企业，也是当时行业中的老大。如果能够借双星之力，那自然是再好不过了。通过考察，王金祥发现双星只生产胶鞋和旅游鞋，皮鞋是它的空缺。在王金祥看来，双星集团产品结构中的这个空缺，正是上天赐予自己的机会。于是，王金祥壮着胆子拨通了双星集团总裁汪海的电话。汪海数天后派人考察王金祥的鞋厂，考察者看到王金祥的小厂房之后，并不看好与他的合作。考察者回去之后数月，合作之事仍杳无音信。王金祥决定赶赴青岛，与汪海面谈。

相见之后，王金祥详细叙述了自己的商业模式、赢利方式及双方的合作条件。汪海被打动了，于是王金祥用1200万元买了双星皮鞋及儿童皮鞋6年的经营权。

回到自己的厂子后，王金祥开始了双星皮鞋的生产和销售。由于双星是大品牌，所以王金祥的腰杆很硬，很快就发展了20多个有实力的代理商，自己的销售网络初见雏形。

接下来的半年里，双星皮鞋销量达到几十万双，王金祥的小公司也一跃成为当时鞋业中销量最大的公司之一。

几个月后，王金祥收回了大部分投资。此后，除了付商标使用费给双星集团外，王金祥的投资并不大。随着生产规模的不断扩大，王金祥的利润也水涨船高。他的这次借势策略无疑是成功的。

这既可以说是一种人脉的智慧，更是一种经营哲学。它的本质就是借人之力，成己之事，是一种行之有效的求存图变的方式。如果借势借得好，能够让一家企业迅速发展壮大，也能够让一个人迅速地脱颖而出，从底层跃入上流社会，成为一名人脉达人，事业上的新巨人。正如企业界流行的一句话所讲的那样："三流企业做事，二流企业做市，一流企业做势。"

我们由此可见，能够有效做势并借势，是企业经营的最高境界。

◎制造恰当的时机为交流服务

心理学研究表明，环境往往影响着一个人的情绪和心境，而一个人的情绪和心境又影响着一个人的情商。同时，情商的状态又制约着这个人的思维模式。因此，由于环境和时机的不同，人们对于沟通的认可和接受程度也不一样。

因此，时间、地点、环境的差别对于说话的效果起着至关重要的作用。时机对我们而言，是外部的沟通因素和人脉的基础性条件中极为重要的一个。我们需要将“时机”作为单纯的一种资源来经营，让它始终以最好的条件出现在我们的面前，供我们驱使和利用。

★时机是一种宝贵的人脉资源

你应该可以看到，同样内容的话，在不同的场合、不同的时间、不同的环境下，起到的效果也会大不一样。所以我们总是要说，一个人在沟通时一定要注意察言观色，不要觉得自己的本事强、价值高，就可以随心所欲地说想说的话——假如时机不合适，就算你是奥巴马那样的人，你的沟通效果也未必就会称心如意，对方也不一定买你的账。

在合适的环境下，把话说得动听，说到对方的心窝里，这就是说话的目的，也是让人认可的必要因素。这些条件的综合，就是“时机”。这样的时机，既需要抓住，也可以由我们自己来引导和创造。

有些人天生性急，不看时机就不假思索地脱口而出，往往察觉说错话的时候为时已晚，也因为这错误的时机而失去了很多机会；本来可以把握住的人脉，也因为时机不好而错失。

有时候，即使你的话再好、再动听，如果你说的不是时候，不仅起不到好的作用，而且还会给你带来负面的影响。所以，你要根据对方的性格、心理以及当时的环境氛围，决定你要不要说话，该说什么样的话。这就是“时机”的意义。时机对了，说出来的话自然贴切，能够引起人们的重视，利用有限的几句话或几个动作，就能完整地表达出自己的意思，达到想要的结果。

我们用一个词来形容，就是“恰到好处”。机会必须精确地把握，就像火箭要想上天，必须要寻找一个发射窗口。在这里，我所提到的概念，就是“沟通窗口”。当这个窗口出现时，就是最好的沟通时机；反之，当它关闭时，不管你有什么优惠的条件、美妙的想法，可能都不宜说出来。

成功学大师卡耐基强调最重要的一点，就是把握住说话的时机，适机而说，机会不到时，就不要轻易开口。说话行为只有在与具体的环境结合并保持统一时，才能准确表达出自己想说的意思，达到说话的目的。在日常生活中，我们经常看到这样的情景：一个人在那里口若悬河、侃侃而谈，对方却眉头紧锁，毫无兴趣，即便这个人一直在夸奖他，最后，对方也总会找个这样那样的借口赶紧走掉了事。

这就是时机把握的问题，时机掌握不准，哪怕你的话是天籁，也无法让别人产生兴趣，更不可能达到说话的目的。

那些具有高超的演讲技巧的人，往往能很好地把握住说话的时机，快速地发现听众感兴趣的话题，并且说得恰到好处，这是一种无与伦比的才能。能够很好地把握时机的人，即便是遇到复杂的情况，也能转危为安，化险为夷。

我们尤其要懂得怎么说话，在什么时间、什么地点说什么样的话。在工作中，把握适当的说话时机也是达到目的的重要手段，适机而行才能让语言变得更有价值，否则，说话时机不对，就是失败的说话。

在交谈过程中，每个人都想更多地表现自己，这种适机而行的策略，还要求人们在交谈过程中不要只热衷于表现自己而忽略对方的感受。如果交谈中对对方不屑一顾，肯定会造成孤芳自赏的坏印象，最终好话也变成空话。

皮特是美国加州一位鼎鼎有名的大亨，资产达数十亿美元。有一年，他与搭档乔治一起飞往中国的一座城市，准备在那里投资建厂，经过多方努力，终于找到了一个合作伙伴。几天后，皮特坐在了谈判桌前，对方是某一国企的领导。这位领导的精明能干和通晓市场的能力让皮特很欣赏，其对于合作之后的宏伟设想，也让皮特似乎看到了合作之后的光辉景象。

然而，就当双方快要签约的时候，这位领导可能酒喝得多了一些，又自夸道："我们的企业拥有两千多员工，去年创税收 700 多万元，实力绝对可靠……"

皮特听到这话脸色立刻暗了下来，一个两千多员工的企业，一年才创造 700 多万元人民币的税收，这跟自己的利润目标相差太大了。他想，幸好合同还没有签。于是皮特重新考虑后，立即终止了与这位领导的合作谈判，撤销了投资。

马上要到手的投资就这样飞了，原因就是领导一句不合时机的"好"话，使自己的公司，也使当地经济的发展错失了一次机会。

★打破交流之墙

不管你身处什么职位，说话都要看时机。时机对了，你的话便是一种交际语言，万事可成；时机错了，你就为自己设了一道交流的墙。别人就算想帮你，也会对你的具体能力产生怀疑。

在许多人看来，人们大多是以打工者的身份生存在这个世界上，老板似乎握有最终决定权，作为下属只有服从，所谓的会议、投票、决策大都是一种形式，拍板钉钉还得看老板的意思。但是，每个人明知这一规则，还是希望自己的意见能够被老板采纳，这当然需要你拥有过人的说服力。

你对自己的上司提出一些好的建议，为什么你的上司不会采纳呢？因为你没有选择合适的时机。其实，让对方接受并不困难，而且你可以让对方愉快地采纳，只要你能看准时机。

凡是那些人脉场上的明星，必定是超级沟通大师。他们懂得，要想做成功一件事，最有效的方式就是在适当的场合、适当的时机，用适当的方式表达自己的观点。

◎情绪交换和体验

在沟通时我们经常会发现，有些人往往会犯一些非常低级的错误，而他却是当局者迷，不知所以然。他不管别人的感受，兀自得意地进行一场“让人厌烦的表演”。通常，这类人的下场不会太妙，你肯定不愿意成为他的听众，不想在他的手底下做事，或者跟他做生意或成为朋友，因为他并不懂得别人情绪的重要性。

一个自私的人，不会顾及别人的情绪，他只想实现自己的“欲望”。

沟通中一个很重要的要求，就是必须随时体察对方的情绪变化。每个细微的环节和信息都会告诉你一些“与众不同”的东西，会对你说明他现在的感受是喜欢、受用，还是对你的一种厌烦、不舒服或完全不感兴趣。

假如你能灵敏地体会并捕捉到这一点，你就能占有沟通的主动权。

你必须学会在沟通中调动对方的好奇心，否则人们很难对你感兴趣。而且，如果你对于“情绪环境”缺乏感知，你就可能会在一种自鸣得意的兴奋中，将一场本该顺利进行的沟通搞砸，并使自己成为对方极度讨厌的人。

有一次，我因为连续两个月糟糕的业绩，将下面主管销售的经理亚伯拉罕叫进办公室，准备把他大骂一顿然后降职，让他“滚”到下属的一家市场调查公司去，到那里学学怎么开拓市场、说服客户。

但是，当我酝酿了一肚子的怒火刚要脱口而出时，我收住了嘴，没有训斥他，也没有对他说起任何与工作有关的事。因为亚伯拉罕“怪异的神情”告诉我，他现在的精力完全没有在工作上，他甚至对我准备的怒斥很麻木，一点儿都没有紧张和惧怕的情绪。很显然，他此时遇到了别的麻烦，正全身心地沉浸其中。

假如我现在强制性地跟他谈工作，指出他的错误，降职罚薪，他当然不会有所反抗。很可能他也会表现得非常自责，但我敢肯定，这不会收到我想要的效果。在他的眼中，我这个上司的形象也不会太好，因为我没有能够体会他现在的感受。

我给亚伯拉罕倒了一杯水，让他坐下，然后问他："嘿，我的销售经理，我想有些事我可以听一听，帮你出出主意。"

他"麻木"的神情突然间一变，半张着嘴："啊，老板……我没什么事，谢谢。"

"哦，那我为什么好像听到了一些风声呢，比如你们部门的业绩。我想，这跟你的状态不好有关，所以我才会问问你，到底遇到了什么麻烦，也许我可以当一个很好的听众。"

亚伯拉罕表现得羞愧难当，他知道自己的工作出现了重大的失误，导致公司损失巨大。当我叫他到办公室来时，他一定预想到了各种结局，但是没有料到我会放下工作，抱着一颗理解之心，倾听他的"感受"。

他告诉我，早在半年前，他的母亲就患上了癌症。这是一个绝密的消息，为了不影响工作，他守口如瓶，公司内没有一个同事知晓。他一边努力地工作，一边用赚来的钱给母亲治疗。短短 3 个月，就花掉了 20 万美元。他现在已经山穷水尽，而他的母亲却越来越危险，他兜里的钱只够支付两星期的费用了。

过度焦虑和悲伤的情绪，严重影响了他的工作。这正是销售部近期业绩下降的主要原因，亚伯拉罕怀着愧疚向我倾诉，然后等待我的惩罚。

我说："不，你错了。你应该早点儿跟我沟通这件事，我一定能帮上一臂之力。我的销售经理，你现在可以放假了，我准许你带薪休假 1 个月，回去照顾母亲。"

当亚伯拉罕走出办公室时，我又给秘书打了电话，请她帮忙去银行提出一些现金——我自己的钱。我借给了亚伯拉罕，希望他不要再为"没钱能解决麻烦"忧心。我理解一位孝子的感受，就像人们通常都很理解自己一样。这让我与他的关系突飞猛进，当他处理完私事回来时，他的状态已经完全恢复了，又过了 1 个月，公司的业绩得到了弥补——他以自己超常的努力，让公司的销售成绩得以大幅度地提升。

当然，体会对方的感受，对于人们来说这是一种较高标准的要求。除非你自己也有过相同的经历，不然是很难因为别人的悲伤而悲伤的，也很难在交流中真正地发现并同情对方内心的感受。我们光靠想象很难进入和对方有同样感受的状态。准确地说，人们并不缺乏同情和恻隐之心，而是缺少这方面的经验和反应速度。

一般情况下，人们习惯以自己的“视觉感应”来与情感发生同步。比如，许多宅女在看电视、小说、漫画的时候，通常会将自己的情感与作品中的主人公同步。但是，当她的丈夫下班回来，表现出同样的情绪时，她却经常漠视，无法感知。

在沟通中感受到别人的情绪，自己不一定也要进入这种情绪，安慰人需要手段与能力，同时也需要必要的态度。

◎人脉的情商管理

感受并且理解别人，这属于情商领域内对他人情绪的一种管理范畴，也是“人脉成功人士”必备的能力。

我们会多次讲到同理心在不同场合的应用，这是一种感受和接受他人的情商能力。听起来这像是专业术语，但意思很简单：你对他人要赋予你的同情、怜悯和理解。你要换位思考对方的处境，将他的遭遇或心情放置在自己的身上，然后重新做出判断。

每一个人都应是一个善良的人，人脉的拓展应该以此为起点。从根本上来说，如果一个人没有这样的情感，就谈不上人性。同时，我们还要达到设身处地为他人着想的境界：

他在想什么？

他需要我做什么？

他遇到了什么困难？

他希望我给予帮助吗？

这要求我们能够站在对方的角度考虑问题，体察到他与你不同的情绪，感受到他人的感受，尤其是那些非正常的——痛苦、不幸或别样的不适。这将使你善解人意，迎合对方内心那种迫切的心情，满足他的心灵的焦急需求。

那么，如何才能培养我们的人脉情商及感受能力？总体而言分为两方面：

1. 平时与人为善，用心感受对方的情绪。

你要知道，有一颗善心是做人的根本，也是全世界的人必须拥有的崇高道德的根基。只有怀着一颗善心，我们才会时刻想着他人的利益，才会小心翼翼地去顾及和回应他人的感受，才不至于刻意地让他人受到伤害。

如果有一种方式是你自己都不愿接受的，怎么能无情地施加给他人呢？因此，只有从心灵的角度出发，使自己感受到善良的重要性时，我们才会感受他人、怜悯他人，从而在人际关系的处理中做出正确的选择。

感受别人，必须用一颗善良的心灵去加以体会。有人问我："李先生，在人脉的范畴中，假如要选一个最有威力的词语，你认为是什么？"我的答案是："最有威力的情感是爱心。"爱心是同理心和感受能力的基础，凝聚着与人为善的动力。人只要具备了爱心，就能从与人为善做起，培养出为他人着想的善良之心。

2. 时常换位思考，对对方的境遇感同身受。

遇到事情时，你只要懂得站在别人的角度想一想，你就不会不顾虑别人的感受了。有些很难让人想通的事，你只要设身处地地换位思考一下，就很容易理解对方为什么会这样做，知道自己又应该怎么做。你就能原谅对方的一些错误，并改善自己的行为。

在人脉的沟通中，多一些理解的感受，我们就多了一些合作的基础，从而也多了一些双方共同的努力，加深了彼此的关系。

学会换位思考并不困难，我们可以在生活和工作中经常做这样的实践。只要养成了固定和到位的换位思考的习惯，自然也就会提高我们在人脉处理中的情绪感受能力了。

美国有一些学校为了培养学生的情绪感受能力，就常常进行这种感受体验的实践活动课。他们会定期组织学生到周边的盲童学校，开展这种收效良好的体验教育。老师会鼓励学生亲自采访盲童在学校的学习与生活，看看他们的户外活动如何开展，从中感受这些孩子的诸多艰难痛苦以及他们内心渴望光明的强烈愿望。

有一次，我带领公司的员工和当地的教会学校共同参加了一项活动，到华盛顿的一家福利院看望孤儿，与他们互相沟通交流，从而体会到了这些孩子内心最害怕孤独和他们那有些自卑的心理，了解到了他们非常企盼亲人的看望，希望从中得到精神抚慰。

“我想有个爸爸。”一个孩子低声地说。

许多学生和公司的员工都被这句话触动。所有的这一切，都让参与者在内心深处产生了深深的触动和对于他人的感恩。

如果你真正懂得了换位思考，你就可以激发自己的善心，从而喜欢助人为乐。当你能够对他人的境遇感同身受时，你也就可以更好地理解他人，最终换取别人的理解和接纳。这是一种双向的积极而又良性的沟通。

其实，对于这种感受能力的培养，在美国的幼儿园和小学时期就已经开始进行了，这让美国人从小就在这方面具备很好的基础。许多华人员工都向我反映，他们从国内来到美国后，能够十分强烈地体会到美国同事对于自己的理解和帮助——在心灵上的理解和无微不至的体贴，让他们感慨不已。

但是我们也清楚，无论美国人还是中国人，只要经过适当的训练加以提升他们的人脉情商的管理能力，都可以使自己成为一个受人欢迎的人。

在国内时我听到一则故事：

有一对中年夫妇，丈夫喜欢社交，当他很晚回家后，妻子和孩子都睡觉了。这时，他洗漱的声音没有控制得小一点儿，把妻子和孩子都吵醒了。仅此也就罢了，但他因为刚回家显得很兴奋，还没有什么睡意，于是又索性将电视机给打开了，还把声音开得特别大，看起了战争电影，闹得妻子和孩子再也无法忍受。孩子哇哇地哭叫，妻子则愤怒地与他吵了起来。

如果此时丈夫能及时道歉，改正行为，这场风波也就过去了。但是，他并没有停止自己的恶劣行为，反而主动攻击妻子，最后酿成了一场家庭悲剧。两个人决定离婚，并因财产分割而对簿公堂，还上了电视节目。

看起来这是一件“无所谓”的小事，生活中时有发生，但从本质而言，却属于不顾别人感受的低劣行为。处理不当，就极有可能从小事变成不可收场的大事。

也许你也会经常遇到这样的事情：邻居唱卡拉 OK 的声音大得成了让你难以忍受的噪音；装修的人在你楼上敲墙打孔时，也不管你是否已经休息，肆无忌惮地做着这些影响他人生活的事情。

这些都是缺乏换位思考和不理解他人的行为，当然也是十分令人厌恶的行为，假如你自己曾经有过此类行为，就有必要冷静地思考一下，然后将之改正，否则你会失去许多朋友。

利益的规则就是如此，你必须先发制人，让大家看到你的成绩并予以肯定，之后再提出你想要的条件。你所需要的人脉，其本质并非出于你的需求，而是你能付出的利益。你在努力为公司、为对方带来利益的同时，对方也在对你进行观察和衡量。人脉关系从来都是相互给予的利益交换，而非你一厢情愿的获取。

Part 8 第8部分

你必须懂得的公关法则

沟通的主动权通常表现在我们对形势的判断上，当利益出现对立甚至严重的纠葛时，谁掌握了主动，谁就取得了先机。比如在职场或者官场，因为人与人之间复杂的关系和利益的纠葛，处处都犹如战场一样，一语不慎可能引起战争，一旦说错话就会丧失晋升加薪的机会。

◎选择合适的话题

我们经常能看到这样的场景或者听到这样的故事：一位向来临危不乱、口若悬河的人，总能在遇到火烧眉毛的紧急情况时，只借助一个合适的话题就巧妙化解危机，从而赢得大家的赞许和肯定。与此相反，一些在交际方面能力平庸的人，则拙于口舌，在紧急时刻更加手足无措。

在本章中，我们就交际沟通的一些情境化问题，介绍一些基本的原则和解决办法。无论你在沟通时遇到了什么问题，都可以在本章中找到相关的内容，并学会和熟练地运用应变的方法。

★内容和目的

在沟通时选择话题十分关键，那些善于表达的人，通常往往在选择话题方面表现得非常到位：谈论的内容一般都是由某个话题引起的，而他们的观点又能够紧紧围绕中心议题逐步展开。他可以正确有效地就交谈的内容引出自己的目的，不但巧妙自然，而且合理有效，能够成功地说动对方，并且掌握交际的主动权。

美国一位名人曾经说过："巧妙地借题发挥，往往能使沟通突破阻碍。"这句话是说交谈的内容对于人与人之间沟通的重要性，可以使得沟通趋于顺畅，构建愉快的氛围。经验丰富的辩论家和那些交际高手，总是能够将此发挥到出神入化的地步，他们不会放过对方的任何一句可以为我所用、宣传自己观点的话，并尽量地夸大其价值，将影响扩至最大，这样做，不但有利于自己观点的宣传，还可以很好地击破对方的防线，直到说服对方同意自己的观点，取得预期的效果。

当交际不利于你时——你们之间交谈的内容使你陷于被动，你无法提出自己的主张，或者对方始终掌握方向，将你拉向一个危险的境地：你不得不同意他的观点。这时，你就需要转移话题，选择有利于你的内容，从而向目的靠拢。

你需要运用自己的语言，巧妙地把现在的话题间接地过渡到另外一个话题上去，改变对方原来的意图，让谈话尽量转向有利于自己的方向。

在人脉沟通中，我将这种方法称之为“话题转移”的心理操纵术。说白了，就是内容的选择——通过选择内容来决定目的。怎样在话题的引导上占据主动，让谈论的内容始终停留在你最擅长的区域呢？这是人们最关注的问题。一个善于转移话题的人，他在谈判和公关中经常可以引领导向，不容易被对手控制，从而也就可以充分地表达自己的观点，去说服或者打动对方。

电视台主持人向来被称为仅次于辩论家的最会说话的人。如果我们仔细倾听、细心研究的话，不难发现在各种各样的节目中，主持人非常擅长转移交谈的话题，他们常借某一话题来谈另一事物或阐述另一种原则，又或者阐述超出节目范围且具有指导作用的观点和看法，然后成功地将主动权握在自己的手中。

“话题转移”在内容的表达和目的的实现上，不仅可以起承上启下的作用，达到丰富谈话内容的目的，而且还可以巧妙地随机应对临时出现的变故与危机。

★人脉危机的救火策略

人脉沟通的心理操纵术在具体的划分上，分为话题的选择和心理的控制两种。其中，话题选择属于技术层面，心理控制则贯穿始终。操纵对方的心理不但能让你实现自己的公关目的，而且这还是人脉的各种应用中常用的一种行之有效的技巧，经常被用在解除公关危机的手段中。

当问题出现时，一系列公关活动的直接目的便是“救火”，通过控制事态，尽量减少对公司和个人的损害。然而，其根本目的是有意识地借助这次事件，因势利导，把握趋势，变祸为利，从而向好的方面扩大自己的收益。

这就是一家成功的公司一定会成立自己的公关部门的真实目的所在，同时也是我们为何如此强调“危机解决能力”对于人脉好坏的决定性意义的原因。

这均隶属于人脉危机的救火策略的范围，可以帮助你应对各种各样的紧急情况，这是一般语言技巧或者只是有一个真诚的态度所不能完成的。在现实世界中，人与人之间随时都有可能发生各种突变，怎样才能从容自如地应对这些突变呢？

每个人都会犯错，但是承认自己的错误一定会让人感到遗憾，那么有没有办法将自己错误的言辞化为一种不算太坏的结果呢？找一个合适的话题将注意力转移过去，就是常被交际高手选择的方式。当你已经意识到自己的错误或有人指出了你的错误，你千万不要惊慌失措。转移话题虽然未必是最好的办法，却是备用的而且也是最有效的手段之一。

这么做的前提有两个：

你需要瞅准适当的时机，借“错误”的言论来阐述另一番意义，将自己的错误转变成另一种结果，解尴尬于无形之中。但你必须有较高的知识储备和临危不乱的心理素质，这样你的话题转移才能拥有更高的质量，为自己的目的找到最佳的实现方式。

如果你善于选择合适的话题，那么不论在何种场合，只要有交流，就能让你脱颖而出。在现代的人脉圈中，你根本不需要羡慕别人巧舌如簧，你只要可以洞察局势的进展，并且把握对方的心理变化就可以了。

◎真诚和原则是两大法宝

真诚：

你与人的交流必须富有诚意，任何虚伪的心态都必须排除。即便你做不到普遍的真诚，你也需要在点对点的人脉沟通中，拿出你最基本的诚意。

原则：

你必须同时具有是非的底线和必要的利益红线，道德和主流的价值观是你需要维护的，这有助于帮你赢得好名声以及更多人的赞赏。

如果我们对“真诚”和“原则”这两种人脉因素综合分析，可以将它们作为一种做人和做事的普遍价值观予以掌握。即，我们在说话时一定要符合公众都认可的道理，做事的时候要符合主流社会对于一个人的基本要求。

这样一来，你说的话和做的事，才会富有更好的感召力，能成功地为你争取到大部分人的支持。这样有助于塑造你的个人形象，增加你在人脉圈中的魅力。

★目的正义原则：真心为对方着想

这一原则的应用通常有两种情况：下属对上司，或上司对下属。沟通的目的是说服对方改正一些错误，而不是单纯为了关系的巩固。当涉及利益和工作的沟通时，目的的正义性就显得特别重要。

上司的做法如果存在一定的争议，这时作为一名合格的下属，如果想站出来帮他细细分析、解剖，那么在剖析事件的过程中，你要本着解决问题的原则而不是出于私利，只要这一方向把握住，上司如果不是太过于执拗，那么他即便不接受你的意见，也不至于对你产生极端的看法。

同样，下属有更多的犯错误的情况出现时，作为上司，对待犯错的员工，恶语伤人和侮辱对方的人格都只是下策。员工做错了事，你拿出领导的架子来批评他合情合理，但这种批评一定要本着真诚和解决问题的原则去就事论事，指出这件事究竟错在什么地方，为什么会错，并由这件事总结出正确的解决方法，这样员工不但会认错，还会对你佩服有加，从而增强你的领导力。

尚恩是一家知名软件公司的销售总监，在他的带领下，销售部的业绩一直红红火火，稳居第一，但是他上面突然来了一个搞学术、技术出身的苏总。这位苏总的工作重点长期局限于研究和开发领域，对于销售知识一知半解。尽管如此，苏总却还是经常呼东喝西地插手销售的事。没过多久，销售部的内部体系便被苏总折腾得乱七八糟，销售业绩也受到影响，一滑再滑。一时之间，高层的批判，员工的埋怨，让本来在销售圈里曾经赫赫有名的销售大王尚恩有苦难言。

经过一番思考，尚恩决定用自己的销售智慧和口才把不精通销售的苏总“同化”了，让他的销售思路跟着自己走。这样自己既不得罪他，又能解决公司目前遇到的麻烦。与此同时，苏总对自己插手销售部之后的情况也很是了解，销售部业绩一再下滑，他自己当然也对这种情况担忧起来。

在思考了很长时间之后，尚恩决定主动找苏总仔细地谈一下，将事情全部摊牌，让他不要再无端地调整销售部的体制。正当尚恩起身准备去找苏总的时候，苏总恰好进了尚恩的办公室，满脸愁容地对他说：“你看这段时间公司销售业绩持续下滑，该怎么办呢？”

尚恩于是便趁机说：“苏总，首先，这件事我的责任是最大的，我没有带领好自己所管辖的部门，导致销售业绩一路下滑。其次，公司里设立不同的部门，应该各司其职，互不干涉，大家为了共同的目标各施所长，只有在需要的时候，才能相互给予不同的建议。但是如果各部门之间的职能顺序相互颠倒、杂乱不堪的话，那只能导致一种情况——公司发生混乱。只有大家都在自己擅长的领域各尽其能，专心地做好自己分内的事，才能保证公司健康向上地发展，您说是不是呢？”

苏总听后，先是一愣，继而满脸通红，抱歉地说：“你说得不错，我真是糊涂了，怎么没想到这一点呢？”最后，苏总成功地从销售部“撤”了出去。公司又回归正常，销售部的业绩自然又一路飙升了。

事情得以圆满解决的原因，是两个人都抱着为公司着想的态度，而不是争权夺利。假如苏、尚两人都只想着扩张自己的权力，将对方彻底打倒的话，那么局面只会朝着一个方向发展：两人斗得你死我活，公司的运营却一塌糊涂。即便最后有一个人“赢”了，也只会是一个糟糕的结局。

只有目的是正义的，双方都真诚地本着解决问题的原则去沟通，关系才不至于遭受破坏。也只有这一原则得以执行，你才能既解决了工作的麻烦，又保证了你的人脉关系的良性发展。在这一过程中，重要的是要善于疏导，巧妙地运用沟通的技术，让对方面子上过得去，又能理解你的行为，从而和你站在同一阵营。

★“就事论事”才能赢得尊重

在沟通中你需要就事论事，一是一，二是二，不要牵扯太多。运用就事论事的原则，直达目的，对方才会在根本问题上与你达成一致。而且，这样的交流原则，也容易使对方心悦诚服，这无论对于对方还是对于你自己，都能极大地提高工作效率。

学员苏菲尔女士向我诉说她的苦恼：“我的人缘很差，以前还有几个死党跟我是邻居，但是最近两个月，她们的态度也变得很模糊，不怎么约我参加家庭聚会了。”

我问她：“您能提供几次事件来作为参考吗？在最近的生活中，你们之间发生了哪些争议或者不快呢？”

她向我讲了一件事。在大概两个半月以前，苏菲尔与死党瑞布里女士发生了一点儿小误会。在她看来，那是一件再小不过的事情了，没什么值得大惊小怪的。起因是瑞布里过来借她家的吸尘器，她很慷慨地借给了瑞布里，但是在归还的时候，她发现吸尘器的一个部件丢失了，导致用起来总是咯咯作响。

在生活中，这的确是很常见的事情，这类事件的发生率之高，可能远高于我们出门忘带某件重要东西的次数。只是，区别在于你怎么处理。

“是的，女士，这的确是一件小事，你是怎么对待的呢？”

“我在发现部件坏掉的30秒内没有当回事，本想自己修好就行了，但是我突然想到，这已经是瑞布里第19次借我东西后弄坏了，我决定提醒她一下。半小时后，我给瑞布里打了电话，她正在开车。我准备跟她好好聊一聊，我告诉她，吸尘器坏掉了，但是，瑞布里反应平淡，她只是说：‘呀，看来它不怎么经用呀，细心的苏菲尔女士。’我很愤怒，虽然她听起来像在开玩笑，但我觉得她在讽刺我的小气。于是，我质问了她的粗心大意。我告诉她：‘这已经是你第19次搞坏我的东西了！你不但会把别人的东西用坏，而且总是不承认错误，你这种行为很让人讨厌，是不是你不管干什么都要做到最坏才觉得快乐呢？为什么你的房子住了这么多年还是如此坚固呢？可见你只是喜欢用坏别人的东西。’”

“啊……”听到这里，我默默地叹息一声。我知道，苏菲尔“闯祸”了，她犯下了与人沟通的一个大忌——将一件很小的事情提到了很高的高度，去诋毁朋友的人品，并且有“人身攻击”的嫌疑。

这使她的“兴师问罪”一点儿都不真诚，同时她也失去了做人的基本原则。

从此以后，瑞布里就与苏菲尔“断绝”了朋友关系。两个人互不往来，即便迎头碰到了，也会拉下脸走开。苏菲尔觉得，如果只是这样也就算了，这是正常的结果，但其他的死党也像约好似的，与她拉开了距离，这让她觉得难以接受。

“我们俩的矛盾，与她们何干呢？难道她们建立了联盟，故意给我难堪？这说明她们并没有把我当作朋友，以前与我也是口是心非，我真是后悔极了，竟然和她们一厢情愿地交好这么多年。”

我说：“不，苏菲尔女士，这是人脉影响的扩散效应。你处理这件事的态度，所影响到的并不只是受到攻击的对方，而是其他一切与你保持关系的人。你没有将这件简单的事情处理好，人们担心你会采取同样的态度对待她们，所以自然会采取保护性的措施。”

苏菲尔没有就事论事，这让她失去了朋友们的尊重。

你只有说出自己的道理，并且控制争论和纠纷的范围，才能立于不败之地。也只有拿出真诚和坚持原则的态度，你才有可能在人脉圈中给自己树立比较正面的形象，从而建立起自己的人脉权威，在人脉圈中拥有一定的威望。

一个喜欢小题大做的人，他在公关的过程中就会给人留下一个不可理喻的印象。人们害怕跟他打交道，因为人们不知道他会借一件小事的争论扯出多少是非。

◎自己的过失不可逃避

你一定会遇见很多类似的事件，对方意识到了自己的错误，采取自责的方式向你承认错误，而你一定会原谅他——除非你刻意跟他作对，这对你没什么好处。同样的，当你意识到自己错了的时候，也应该及时地自我反省，不要逃避责任。

如果你能做到这一点，对方就算是一个没有度量的人，也不会对你加以过多的责备。

在进行沟通时，如果你们之间出现了矛盾，而你也察觉到了的话，应该马上采取的态度不是装作糊涂应付了事，而是正视错误，认真地向对方道歉。这么做的目的是平息对方心中的怒火，实现问题的和平解决。

我对苏菲尔说："检讨自己的过失，真诚地告诉瑞布里你做了什么，以及你现在的心理状态和你对她的期望。这并不丢人，反而是展示你宽和与自信魅力的一种方式。"

一星期后，她满意地打来电话，告诉我事情得到了圆满的解决。她向瑞布里真诚地道歉，请朋友们到家中做客，然后坦诚地告诉她们，因为这件事，她一直处于深重的羞愧和反思之中，希望自己能做些什么，以消除人们对她的误解和她因此受到的打击。而瑞布里也诚恳地向她道歉并表示以后会改正缺点。她们互相拥抱，忘掉了不快，重新成为让人羡慕的死党和好邻居。

著名的人际关系学大师卡耐基，经常带着自己的宝贝——一条叫作雷斯的狗去附近的公园散步。公园里的人很少，所以他常常不给雷斯戴口罩或系狗链。有一天，他又带着狗在公园里迎面走来一位警察。

警察为了显示自己的权威，就叫住卡耐基，对他说："你为什么不给你的狗系狗链或戴上口罩，你不知道这是违法的吗？"卡耐基说："是的，我知道。""下次要是让我看见像今天这样，你就必须去跟法官解释了。"

卡耐基客客气气地答应遵办，可是雷斯不喜欢戴狗链和口罩，卡耐基也不喜欢自己的爱犬过于拘束，所以依然如故。他没有给狗带上这些东西，继续着这种冒犯法律的行为。

有一天，他照旧在公园里散步，远远地又看见一位警察朝自己这边走来，于是他决定不等警察开口就先发制人，他走上前去说："警察先生，这回是我的错，我有罪。上次有位警察警告过我，要是带小狗出来再不戴口罩，就要罚我的钱，而且还会上法院，这真让我羞愧，我诚心地向您道歉，并保证不再犯下类似的错误。"

警察本想发作，听到他这样说就笑了，回答说："这没什么，谁都会忍不住带一条小狗出来玩玩，这么大的小狗应该不会咬人吧！你把问题想得太严重了。这样吧，你只要把它带到行人较少的地方就行了，应该不会有什么危险发生。"

反省自己的错误并主动向对方承认，这可以使对方觉得自己受到了尊重，那么对方就会表现出一种宽容的态度，从而达到你的说服目的。何必费尽心机地去想办法取得别人的原谅呢？许多人为了得到对方的宽容，经常走向了更加错误的极端：他们想尽一切办法掩饰自己的行为，却越描越黑，反而葬送了自己的良好形象。

只有正视问题，才会让你轻轻松松处理好人际关系，化矛盾于无形。

时时刻刻提醒自己，多做自我检讨，对于你建立起一个良好的人际关系网是极为重要的。

在向别人道歉时，这种自我检讨的沟通原则主要起到一个润滑剂的作用；而在我们请求别人做某一件事时，它便成了一种强有力的催化剂，起到推动事态发展的积极作用。

我们都知道，在工作中如果你单兵作战，肯定不会有所建树，因此你无可避免地要和团队中的人打交道。所以一件重要的事情，它成功的要素之一就是要求团队成员之间相互合作，这其中，你免不了要请求他人协助。这意味着你要将一些困难的工作交给别人来处理，这种情况一般不会特别顺利。这时，你就不妨以自责的立场去迈出第一步，效果往往好得出人意料。

十几年前，我在长江实业集团任职时，遇到过这样一件事。公司有一个很重要的客户透露说，他不想再继续跟公司合作下去，想要终止合同，这使部门的顾总（现在他已经是新加坡一家贸易公司的老板）很是苦恼，因为这个客户向来是一位很难缠同时也很有个性的人，一般人根本就搞不定他。公司的很多人都受过他这样那样的奚落，要找一个能降服他的人谈何容易呢？

顾总后来找我商议，看看有什么办法，我向他推荐我的同事孔森。理由很简单，当初公司的人都拿不下这个客户，是孔森主动出马，最终搞定了这笔订单，但后来孔森被调去了采购部门，不再与一线的客户打交道。显然，现在的这件事已经不属于他的管辖范围了，那么他能不能答应呢？

顾总让我试一试，我就找到孔森，对他说："我知道我的做法可能会让你感到很不高兴，让你很排斥，因为当初你正是因为对营销部门的工作性质很反感，才离开这儿的，所以我要先给你道歉，这的确是一件麻烦事，但是我也是没有办法才找到你的，长江实业集团虽然是香港非常大的集团公司，有的是人才，但恐怕公司里也只有你一个人能够办得到这件事，我真诚地希望你不要拒绝。"

他一听，眼睛就瞪大了。我这一番自我批评和紧跟而来的赞美，让他很受用。本来，如果我直言不讳地向他通告这件事，他恐怕会非常抗拒这样的任务，因为他极为讨厌营销和客户公关工作。接着，我便把自己找他的目的告诉了他。一开始，孔森面露难色，但最终他还是接下了这件事。经过孔森再次和这位客户商谈，客户决定继续跟公司合作，我顺利地帮顾总解决了这个客户的问题。不但如此，在顾总与孔森之间，我充当了一个很好的沟通桥梁，给他们两人留下了非常好的印象，这也为我在长江实业的发展打下了不错的基础。

这一原则的运用，其实还有另一种目的——你能够先通过必要的自责和不可逃避的责任的交付，抓住人们的同情心并予以利用，成功地使其替你做事，完成一些困难的任务。这是非常有必要的，它所收到的效果也非常可观。

即便你真的犯下了重大的错误，当你已经意识到自己的不对，并加以自责，对方就很难再忍心训斥你，更何况你在自我批评的同时，把他也顺便抬高了。他的心情一好，对你的态度就会大为改观。

这在我们求人办事时，也是一种极为有效的方法。将自己放在一个很低的位置上，等于先堵住别人的嘴，使他不忍心拒绝你，这样成功的可能性才会大大增加。

先退一步，往往更容易掌握沟通的主动权，控制整个局势。

◎朋友资源的积极拓展

每个人都需要懂得沟通的积极意义，它对于我们的人脉拓展来说，其作用不止是润滑和交流。人脉拓展是一个六维的空间，它在现实中的表现，实质上分为两个层面：

1. 在人脉积累中的沟通的主动权。

2. 清醒和理智的交际态度。

从形态上看，六维空间是一个包容量巨大的菱形六面体。在这个菱形六面体中，作为主人的你居于正中，中间有无数的线把你与空间的任何一个点联结起来。

问题是，你只有采取主动性的策略和步骤，这个菱形六面体的容量才会增加。假如你只满足于现在的资源量，认为“我已经有不少朋友了，我这一生心满意足了”，那么你会看到，你所拥有的人脉的六维空间，不但不能保持原状，反而会逐步萎缩下来。

因为失去了弹性，这个空间体慢慢地就由六维的形状恢复为扁平的一张白纸。我们确定是会这样的，不仅出于物理的原因（人与人之间的关系不可能一成不变，而是不进则退），更是在于你自身的价值没有持续得到体现和提升。

★掌握沟通的主动权

沟通的主动权通常表现在我们对形势的判断上，当利益出现对立甚至严重的纠葛时，谁掌握了主动，谁就取得了先机。

比如在职场或者官场，因为人与人之间复杂的关系和利益的纠葛，处处都犹如战场一样，一语不慎可能引起战争，一旦说错话就会丧失晋升加薪的机会。

对此，你不用感到惊讶，你的命运走向和你是不是会说话、能否掌握与人沟通的主动权，有着密不可分的联系。

无论在何种场合，你在进行何种交谈，其实都是一种争夺主动权的战争。关系人希望掌握与你的距离的主动权，而你也渴望攻破他的防线，实现你的目标。不管你正在做什么，或者你的计划是什么，其本质都是相通的：你只有把主动权掌握在自己手里，才能完完全全地保护自己的利益不受侵犯，并且守护自己的利益。

我们经常会遇到这样的情况：在对方向我们提出某项要求之前，我们已经通过别的途径知道了对方的真实目的。但是，我们不想答应对方的要求，或者这件事情的确在你的能力范围之外，那么你该怎样拒绝呢？

有些人会选择直接拒绝的方式，什么都不解释，直言不讳地告诉对方：“不行！”然后不想再就这一问题继续交流下去。这很干脆，是一种节省时间的方法。可如果对方并不是一个善解人意的人呢？

那么，之后他就会与你为敌，处处与你作对，甚至有可能因此而记恨你。

所以，出于不影响双方关系的目的，你也要学会在沟通时引导对方，将主动权握在己手。

面对这种情况，如何把握主动权？你应在对方开口之前就主动提到这件事，通过理性和详细的分析，告诉对方你现在的处境和能力，使他明白地感受到你的为难之处，切身体会你的真实心情。

这就是掌握沟通主动权的真实目的：沟通的目标是获得对方的理解，而不只是实现一个计划中的结果。

如果你正处在一场唇枪舌剑的谈判中，那么掌握沟通的主动权无疑会成为你险中求胜的重要法宝。

比如一些攻击型的谈判者，他们在交流中，往往以攻击对方作为主要的谈判手段，会先于对方提出一些刁钻的问题，或者说出一些咄咄逼人的观点，从而有目的和有针对性地向对方发起进攻，以维护己方的利益。他们甚至会不给对方一丁点儿喘息的机会，自然而然地就成了这场谈判的赢家，得到他们想要的结果。

★“关系决策”时不要头脑发热

最后，我们将谈到一个动态的人脉概念：关系决策。

你和你的所有人脉有关的一切计划与行为，像你选择交什么样的朋友，与哪种人保持最紧密的联系，决定与什么人断掉联系，以及怎么应付具体的“关系变动”，它们都可以称为关系决策的部分。

“关系决策”的内容主要分为4个部分：

决定人脉拓展的方向。

决策人脉关系的发展实质。

对于计划和行动做出判断。

公关的应急反应和决断力。

我们在生活中往往对于后两个部分运用较多，大部分人缺乏战略上的能力，而精于细节的处理——事实上，人们总是面临庞杂的人际内容，在处理的质量上却非常低劣。比如，人们只是凭借一时的头脑发热，选择与自己的竞争对手发生正面冲突。但在关系决策的层面，这永远是蠢人做出的最为愚蠢的行为。

这样冲动的结果便是对方与你势不两立，争斗到底；你的上司也会看低你，觉得你不够冷静，不会办事；同事会疏远你，觉得也许有一天与你发生冲突的时候，你也必定会做出冲动的举动，于是，与其以后与你关系恶化，不如现在就不再接近你。

头脑发热时的选择永远是得不偿失的，但遗憾的是，大多数人在和他人的交流过程中，总是感性战胜理性，不经思考就采取一些错误的策略，从而让自己陷入被动。应该选择妥协的时候，却决定强硬；应该智取的时候，却武断地采取了对峙行为。

洛杉矶著名的咨询公司 Daniel（丹尼尔）有一名华人职员王辉，他是公司的骨干之一，同时也是业内有名的金牌咨询师。但是随着时间的推移和公司的发展，王辉渐渐地感觉到自己在公司变得被孤立起来，同事们看似无心地在故意排挤他，常常有人向董事会和他的顶头上司打他的小报告，以致后来老板都开始对他怀疑起来。

老板肯定觉得，王辉作为一名公司元老，是不是有什么野心，或者出于对公司的不满想跳槽呢？

这是关系处理不佳时通常会出现的情况。王辉也深知，自己如果再不采取适当措施的话，最后吃亏的肯定就是自己了。因为以现在的这种阵势来看，以忍让来守住自己在公司里的地位已然是不可能的了。于是他决定马上行动，来化解自己的人际危机。

这一天，他走进了老板的办公室，想要跟老板好好谈谈。然而，他刚踏进办公室的门，老板就先开口了：“王，你来得正好，我正想跟你说一件事，最近同事们对你都很不满啊，怎么回事？你是不是该检讨一下自己了？”老板是典型的美国式做派，从不考虑事情的来龙去脉，而是心中有疑问就马上发作，直接寻求答案。

王辉回答说：“是的，正因为我知道最近大家对我很不满，所以昨天我认真地想了一个晚上，觉得也许是我的原因导致团队配合不好，工作也就不能顺利完成，同事们才会对我产生那么多的怨言，所以我一早便来请求辞职，请您批准。”

你一定以为自己也许听错了，但没错，王辉毫不犹豫地提出了辞职。他的这一决定，让他的美国老板顿时有些措手不及，因为王辉不但是公司的元老，更是一名当之无愧的优秀职员，他对公司的贡献一直很大，独当一面的能力也是有目共睹的。而且，王辉的手上有很多优质的客户，这样就放他走，岂不是公司的一大损失？

美国人马上知道自己该如何处理这件事了，立刻改变了态度，不动声色地说：“哦，王，这件事必须等我调查清楚再说，你先回去吧。”

下午，老板召集全体员工召开公司的内部大会，他在会上反复严厉强调了“合作精神”，然后授予了王辉更多的权限，宣布了对他的新的职务任命。王辉一次关键的决定，让自己大获全胜，既证明了自己的“清白”，获得了上司的肯定，又在公司内部增加了自己的权威。

但是，王辉的选择并非是一次冲动的决策，而是基于自己雄厚的资本。首先，他是 Daniel 的资深员工和元老级的人物，在董事会的成员间有着不错的人缘——换言之，他是一位在公司内部有影响力的人物；其次，他的能力对于公司来说不可或缺，许多业务离了他不行。所以他才有以辞职来作为底牌展示自己价值的机会。

因此，王辉的决定并没有头脑发热，而是基于理性的选择。他在人际危机发生时，没有冲动地跳出来以一副“我问心无愧”的态度去采取冷淡式的处理方式，而是直击要害，一举将危机荡平。

相比之下，许多人在这种时刻的决定就逊色极了。我曾经在华盛顿遇到一位李先生，他义愤填膺地对我说，在一次内部的职位竞争中，他输给了同部门的一个白人，但就能力而言，他自认非常优秀，绝不输给那个白白胖胖的家伙，结果却是他输了。

我问他："是什么因素导致了这个结果呢？"

李先生冷笑道："还不是因为我是华人，美国公司自然优先提拔白人。"

事实是怎么样的呢？李先生在公司的考察期间，极为冲动地做了一件足以颠覆管理层对他的正面看法的错误之事：他打电话约请一位人力资源高管去一家高级华人餐厅吃饭。如果只是吃饭也就算了，他还在饭桌上向这位高管公开行贿，隐晦地表示了"如果我能够升职就给你多少回报"的想法。

这真是愚蠢到极点的"关系决策"，不切身考虑美国公司的文化、美国人的法律制度和他们的思维常识，就自以为是地搞起了饭桌交际，一厢情愿地认定他的美国上司会接受他的"美意"，结果却让自己彻底出局。

能否冷静地进行关系的处理，这与一个人对于局面的判断能力有关。你必须设身处地考量"关系人"的文化背景、性格和身份地位，当你搜集够了这些基本的信息之后，你还要反过来称量自己的价值及在这个圈子里的分量。

你需要考虑两个问题：

他是谁？

我是谁？

这两个问题是如此简单，但行之甚难，没几个人会在人脉公关中静下心来在一张纸上详细对比这两方面的信息。今天，当我们针对自己的人脉现状探讨有效的行动方案时，回到人脉的本质原点，也就是考虑这些根本性的问题，其实就成了当务之急。

如果你能让自己成为一个习惯于冷静思考的人，你就为自己的人脉前景打好了一个坚实的基础。

Part 9 第9部分

人际交往的本质：价值

那些在职场上获得成功以及赢得丰富人脉的人，正是由于擅长发挥自己的优势，并且将这个优势不断地扩大和增强，使得别人永远都离不开他们，所以才能在某些领域大获丰收！

◎人脉的本质是将自己推销出去

有一位著名的推销员说：“每个人在这一生中，都是在不断地将自己推销给同事、领导、朋友、亲人、顾客，以及其他人。别人接受了你的推销，你就顺利地赢得了亲情、友情，也赢得了同事的赞许和敬佩，同时，还赢得了上司的提拔机会。”

人们当然希望自己在进行人脉公关时事事如意，一点儿麻烦都没有，在这个过程中，无比顺利地让这些关键人物接受自己的“展示”，然后有一个美好的结果。但现实不可能总是一帆风顺，技巧再好，也无法遮蔽所有人的眼睛和思考。

你能总是心想事成吗？

答案是：岂能尽如人意？但我们要努力做到最好！

你想凭借交际技巧消除所有潜在的阻力，这是根本不可能做到的。只有认真研究如何将自身的价值展现出来，才能战胜负面因素，抓住那些稍纵即逝的机遇。

★如何把自己成功地推销出去

那些伟大的成功者，他们首先赢在向高级人脉圈推销自己和自己的理念，兜售自己的思想。如果他们不懂得如何推销自己，就会一直碰壁，再有实力也不可能冒出头来。

在今天这个世界，埋头苦干已经不是最佳的选择。这是我对你的忠告，你要时常抬起头看一看周围的情况；你要不断地思考，解决如何把自己成功推销出去的问题。

怎样才能推销自己？你首先应该了解营销的第一原则：你要对自己推销的东西相当熟悉，你必须清楚这件“东西”的每一个构造，细至每一寸皮肤、每一丝毛发，乃至每一个细胞。

比如，你要推销一副手套，那么你当然应该知道手套是怎样构成的，它是由哪些原材料制作的，它的制作过程和工序是怎么回事儿。你还要了解什么样的人戴什么手套，什么场合适合戴什么手套，什么季节和天气应该戴什么手套，每一种手套都有哪些利弊。

如果你推销的是“人”——是你自己，那你更应该充分地认识自己：

我是一个什么样的人呢？

我能够给别人带来什么有益的东西？

我的优点和缺点是什么？

我想做什么，我的目的是什么？

人们对我的印象如何，有什么评价？

你要就这些问题找出自己的答案，并归纳出你的个性和风格，然后为自己设立一份档案，随时可以把对方需要的那一面展现出来，才能成功地推销自己。

那些平时跟你很亲近的人，也许不好意思指出你的缺点。因此，当你考虑推销自己的时候，你就不得不诚实地对自己进行一番客观评价，不要回避自己的缺点，也不要因此感到自卑。

在你推销自己时，你应该具有足够的自信。信心是一切营销的前提，尤其是你要将自己这个大活人推荐给对方，并从与对方的合作中获得利益，如果没有自信，一切将无从谈起。即使没有信心，你也要假装很有自信，并对自己的“优势”深信不疑。

当别人被你的自信感染并相信你的能力时，你离成功就更近了一步！

有人问我："我到底要不要保持自己的本色呢？"

每个人都有自己的个性，比如，有的人性格直爽，快人快语，说话从不拐弯抹角。这种人很坦诚，但在某些时候，很令人不爽。所以，这种人应该懂得在不同的场合，在不同的人面前，让自己充当不同的角色，展示自己不同的"个性"，并尽力回避有可能对别人造成伤害的一面。

推销自己的第二步，是重视你的外表。千万不要带着一个潦草应付的形象去约见别人，那只会坑害你自己。

不论你们接触过多少次，人们首先都是通过外表来判断你的。昨天你的衣着让人对你产生了很好的印象，但今天你的"随便"可能就会让这种好印象化为泡影！每一次见面都要首先注意外在的形象！其次才是你的言行谈吐和内心想法。当你的外表不过关时，"内在价值"就会打折扣，你与他人的接触就很难再深入下去。

同时，说话的声音也不可忽视。我们的声音常常会透露内心的真实想法。如果你口是心非，这些"虚假的信号"就会在声音中表现出来，被对方敏锐地捕捉到。

你要注意说话时的韵律和频率，不要让人感到紧张、担心和不悦。人们都喜欢和自己的同类人交往，这个判断的标准就包括声音。因此，在推销自己时，应该用对方的语言来说话，自动地站在对方的阵营，让他的风格来同化你，而不是试图去影响和同化他。

你要让对方相信你，让他觉得你讲的是真话。但只有上面这些还远远不够，你要懂得用不同的方式跟不同的人打交道，并尽可能展示你的诚意。只有做好了每一个细节，才有可能继续下去，把你内在的价值充分地展现出来，推销出去，让对方觉得你是一个可大用之人。

★最宝贵的资产：真相和信心

华小姐是国内某财经学院管理系的高才生，大约3年前来到美国。开始的时候，她因相貌欠佳，找工作时总过不了苛刻的面试关。要知道，现在的面试充满了各种刁难甚至是羞辱。在半年内，她被拒绝了30多次，其中有20多次都被面试官以形象不合乎要求的理由无情地打击过。

对女人来说，一张美丽的脸蛋才是工作的本钱？至少对于这时的华小姐来说，这个答案仿佛是肯定的。

经历了一次又一次的打击，华小姐不再相信媒体和网络上所有的招聘广告了。她认为这些冠冕堂皇的广告都是骗人的，“公正”的说辞，不过是为了把她骗过去进行一番羞辱。她决定主动上门，专挑那些大公司推销自己。她要坦率地面对自身的劣势，并寻找另一种有效的方法。

在华盛顿，她到一家化妆品广告设计公司面试。华小姐因为有过在雅芳公司实习的经验，因此侃侃而谈，逻辑缜密，表现出了一种并不像应届毕业生的经验和能力。面试官当然很兴奋，但犹豫了一下，又对她说：“小姐，恕我直言，化妆品的广告很大程度上是美人的广告，因此外观很重要。”

她再次面对自己的死结。的确，华小姐是一位很有才华的女士，唯一的遗憾就是她的相貌并不出众，甚至与男人们的审美观相差很远，许多见到她的男人，都觉得她长得很丑。

她要怎么办？

幸运的是，这次她没有再失去勇气。她迎着面试官挑剔的眼神大胆地说：“请相信，美女可以说这张脸是使用了你们的面霜的结果，而丑女可以说这张脸是因为没有使用你们的面霜，殊途同归，您不认为后者更为高明吗？”

“啊，谢谢你，华小姐，你被录用了！”面试官听了，毫不犹豫地说。

这个故事至今仍流传于美国的华人圈，已成为自我营销领域的一个经典案例。没错，我们的价值在什么地方？首先，在于真实地坦露信息；其次，你对自身特点的自信体现在什么地方呢？这时需要你聪明地把握住营销的着力点。

这表明，一个各方面素质都比较优秀的人，更应该学会真实地推销自己，而不是刻意掩藏某一方面的不足。

当你决定站出来展示自己时，别担心你会做错事。错误总是不可避免的，最重要的是从错误中学会总结教训。

需要记住的是：真相和信心将是你最大的资产，没有人可以抵挡它们的价值！

◎握有最新的信息和独特渠道

每个成功者的背后都有一个强大的“特工情报网”，这些从各个渠道搜集来的情报，让他们时刻掌握着市场的风向。

这些信息，通常又是独一无二的，它们本身具备很高的价值。也就是说，在我们构筑的人脉网中，握有信息和渠道的人是无可替代的“情报员”。请注意结交他们，多和他们沟通。这是一条毋庸置疑的人脉真理！

★你要选择接触最新的信息

有一个故事说，在美国有 3 个人犯了罪，将被关进监狱 3 年。临入狱之前，监狱长允许他们每人提一个要求，他可以酌情满足。美国人天生爱抽雪茄，他要了 3 箱雪茄；法国人最浪漫，即使蹲牢房也离不开女人，所以他要了一个美丽的女子相伴；但是犹太人说，我只需要一部可以与外界沟通的电话。

3 年到了，他们被放出来以后，美国人和法国人都还是原来的沮丧模样，他俩像老了 20 岁。只有犹太人兴奋地走出来，紧紧握住监狱长的手说：“谢谢你，监狱长，这 3 年来我每天与外界联系。我的公司不但没有垮掉，效益还增长了 200%！为了表示感谢，我将送给你一辆跑车！”

选择决定了我们的生活！今天的生活是由 3 年前我们的选择决定的，而今天你的观察力和由此做出的决定，也将对你 3 年后的生活产生决定性的影响！

我们必须选择接触最新的信息，了解最新的趋势，才能更好地为自己创造幸福的未来。

○每个人都是一个重要的信息源

每一个人，包括最不起眼的路人，对我们来说都是一个宝贵而重要的信息源。

人们在日常生活中不但收集着信息，也在传播着信息，就像无线电波一样。区别在于有的人能够接收到，有的人则对信息完全漠视。所以，请重视你的同行业从业人员，还有你所从事行业的消费者，他们往往能够提供大量的、直接的宝贵信息。

同时，你身边的熟人、亲戚、朋友、老同学、老部下、现在的邻居、从前的客户、一个俱乐部的成员……他们都是你的信息源。需要留意观察他们的言行举止，并收集他们提供的信息。

前提是：你必须看到并愿意接近他们！

○注重传媒的信息提供

媒体的信息量巨大而且更新及时，令人应接不暇，这是一个事实。比如广播电台、电视、报纸、杂志，都有很多有价值的信息。

○官方的信息不容忽视

许多人都忽视了官方的信息，理由是官方信息陈旧而无新意。这是一种极端错误的想法，因为有些官方机构，比如税务、统计、物价等部门处于社会经济生活的关键地位。他们不仅垄断了信息来源，还掌握着政策的制定权。

因此，官方的信息来源往往更具权威性！忽视这一类信息的代价是惨重的。你只要看看那些一流人物是怎么做的就知道了，许多超级企业的领袖每天早晨的第一件事就是查阅官方报纸，收看权威的电视新闻。

获得官方信息的方式一般有 3 种：

1. 定期或不定期地查阅官方公告或公开发布的消息。

2. 通过信息服务中心查询。

3. 对官方机构有针对性地走访和调研。

如果你将开始创业或者已经处在公司的重要职位，那么官方出台的政策，将会对你的业务产生很大影响。这与你的未来息息相关。因此，对官方信息认真研究，才能预测和把握政策动向，提前行动，以免落于人后。

○阅读图书或其他的信息发布资料

你每星期去几次图书馆或书店呢？如果你的回答是“很少”或“没有”，我建议你立刻找时间去图书馆和书店。因为在那里，你可以借到和买到有关的信息资料，如行业法规、政策、专业知识、经营策略、企业名录、行业概况、行业的发展趋势及各类统计资料。尤其对于缺乏基础信息的人来说，这是一条很重要的信息渠道。

比如，我们在图书馆甚至邮局的专门平台，可以购买到完整的电话号码簿。在这里，几万甚至几十万个电话号码的用户都是你的潜在顾客。如果你有一些特殊的办法，你还可以获得客户的手机号码资料。这意味着巨大的市场，其中也潜藏着重要的人脉。

○行业协会和交际团体的宝贵信息

无论你是否参加各类行业协会和交际团体，这些机构都会有偿或无偿地为你提供商业信息。这些平台不但是进行人脉交际的好地方，更是庞大的信息集散中心。在这里不但能得到最新的情报，还能和人们进行充分而深入的讨论。

因此，你最好加入一些行业协会，参加尽可能多的交际俱乐部，将自己融入一些有用的信息网络。在这里，你将获得稳定的信息来源。

★主动捕捉信息，并且注意时效性

通用公司的前董事长、一代名人韦尔奇——他一度拯救了通用公司，人们对他是如何评价的呢？

通用公司飞机发动机事业部的负责人迈克纳尼说：“在我们这里，你必须去面对和适应新的情况。比如根据外部环境在过去24小时内的变化，我们很可能会对昨天刚刚达成一致的一项工作或对刚刚开始实施的一个方案得出截然不同的结论。你知道，在许多公司，决策者大都不愿意改变自己已经做出的决定，即便是错误的，他们也宁愿执行下去，直到发生更大的错误。所以像韦尔奇这样的人真是罕见。他视改革为动力，尽管那可能会使公司在一段时间内发生某种程度的暂时的混乱。”

另一位同事——通用公司下属的 BNC 电视网的董事长莱特的评价可能更为直接：“他总能敏锐地洞察到某个行动方案已不再重要或作用在下降。他使公司永葆活力的能力是一流的，我们永远相信这一点。”

韦尔奇捕捉信息的敏锐度是惊人的。如果没有他，通用公司或许根本撑不过数次发生的危机。也正是因为他，通用公司才经过根本性的改变，成为世界一流的大公司。

你必须像韦尔奇一样，养成主动捕捉信息的习惯。也就是说，你要培养自己对于信息的敏锐观察力。当有重要信息出现时，你必须马上捕捉到，并将之利用和开发起来。每个人在不同的发展阶段，所需求的信息也会有所不同。我们要根据自己的需求，有选择地捕捉信息，才能为自己的人生带来事半功倍的效果。

★让信息自动流向你，并进行多角度分析

你必须知道从哪里可以得到需要的信息。对于得到的信息，你还要懂得如何分辨它的真假。

信息往往会自动流向那些富有魅力的人。这些人懂得尊重别人，而且自己也很谦虚。他们总是能够体恤对方的立场和感情，给予善意的回应，对方也会诚心与他们交往。

你要知道，一个过于自私的人，一定会惹来别人的厌恶。同时，人们一定会关闭对他的信息通道，他自然无法从别人那里收集到有用的信息。

因此，如果你想让信息自动流向你，你就要注意自己在工作中的行为。要让自己变得乐于助人，让人们喜欢与你打交道。这样，你才能从别人那里得到真实的消息。

你还必须注意观察你的周围，观察目前最热门、最成功的行业、公司或产品。这样，你就可能找到有用的信息。即使一些跟风的信息，你也不要错过。

对于捕捉到的信息，你要进行多角度的分析，分辨清楚哪些信息对你来说

是正确的，哪些是错误的，哪些是有用的，哪些又是无用的。

而且，你要从平凡的事物中发现不平凡的内涵！

日本的尼西奇公司是世界知名的“尿不湿大王”。但它在成功之前，是一家濒临破产的小公司。之所以能完成这种伟大的转变，是因为尼西奇公司的董事长有一天突然从一份人口普查资料上，看到了全国每年有250万婴儿出生的简单数据。这个关键信息改变了尼西奇公司的命运。

按照我们的建议去做，你就会逐步培养起随时捕捉信息的良好习惯。慢慢地，你会发现自己已经变得十分敏感了，对于别人的观察也非常到位。这时，你就成了一个善于发现的人。

★建立属于你的独特渠道

我们知道，渠道始终是商家的必争之地。卖东西要有店铺，要有进货商，也要有销售网络。这些区域是战火最激烈的地方，就如同两军对垒的前沿阵地一样。

对个人来说，拥有一个独特的信息渠道也必不可少。能否建立一条属于自己的抓住信息和展示价值的独特渠道，决定了我们可否赢在当前、胜在未来。从某种意义上来说，这是我们的人脉价值能否得以体现的根本。

就具体的方法来说，我们既要看眼光、讲策略，也要比实力、拼待遇。两者缺一不可。

信息渠道的变化有很多，策略自然不用多说了。我们唯一要强调的，是你对待信息渠道的态度。许多人手里拥有很稀缺的信息，却因为自己的不重视，白白地失掉了机会，导致了难以挽回的损失。

有一位在美国经商多年的华人柴先生，在起初两年的时间内，他的餐馆生意一直不好。虽然他很努力地将连锁餐馆开到了全美的各地，短短1年的时间就在美国十几个州拥有了20多家分店，但是顾客很少，有时几乎无人登门。

柴先生非常苦恼：“是我的店装修不好，菜的味道不好吗？不是呀，我这里服务一流，菜品上等，但美国人就是不喜欢，我真没办法。”

有一次在华商的交流聚会中，他听说我是专门搞人脉公关的机构负责人，又给美国政界“打过工”，就找我聊天，然后谈到了他的餐馆。他先讲了一通上面的烦恼，接着开始抱怨美国人的偏见。他觉得是白人故意不到中国人开的餐馆吃饭，美国各州的地方政府对他也有歧视，而他又找不到什么关系，就想请我替他公关地方州政府，请那些手握权力的美国人放他“一条生路”。

我听后，笑着说：“柴先生，搞定十几个州的政府，让一家连锁餐馆顾客满座，没人有这种本事，但我知道你的问题出在哪里。”

他的眼睛马上瞪圆了，急切地说：“您请讲，我马上照办。”

我就问他：“你这家餐馆的定位是什么？”

“当然是中餐啦！”他用强调的语气说。

“那么，在美国什么人最爱吃中餐呢？”

“当然是我们华人！啊，哦！”

说到这里，他几乎怪叫起来，惊得我们身边的人侧目以视。原来问题竟这么很简单！柴先生身为中餐馆的老板，本来就拥有非常独特的信息渠道，他最了解华人的口味，最知道华人想吃什么。但是，他没有将这些信息很好地利用起来，针对华人做出到位的宣传。

结果是显而易见的：他的餐馆在华人群体当中没什么知名度，所以无人去吃饭；在美国人眼里虽然颇有名气，却很少有人感兴趣。

柴先生叹了口气说：“我回去马上让人做计划，好好地宣传和打广告，让美国的华人都知道我的餐馆！”

让信息拥有独特性，其实就是先做好定位。你既要定位信息的来源，抓住那些信息源，分析它的规律，也要定位你自己的目标。让自己拥有一个合理的目标，然后为这个目标寻找恰当的落脚点，搜集正确的信息，才能使目标落地生根，人脉和财源才能接连不断。

同时，掌握了渠道和信息，就等于握住了人脉的命脉，也等于拯救了你的生意。只有重视你自己的独特渠道，把它开发出来，需要信息的人才会集中到你的人脉网之内，不断地为你提供相应的价值和回报。

◎你能提供多少回报？

如果你想要别人对你提供帮助，首先自己要有给别人提供回报的能力，这种能力就是你价值的体现。说白了，是一种被利用的价值，也就是我们被别人需要的程度。

别人为你提供服务，你也要有能力让别人从这种服务中得到回馈。你提供回报的“力度”也影响到你能得到多大的援助。

★你有多大的利用价值

一个人的利用价值，其实决定了他被别人需要的程度。就像一种产品，它只有被别人需要了才会被购买，没有需求的产品自然就没有市场，包装得再漂亮，摆在再显眼的位置，也无人问津。

这就是需求，其中又有自然需求和被创造的需求之分。自然需求比如说要吃饭，你能提供“饭”，就是价值；被创造的需求就是将潜在需求转换为自然需求，你能满足这些潜在需求，就具备了价值。

比如，为什么现在一些超市大卖场正在逐渐取代百货商场的地位，有没有什么特殊的原因？其实原因很简单，百货商场的价值已经远远跟不上消费者的需求了。而大卖场因为其宽广的面积可以让消费者走出更长的购物路线，经过特别设计的产品摆设，会不断引导和开发出消费者的需求。

本来一个人到卖场只想买大米，结果他经过水果架前，看见这儿还摆着十分新鲜的水果，就会想到吃完饭再吃一些水果。这种新的需求就会立刻引发新的购买行为。通过一连串的引导，卖场的营业额自然就上去了。百货商场死板的构造和模式却无法达到这样的效果。人们进去之后，只能去专门的区域买自己想要的东西。

我们知道，一个人除了在自己的工作和专业方面满足客户、同事、公司的需求以外，还要看看是否能够创造出客户、同事和公司对于自己的需求。这体现了价值的互动性，也表明了人际交往互相需要的本质。

举例说，假如你是一个做理财的人，你需要向客户推销自己的理财方法，让他与你签下代理理财的合同，你会怎么办呢？

你可以去多了解一下客户的家庭，看他有什么需求。先了解这一点，把他需要的东西提供出来，让你具备可利用的价值，再去请他将你需要的价值提供给你。比如，你可以为你的某个客户正在上大学的儿子，提供一些学业上和学业外的指导建议，这就形成了客户对你的需求，你对他就形成了一种非常重要的、很可能还是无法替代的价值。

在人际交往中，只有这样，你们的关系才能维持长久，才能建立深度合作。

★你的不可替代性是什么

你有没有经历过下面的事情？

在一个工作岗位上，你干得久了，工作又十分努力，资历也很深了。于是，你想让老板给你加薪，但是老板根本不理会你的要求，他好像视你为不存在。如果你拿辞职作为威胁，那对不起，你该走人就走人，没有人会苦口婆心地挽留你，他甚至会为此长舒一口气，觉得是甩掉了一个包袱。

为什么你的老板对你会如此决绝和不留情面？

为什么你在老板的心中一点儿地位都没有？

因为你没有价值，不但可以被替代，而且可以被更好的员工替代。走了你一个，还有100人可以顶替你的工作。这个工作实在太简单了，以至于老板会不屑地告诉你："把一只鸟训练3天，都可以替代你的工作，而且干得比你好！"

如果处于这种境地，你的前途就堪忧了。被利用还可以说明你是有利用价值的，可是当老板该炒你的时候就炒你，丝毫没有犹豫，你就要反思一下自己的不可替代性了。这表明，在对方的眼中，你没有一点儿地位。他用不上你，你就根本没有资本向他提出要求。

如果你希望利用很多人来成就你自己，那么你需要问自己的一个问题："我如何才能更好地被别人利用呢？"而不是"我能从别人的身上得到什么好处？"

只有解决了第一个问题，我们才能去解决第二个问题。

人们总是很羡慕那些能够“一呼百应”的人，更会推崇那些可以“呼风唤雨”的强者。他们不管做什么，总是能够得心应手，春风得意处处有人帮忙。这是因为他们明白：一个人的资源有多少，他的价值其实就有多大。

他们可以为别人提供资源和价值，所以别人才对他们如众星捧月，围绕着他们形成资源共享的圈子。这就是人脉的关联价值。一个人成功的标志，不在于他自己有多强大，而是他能使别人变得强大，然后他再吸收了众人的能量，使得自己越来越强大。

★增强实力，才能和大人物站到一个圈子里

在今天这个时代，我们不但需要寻找一个贵人，而且还要让自己成为自己的伯乐。我们要发挥出自己的主观能动性，增强实力，才有资格去吸引那些能成就自己的贵人。

有一本畅销书叫作《人脉力》，作者冈岛悦子告诉我们：很多人之所以能够快速地成长起来，无非是他们幸运地获得了被提拔的机会。但是，这种提拔不是偶然的，而是一种必然。

书中还说：“被提拔的人都有一个共同的因素，那就是为了得到提拔而实施‘战略性’的能力挖掘和人脉构筑。”

总的来说，为了你自己的成功，你必须完成两件事：

首先，强化自力：你得知道你现在是谁，你将来要成为什么人。

其次，寻找他力：找到能改变你命运的人。

也就是说，你自己得有实力，并且让那些大人物看到你的实力，才能和他们站到同一个高质量的圈子里，在同一个平台共事。当然，你可以通过高人的指点来提升实力，这叫“借力”。比如三国时的刘备，通过将诸葛亮收入帐下，使得其集团实力大幅上升，之后才得以三分天下。

当然，我们说到构筑人脉的时候，人们有时第一反应就是，这是利用门路生存、借助他人帮助的快捷式的成功思路。出于这种功利的目的，人们对人脉

和圈子的认识总是“求他”性质的，往往忽略了自身。

其实，构筑人脉真正的意义绝不是单向地“求他”，而是让一个有能力的人，为了获得能够最大限度地发挥自己能力的机会，而去进行有效的活动。

你应该认识的人，不是能给你地位和背景的人，而是能让你的实力提升的人，同时也是能够准确地定位你的人生的人。

你的人生目标当然可以是平步青云，可以是出人头地，也可以是任何功利的目标。但是在实施的过程中，你唯一不能做的便是急功近利。你必须先从提升自身的价值开始，提升你能给予他人的价值，再去计算你有资格提取的相应的回报。在这个前提下的奋斗和人脉积累，才有正面的意义！

同事A对同事B说：“兄弟，我要离开这个公司了，因为我恨这个公司，无论我怎么卖力，老板都不给我机会！”同事B听了，马上建议道：“我举双手赞成你报复！对这个破公司，我们一定要给它点儿颜色看看。不过你现在离开，不是最好的时机。”

A问：“为什么呢？”

“因为你现在走，公司的损失并不大。你应该趁着在公司的机会，拼命地为自己拉一些客户，成为公司独当一面的人物，然后带着这些重要的客户突然离开，公司就会受到重大的损失。到时候老板就非常被动了，这才是最好的报复啊！”

A一听，觉得B说得非常在理。于是，他每天都努力地工作。经过接近1年的工作，他有了大量忠实的客户。这时，B过来催问A：“现在是时机了，你赶紧行动吧！”

A却淡然地笑道：“老总跟我谈过了，准备升我做部门经理，我暂时不想离开了。”

实力强了，才能得到重视。这何尝不是同事B对他的提示呢？如果一个人的工作只是为了赚钱，而不想想应该凭什么赚钱，那么他永远都不会轻松地赚到钱。

因此，只有让人看到你的实力远远高于现在的位置，你才能得到更多的机会。

◎展示你与众不同的专业性

你是不是曾经注意到一种现象：当某些人认为或者相信你有较丰富的专业知识、熟练的技巧，或者处理某些事情有较多的经验时，他就会特别相信你的观点，会尊重和听从你的计划与安排。

当有人认为你是某一方面的专家或权威时，他对你的态度是不是会变得尊敬甚至有些畏惧呢？

如果你想要别人信服你，首先，要把自己的专业性展示出来，征服对方并让对方深信不疑。只有这样，你才能体现出自己的“价值”，在对方面前具备不可替代性。

为什么这么说呢？我们来举个例子。

假设你要装修自家的房子，开始做了很多准备，虽然你对于壁纸的颜色、图案、材料似乎已经了然于胸，好像研究了大量的资料，但是你仍然无法判断哪一个款式和你的家具最相配。于是，你花了高价聘请了一位室内装修方面的专家，想听一听他的意见。

你已经事先知道他是一位著名的业内专家，他在室内装修方面享有盛誉。请他来为你出主意，你付出了很大代价！他当然很快提出了相关的建议，但是与你心中所想的完全不同，甚至是你之前很排斥的一种方案。

可是，你毫不迟疑地接受了他的意见。你不但马上照办，可能连一句质疑都没有！

这是为什么呢？你为何不拒绝他的意见？因为他是专家，你相信他，而且认为他的专业眼光一定是对的。所以，你宁可花大笔的钱也要雇用他，让他为你服务。

我再给你举一个例子。有一天你突然肚子疼，你在家的时候觉得是因为自己吃雪糕吃多了，所以有些胃疼。但是当你到了诊所，这座城市非常有名的一位医生给你诊断，然后告诉你：“你的胃没问题，是阑尾炎！”

尽管这位医生做出的诊断与你个人的判断和感觉完全不同，但你对他的说法深信不疑，就连开口询问的意识都不会有。这又是为什么呢？因为你不会无知到跟一位专家争论。

你的潜意识在这时会立刻告诉你，专业人士的判断就是正确的！

这就是专业的力量，每个人都有一片自己处于优势的领域。专业在某种程度上就是权威以及一种不可替代性，如果你要去应聘一份工作或者谈一项合作，专业性就是你的制胜法宝。

★你能不能在“3 分钟”内完成谈判

我的好朋友约翰曾经向我讲述了他的一次“3 分钟谈判”的经历。在这 3 分钟内，他完全没有讲任何一个多余的字，全部时间都是在阐述他在这个项目上的专业性。

约翰说，专业的力量在谈判中就像一颗定心丸。当客户在质疑和犹豫的时候，我们必须让他把这颗药丸安心并且开心地服下。

他在谈判之初，就将自己的背景以及在这方面别人难以企及的专业知识展现了出来，而不是在自己的弱项上进行纠缠。他用自己的强项“击败”对手，征服对方试图反抗的意志，最后拿下了这项合作。

“请相信，只有按照我们设定的程序，才能在计划的时间内完成这项工作。”

“哦，好吧，看来只能如此！”

你在这样做之后，别人可能会被你的专业能力所折服，甚至会完全放弃与你的争论。

在谈判中，专业的力量真有这么强大吗？没错，事实证明，在一场涉及多方面的复杂谈判中，参与者们大都缺乏某方面的专业知识，很少有人是真正精通各领域的全才。在这种情况下，在你非常擅长的领域，他们可能是一无所知的。所以，当你聪明而富有针对性地展示出你在这方面的专业时，多数对手只能俯首称臣。

只要有可能，你就要让对方知道你是某方面的专才，并且你在这方面的才能不是他可以相比的，所以他必须无条件地信任你。

当然，事先你要做充分的准备。如果这项谈判对你来说非常重要，你只能赢，不能输，那么，你必须在谈判之前花大量时间去做准备工作，快速地掌握或温习某方面的专业知识。

从另一方面来讲，假如你对于某方面的知识相当匮乏或者只是一知半解，达到了“一开口必出错”的糟糕程度，你应该怎么办？最好的做法就是闭上嘴巴，保持沉默，千万不要随便发言、胡乱说话，不要议论你非常业余的领域。否则，这种行为一定会导致你出现更大的损失。

★“专业性”决定你不可替代的价值

实力决定了我们的整体价值，专业性决定了我们不可替代的价值。

如果你想要被别人需要，那就要展示出自己不可替代的价值！

有一片荒废了很久的沙地，在某一天终于迎来了一个农夫。农夫四处奔走却没有发现水源，最后他只好失望地摇头叹息：“这儿种不了庄稼。”不久，来了一个挖煤的人。他走遍了沙滩的东南西北，使用了不少方法，竟然在沙地下面发现了一个埋藏很深而且储量丰富的煤矿。那位农夫听说了这事后，很不服气，就问自己的妻子：“老婆呀，你说我怎么就没发现地下的煤矿呢？”

妻子笑着说：“你是种庄稼的，你的眼睛只关注地面上的东西，这片土地长不长作物，或者说长得好不好，这是你最在行的事。至于地面下有什么东西，可不是你擅长的啊！那是挖煤人的事。”

正如农夫的妻子所说，如果一片土地需要开发种地，那需要的就是农夫；而如果这片土地要挖出煤矿，那就要去找地质学家。

事实上，你会发现生活中的很多人都在不停地背叛自己的专业，跳进别的领域，漫不经心地改变自己的生活。面对自己的工作和人脉方面面临的困境，他们不是积极行动，调动自己的优势，表现出自己最擅长的能力，而是消极地进行应付。

如果你凡事不肯精益求精，在关键的时刻不能尽最大的努力，那么等你发现自己的困境时，你早已深深地困在了由自己亲手建造的幽闭的小房子内，根本没有办法逃脱。

◎立足你的核心价值，扩散你的无限影响力

★价值如何变成价格

人人都有自己的“价值”，许多人甚至远远比自己表现出来的更加优秀，但他们的“价格”并不如“真实的自己”那么出色。

不管在什么时候，都不要小看了你自己。在强化信心的基础上，再突出你的一些优势和特点，就可以将价值最大化地展示出来。

一个人认识到他自己的价值很重要，但只有把自己的价值呈现出来，才能表现为最后的价格。实际上，价值虽然是第一位的，可是能表现出多少价格，往往才是最关键的。

在今天，这一点显得尤其重要。一个人只是拥有价值是远远不够的，因为价值是一种内在的东西，未必所有人都能一眼看到你的真实能力。你必须找到自己应该具有的价格，并将它充分地释放到市场上，体现出你的可视价值。

否则，有价无市的人生将陪伴着你每一天。你的人脉关系也不会太好，很难挤进一流的人脉圈。

美国人詹姆斯·杨是在新墨西哥州的山上种植苹果的果农。他每年都用邮购的方式，把一箱箱苹果寄给各地的顾客。因为他对自己苹果的品质很有信心，所以大胆地采取不满意包退货的销售方式。

多年来，他的生意一直很好。不料天有不测风云，有一年的冬天，下了一场罕见的大冰雹，苹果受到冰雹的袭击，个个出现了很多斑痕。面对整园受损的

苹果，詹姆斯悲痛欲绝。郁闷的他顺手摘下一个苹果狠狠地咬了一口，突然发现，受灾的苹果虽然外表不雅，却比以往的更香、更甜、更脆了。

他自言自语道：“真是太可惜了，好吃的东西却不好看，有什么补救的方法呢？”

詹姆斯为此搜肠刮肚，苦思数日，他终于想通了。他照样把那些像长了雀斑的苹果整箱地寄给顾客，不过在箱里都附了一张字条，上面写着：“这次寄上的苹果都长了些雀斑。只有谈恋爱与怀孕的女人才会有雀斑，所以它们比过去更加甜美！”

顾客收到货之后，都会心一笑，不但没人退货，还有人要加货。

这位以“化缺点为特点”的方式来解决困难的果农，后来投身于广告业，成为美国著名的广告大师。

我们当然都相信自己是独一无二的，都有自己的独特价值，也都有不足。可总的来说：“我很不错！”人们总是这样想。问题是，只有你自己相信是无济于事的。你是否最棒，通常要看你展示给人们的价格，而不是“你是不是真的很棒”。

这便是我们的重点：在你自己规划的人生道路上，你必须充分地发挥自己的潜力和优势，实现自己的人生价值。

★你最大的“卖点”是什么

你的核心价值就是你最大的和最独特的卖点，也是对手不可替代的卖点。

每个人都有与他人完全不同的特长和优点，无论多么愚蠢的人，我们都能在他的身上找到他的特长和优点。

一个华盛顿政客会懂科学吗？不，但他精于选举，擅长制造舆论，是一位宣传炒作的高手。他还懂点儿城市规划的本事，或许当选市长后，真的能让拥挤的华盛顿变得通畅一些。

一个科学家就一定会修电脑吗？不，也许他对电脑的内部架构一窍不通，但能设计航天飞机！

一个懂电脑的专业人士，一定会修车吗？不，他是电脑高手，但可能是自行车白痴！

也许在这个世界上真有一些人，他们样样都懂，但不要被这种表面现象迷惑，一定有他们不懂的领域。而且，即便他们样样都通的这些领域，与真正的专业人士比起来，可能也都不值一提。

为自己确立一个原则：不要求自己精通全部技能，只要将自己的特长发挥到极致就可以了！知道并回避弱点，然后强化优点，你就拥有了最大的价值和价格！

当你集中精力去做自己最擅长的事情时，你的工作才会更有成效，产生的结果也才更能体现你的能力。

不要去追求你无法实现的目标，也不要在你不擅长甚至业余的领域浪费精力！记住我的忠告，与其让人们空洞地认同你这个人，不如赢得别人对你某一点的格外赞赏！

20 世纪 90 年代，亚伦从美国的一所大学毕业后，很长一段时间都没有找到工作。他以失业者的身份晃来晃去，晃得父母都很烦他。后来，终于有一家公司要他去做软件测试的工作。当时，这是一个让人觉得不是很重要的活儿，没几个人愿意接受这项工作。

亚伦也不是很喜欢，他在学校里面也没学过专门的软件测试。但因为他要生活，迫于无奈，他只好硬着头皮接受了。做了几年后，他又跳槽到了另外一家公司，但他的工作没有改变，还是只做软件测试。这家公司在他进去时只有一千名员工，等他出来时，该公司已经拥有了将近 3 万人。

因为具有软件测试方面的专长，他被另外一家小公司挖了过去。他的新职位是测试经理。随着公司的发展，先是高级经理，然后是测试总监。没过几年，这家公司越做越大，成功地上市，并且被别的公司收购了。

亚伦这时心想，啊，我自己应该可以再做些更大的事情了，不想再为别人打工了！于是，他开始筹备自己的公司。这时，亚伦经过理性的分析后发现，他即便自己创业，最有可能成功的也是去做测试行业，因为他在这个领域已经摸爬滚打了许多年，积累了丰富的经验。而且不得不说，他确实有这方面的天赋！

于是，他就筹集资金，在美国成立自己的测试公司。以自己过往的名声和资历作为保证，他顺利地拿到了一大笔风投资金。到今天为止，他的公司运营得十分平稳，已经成了一家十分成功的企业。

的确，有些人正是因为做自己很擅长的事情而成功了，反之，则往往导致失败。成功者很幸运，是因为他们选对了自己最大的“卖点”，才成了当之无愧的“天之骄子”。

换言之，那些在职场上获得成功以及赢得丰富人脉的人，正是由于擅长发挥自己的优势，并且将这个优势不断地扩大和增强，使得别人永远都离不开他们，所以才能在某些领域大获丰收！

★成功的诀窍是懂得经营自己的长处

经营你的长处才能使自己的人生升值，而经营你的短处只会让你不断贬值。

美国政治家富兰克林说：“宝贝放错了地方，它便是一件废物。”

你是那一件被放错地方的“宝贝”吗？

在很多时候，当一个人竭尽全力去做一件他看好的事情却没有获得成功时，很有可能是因为他选择了不适合自己的职业，错误地将他的长处掩盖了。他把身上的珍宝当作沙土丢弃，却在事倍功半地经营自己的短处。

美国有一位诗人叫作洛厄尔。他说了一句很经典的话：“做我们的天赋所不擅长的事情，往往是徒劳无益的。”就像一个擅长画画的人，却花费了半生的精力去研究书法。这样的结果就是，世上少了一个伟大的画家，却多了一个二流的书法爱好者！

在人类历史上，由于做了自己所不擅长的事情而导致梦想破灭、一事无成的例子举不胜举。样样都通、样样不精而使自己无人问津、找不到“买主”的“千里马”也比比皆是。

只有将你不可替代的特长发挥出来，才能在自己的事业和人际交往中得心应手，才能让成功走近你！

很多时候，我们面对着一个不尽如人意的现实，自己也许不得不去做一些不喜欢的事，并为此苦恼。比如上司的要求、朋友的请求、家人的需求等，最明智的方法就是在做这件事的同时，尽早使自己解脱出来，然后赶紧去发挥自己的特长。

当然，在这个世界上，最不幸的人要数那些连自己想要做什么都说不清的人。他们找不到适合自己干的事，简直无处容身，没有一个圈子会给他们一块立足之地，也没有多少朋友会真正地欣赏他们。

为了你自己的前途着想，首先要做的就是找到适合自己做的事情，将自己的优势完美地展现出来，赢得大家的尊重和认可。

有一个美国乞丐，已经到处乞讨了近 40 年的时间。他从未想过改变现状，让生活变得更美好，因为他老是觉得自己一无所长。有一天，他在比尔 · 盖茨家附近行乞，正巧碰上比尔 · 盖茨的车在他身边停下来。

这真是一场奇遇！乞丐认出了比尔 · 盖茨，没有人不知道眼前这个人是世界首富。他心想，这回自己可要发财了。他早就听说比尔 · 盖茨非常热衷社会慈善事业，并且出手大方。他决定利用这个机会，好好地敲他一笔。

乞丐连忙跑到比尔 · 盖茨身边，可怜巴巴地说："先生，行行好，给我点儿钱吧！"比尔 · 盖茨十分和善，但他并没有立即给钱，而是问乞丐："你是要 1 美元呢，还是要 1 万美元？""当然是 1 万美元了，这个数目对您来说是不值一提的。"乞丐不假思索地说道。

这时，比尔 · 盖茨从口袋里摸出 1 美元递给乞丐，又从手提包里拿出一个本子。见到这种情况，乞丐心中暗喜，心想这位大富豪果真出手大方，支票都拿出来了啊！

随后，比尔 · 盖茨拿出笔，在纸上飞快地写着什么，然后撕下来给了乞丐。

比尔 · 盖茨对他说："给你，这是 9999 美元。"乞丐十分惊喜，可拿过来一看，这哪里是什么支票，只是普通的一张纸罢了。不过，细看之下，这并不是一张普通的纸，上面有这位世界首富给他这个乞丐的忠告："用特长使你致富，用知识武装你的头脑。"

乞丐见状，十分无奈地说："我只是一个乞丐，我根本就没有什么特长和知识。”

比尔·盖茨笑了笑，用肯定的语气对他说：“每一个人都有自己的特长和知识，只是你还没有发现而已。”

老乞丐这时才幡然醒悟。于是，他向当地政府提出申请，想注册一家公司，自己担任总经理。刚开始的时候，政府并不同意他的申请，但是乞丐凭借自己的口才，给出了一大堆理由，如业务发展的需要、经营范围的扩大、社会的要求等，终于打动了政府官员。他的公司很快就批下来了。

后来，这家公司越做越大，乞丐的个人身价也达到几十亿美元。许多年后，这位乞丐在一次酒会上遇到了比尔·盖茨。他急忙走过去，感激地对比尔·盖茨说：“我非常感谢你，是你让我看到了自己的特长，并让我改变了自己的人生。”

每当有人问我如何才能成功、怎样才能成为人人都想结交的名人时，我都会首先问他：“你喜欢做什么？”“你最擅长什么？”

如果你能够根据自己的特长去选择自己的事业，那么你的主动性将会得到充分发挥。即便这件事情十分棘手，即便会令你感到十分疲倦和辛劳，你也总能兴致勃勃、心情愉快。一个人处在这种愉悦的状态时，即便遇到了困难，也不会轻易地灰心丧气，而是积极地去想办法，百折不挠地去克服困难。

这便是经营自己的特长的效果！

在对全美不同领域的大学生的培训过程中，我发现很多人往往弄不清楚自己到底擅长什么，他们也不明白自己的兴趣到底在哪里。

有位来自哈佛商学院的学生说：“我喜欢一切与管理有关的话题，管理这门课程非常棒，但我同时觉得金融证券才是我的人生方向，对此我很迷茫。”

我问他：“那么，你的打算是什么？”

他犹豫了一下说：“我希望获得全面的体验，也许过几年我才能知道答案。”

如果想解决这个左右摇摆的问题，就需要你在实际生活中善于发现和总结：“我的个性偏重于哪一点？”既要不停地认识和了解自己，也要不断强化已经发现的优势。

做到了这一点，才能取己所长，避己所短，进而获得一些成就，不断地提升自身的价值。

★找到自己的长处并让它变成影响力

最后，请客观地对自己做一次全面的分析。

第一，先找出自己最大的优点。

看看你有哪些个人的资产：别人喜欢与你相处吗？你是否总是对周遭的环境保持强烈的好奇心？你是否总是乐意甚至迫不及待地想要帮助别人？

客观地针对自己的人格特质，为自己列出至少5个优点，然后从中发现一个最优的选项。

第二，找到并归纳出你的天赋和才华。

着重发现自己某些天生的特质，或许它就是你这一生中所要展现的才华。比如，你是否特别喜欢体育活动，并拥有一副强健的好身板？你是否尤其钟爱音乐，并且还有一副好嗓子？你在文字的运用方面是否极为擅长，已经发表了数篇引起轰动的文章？

当然更重要的是，你是否有满脑子的奇妙创意呢？找到它们，归纳出来，然后从中选择你在内心深处倾向性最强的一个答案，这就是你的“特长”，是你的价值“影响力”的主要来源！

Part 10 第10部分

内心强大的人前途无量

包容敌人，就是促使自己不断地进步。如果你不能包容你的对手，你一定会被对手打败！因为敌人最清楚你的弱点，他们甚至掌握了让你真正致命的死穴。在这个世界上，只有你的心胸足够宽广，只有你站的位置足够高远，才能有值得尊重的对手，而不会有真正的敌人。

◎在感到畏惧时，我从来没有丧失希望

信心是一种摸不着的东西，但我们可以在一个人的脸上清楚地看见并直接地感受到。没有一个人会否定信心的重要性，可是人们不断地在实际行动中体现出“我丢失了自信”的症状。

★畏惧是人性的常态，但你要战胜它

即便有十分的把握去做一件事，我们也会在开始之前想象一旦失败会带来的后果。但是，对于成功的渴望战胜了这种担忧。这是人们下定一个决心的基本过程。坚持到底的心态，是强者的一种基本素质。

坚持到底的心态，可以帮你赢得尊重，其中包括那些能够给予你极大支持的人的尊重。在你的圈子里，这也是让你获得地位和好名声的一种前提条件。不会有人尊敬那种遇事就轻易放弃的人，胆小鬼和逃兵即便有很好的人际关系，也会慢慢地从一个高质量的人脉圈子中被驱逐出去。

有一位俄国人创立了一种关于积极的心理治疗的理论。为此，他还做了一个“残酷”的实验。他将两只大白鼠丢入一个装了水的器皿中，观察它们的反应。大白鼠当然会拼命地挣扎求生，一般维持的时间是8分钟左右，到第9分钟时，这两只白鼠就在体能耗尽后死亡。

随后，他在同样的器皿中又放入了另外两只大白鼠，在它们挣扎了5分钟

左右的时候，他将一块可以让它们爬出器皿的跳板放进去。于是，这两只大白鼠通过跳板逃出来，得以存活。几天以后，他再次将这对大难不死的大白鼠放进了同样的器皿，一个让人吃惊的结果出现了：两只大白鼠竟然可以坚持 24 分钟，是一般情况下能够坚持时间的 3 倍。在它们实在撑不住的时候，俄国人才把它们捞了出来，放它们一条生路。

他的解释是：这么一对富有积极心态的大白鼠，它们值得活下去。

为什么会这样呢？

因为这两只白鼠有过了前一次逃生的经验。它们坚信在某个时刻，会出现一块跳板，让它们得以逃脱。在这种强大的“信念的力量”的主宰之下，它们就能够坚持更长的时间。

如此强大的精神力量，就是源于一种积极和坚强的心态，或者说因为我们的内心对于一个好的结果总是心存希望，所以我们的行动就更加有力，能够一直坚持下去。

★只要还有希望，你就拥有机会

希望就是力量，这并不是一句空话。在很多情形下，希望的力量比知识的力量更加强大，因为只有在满怀希望的前提下，我们拥有的知识才能更好地发挥作用。

我经常对听我讲座的学生说：“即使你现在一无所有，只要你的心中有希望，你就可能拥有一切。一个人即使富有四海，心态如果是悲观消极的，那么他不但没有未来，而且还会丧失自己已经拥有的东西。在他需要帮助的时候，也不会有人来救他。因为没有一个强者愿意去拯救一个悲观的人，也没有一个人愿意跟这种消极厌世的家伙做朋友。”

我们知道，2004 年，奥巴马在美国的民主党大会上发表了一次名为“无畏的希望”的演讲。正是这次演讲让他声名鹊起，为他成为美国总统铺平了道路。后来，奥巴马对人们回忆说，是一幅画改变了他的生活，也让他下定了竞选美国总统的决心。

这幅画是由英国画家乔治·弗雷德里克·瓦兹创作的：一个年轻女子坐在象征世界的地球上面，身体向前倾斜，低垂着头。她的眼睛被蒙上了绷带，手里弹拨着仅剩下一根弦的古希腊七弦琴，她正俯首倾听着这根弦发出的微弱声音。

瓦兹想表达一种关于“希望”的信念：人类即使到了最后，只剩下最后一个人，也不能丧失希望。

一个人在任何情况下，即使他的出身再卑微，不管他是黄种人、白种人还是黑种人，他都要无所畏惧。

在困境和迷惑之中，能够支撑一个人前进的，只有希望。

★你遇到“巨大麻烦”了吗？

《肖申克的救赎》里面有一句让我印象深刻的话：忙着生活，或者忙着去死！

这的确是一句真理。我们经手了数以万计的相关案例，案例中的人们多是在生活中遇到“巨大麻烦”的人。所谓的巨大麻烦，指人生陷入了绝境，你可能只有两种选择，要么亲手毁掉几十年来的努力，要么等待崩溃的结局。

听起来，这种绝望的处境不是谁都有机会体验。但现在的问题是，如果你面临这种情况，你会如何选择呢？当你处理这种局面时，你要想到，在你的背后，可能有许多人正在冷静地观察着你的一举一动！

如果别人的不幸同样使你感到了伤心，那么，你还有希望！

如果你能找出一段安静的时间去思考，那么，你还有希望！

希望就是如此神奇的一件事情，虽然听起来是一个比较空洞的概念，伸手摸不着，睁眼看不到，但它在我们的心中真实地存在着。它会被扭曲，有时甚至会被“阴影”遮挡，但它从来不会消失。

希望充实着我们的心灵，支撑着我们的意志，也让我们在强者面前从来不会低下头颅，展示着我们最基本的尊严和勇气！当没有任何东西可以支撑你的时候，希望就是你最后的资本，是你值得别人尊重甚至伸手相助的唯一理由！

◎别人说什么一点儿都不重要

★优先考虑自己的想法，假如它没有伤害他人

“你不要在意别人将要或正在说什么，你要在意自己想什么。”我对斯蒂芬·凯莉说。

她认为自己正陷入一场名誉危机，许多人在背后指责她、嘲讽她。“她的一切”仿佛都成了一场闹剧，这让她感觉自己的人际关系很糟，同时意味着她很难在自己的圈子里立足。这是一种很坏的局面，表明在接下来的生活中，不会有人给予她有力的支持。

事情的经过很复杂，说起来却并不陌生。许多人都在生活中遇到过类似的情况。7个月前，凯莉在公司得到了一个超出她想象和期待的机会。当上司将项目说明的文件摆在她的面前时，她有1分钟的时间拒绝。她确实有拒绝的理由：刚从普林斯顿大学毕业，没有工作经验；她只有23岁，在处理客户关系方面尚不成熟；重要的是，她有一个强大的竞争对手，这个机会本来不应该属于她，而是属于那个人。

但她最后接受了这项挑战，可是在3个月前，她的项目出现了问题。因为某种失误，公司几乎失掉了这次合作机会。几十天来，她每日都为此焦头烂额，奔波于客户与公司之间，连回家见一见父母的时间都没有，尽管父母就住在距离公司不到7公里的地方。

前几天，她首次听到了同事的责骂和嘲笑。在公司的茶水间，几位陌生同事讨论她那不讨人喜欢的性格，还有她逞强的工作态度。

“瞧那个胖女人，她以为自己是谁？女版哈利·波特吗？她真以为老板会罩着她，真是好笑。”

“没错，全公司人缘最差的就是她了，她却毫不自知，以为自己多么受宠！其实，老板不过是给她一个出丑的机会罢了！”

朋友也开始劝她放弃："如果你坚持下去，你可能失去更重要的东西！不要再犹豫了，凯莉！跟你的上司谈谈，请他理解你的心情，让更有经验的同事来处理。不然损失将继续扩大，你会丢掉这份工作！"

凯莉忽然就觉得天塌了：我真有这么糟糕吗，为何人人都这么说？

她来到我们的咨询机构，希望获得一些支持。我对她说："你最需要做的不是去向谁表明心迹，澄清其中的误会，而是坚持做你认为对的事情。"

"什么是对的事情？"她似乎有点儿迷惑。

我说："继续完成你的工作，直到上司亲口让你放弃。"

凯莉调整了心态，回到公司更加积极地进行她的项目。两星期以后，因为她持续的努力与平和的心态，工作终于出现了转机。客户主动给她打电话，约她商讨后面的计划。这时，上司也站了出来，在部门会议上对她进行了赞赏，然后在下班后请她共进晚餐，以示对她的支持。

这时凯莉才发现，原来一切就是这么简单。只要自己坚持下去，不要在乎外界出现的那些嘈杂的声音，就一定能做好一件事情。自己的想法才是最重要的，只有尽心尽力去做，将一件事做到完美，才能消除别人的怀疑，让自己赢得别人的尊重。

一个人当然应该坚持自己的事业。这还需要多说吗？重视自己内心的意见，不要轻易摇摆，才能真正地去爱自己，从而赢得别人的"爱"。

摆脱了外界的干扰，才能保持内心的纯净和安宁。这是一种心灵修养的方法，内心的强大，决定了你气场的强大。

★ "我为什么要生气？"

在西藏有一个叫作爱地巴的人，每次与他人起争执的时候，他就以很快的速度跑回家去，绕着自己的土地跑 3 圈，然后坐在地上喘气。爱地巴工作非常勤劳努力，他的土地也越来越广，但不管土地有多大，只要与人争执后生气了，他还是会绕着土地跑 3 圈。

爱地巴为何每次生气都绕着土地跑 3 圈呢？

所有认识他的人心中都起了疑惑，但是不管怎么问他，爱地巴都不愿意说明。直到有一天，爱地巴很老了，他的土地已经非常广大，他又开始生气，拄着拐杖艰难地绕着土地走。等他好不容易走了3圈，太阳都下山了，爱地巴独自坐在地上喘气。

他的孙子在身边恳求他："阿公，你已经年纪大了，这附近没有人的土地比你更大，你不能再像从前一样，一生气就绕着土地跑啊！你可不可以告诉我这个秘密，为什么你一生气就要绕着土地跑上3圈？"

爱地巴经不住孙子恳求，终于说出了隐藏在心中多年的秘密，他说："年轻时，我一生气，就绕着土地跑3圈，边跑边想，我的土地这么少，我哪有时间、哪有资格去跟人家生气啊？一想到这里，我的气就消了，于是就把所有时间都用来努力工作。

"我现在还是会生气，生气时绕着土地走3圈，边走边想，我的土地这么多，我又何必跟人计较？一想到这儿，我的气就消了。"

是的，你为何要生气呢？

我真想对那些每天都气冲冲的人问这个问题，他们好像有生不完的气。

"你看，那个人整天看我不顺眼，真是气死我了！"

"有个人总想跟我吵，和我过不去，我怎样才能教训他一顿呢？"

每当有人向我讲述此类烦恼时，我就问他："就算你狂揍了他一顿，你就快乐了吗？"

然后他回答："我不知道！可我还是生气。"

一个人被外在的情绪绑架了自己的心灵，就意味着灵魂"出壳"。你不再是你自己了，成了别人情绪的奴隶。你从此没有了自信，慢慢地就会自卑而"死"！

没错，你的人格"死"掉了。那么你拿什么让自己更加强大呢？如果你是我的朋友，我一定会离开你的视线，努力让你忘掉我。因为我不想跟一个迷失自我的人打交道，也不会拿出我的精力去帮助和照顾他！

★坚持你的见解，跳出别人思维的陷阱

有一位老人和他的孙子牵着一头驴去赶集。刚开始，爷爷心疼弱小的孙子，便让孙子骑驴，自己在路上走。路人看到后便纷纷说道："这个小孩真是不孝顺，爷爷都这么大岁数了，怎么能自己骑驴让爷爷走路？"

爷孙俩听到后，觉得人们说得有理，两人便换了一下位置。爷爷骑驴，孙子则在地上一路小跑。走着走着，路人又开始窃窃私语："这个人真是的，孙子那么小，怎么一点儿都不知道爱护呢？太不像话了！"

爷孙俩一听又觉得有理，可是该怎么办呢？两个人一商量，便决定都骑在驴身上，可是小小的毛驴根本无法承受两个人的重量，没走多远便累得气喘吁吁。一旁的路人纷纷指责道："这爷孙俩实在没有一点儿同情心，这头毛驴如此瘦小，怎么经得起两个人的重压？"

爷孙俩这下没辙了，骑也不是，不骑也不是，到底该如何是好呢？最终，两个人只好谁也不骑，牵着驴走在路上，结果更是招来了人们的笑话："这两个人真奇怪，明明牵着一头驴，却偏偏谁都不骑，你们说这两个人傻不傻呀？真是一对超级大傻蛋！"

这是一个很老的故事，可每次听到，我都能感到强烈的震撼。坚持自己是如此重要，只要你稍微动摇，上帝的惩罚和人们的嘲笑立马就会到来。

如果你总是太在乎别人的看法，最终只会扰乱了自己的方寸，让自己的生活变得更加沉重不说，还会让人觉得你真是一个没有主见的人。

事实上，当你做一件事时，无论你怎么做，都有人不同意你的做法。一件事情怎样去做，本质上并不取决于他人的看法，而取决于你自己的感觉。一旦你认定了一条自认为正确的道路，你就应该义无反顾地一直走下去，直到把它走完。只有在遇到了困扰时，你才能考虑他人的看法是否值得你参考。

你不能被别人牵着鼻子走，要始终坚持自己的信念。

那些勇敢的人通常都能够坚持自我，而那些足够坚定的人也能够坚持自我。你可以看看人类历史上那些不可思议的成功者，他们之所以能够确立自己

的领袖地位，成为千万人膜拜的对象，正是由于他们坚持自己的观点，并将它不断强化，成为一种坚定的信仰。

他们可以让别人对自己说“对”，而不是“你的做法有问题”。除了他们拥有出众的能力之外，自身的勇气和强大的意志必不可少。

巴菲特曾经说过：“你应该有自己的见解。经常令我感到困惑的是，为什么那些高智商的人会盲目地模仿他人。与别人交谈从未使我获得过灵感。相信你的看法和经验，如果你从事实中得出了结论，并且你的判断是可靠的，就据此行动吧——尽管其他人或许会犹豫不决或者另辟蹊径。仅仅因为其他人不同意你的观点并不能表明你是对的或错的。只要你的数据和推理是对的，那么你就是正确的。同样，在证券界中，除了丰富的知识和可靠的判断以外，勇气才是你所拥有的最宝贵的财富。”

在处理问题时，你要学会用自己的思维去思考，同时跳出别人思维的陷阱。

比如，当一个人有一块手表时，他能够十分确切地知晓当时的时间，他对此确信不疑。可如果你再给他一块手表，他有时反而不知道确切的时间了。面对两块手表不同的时间，他会开始怀疑和焦虑，会想：“天哪，到底哪个时间才是对的？”

这被称为手表原理。对人们来说，最大的痛苦莫过于由于缺乏主见而带来的这种迷惑和茫然了。

★成功，就是成为最好的自己

如果你来到我们公司学习怎样跟人相处，我会劝说你不要竭尽全力去和你的同事竞争。不要用眼睛盯着别人，因为你只需要关注自己的进步。

你应该看重的是我要比昨天和现在的自己更加强大。

成了最好的自己，你就赢得了全部。这也将极大地改善你的人际关系，因为你会成为一个真正拥有自信的人。

每个人的成功都是独一无二的，也应该是独一无二的。相信，然后就能实现！

成功不是要和谁去相比，而是要深入地了解自己，去发现和强化自己的兴趣。

你要不断努力地追求进步，你要让自己的每一天都比昨天过得更好。沿着这样的轨迹前进，你就会发现一切都会变得不同！

◎我坚定前行的动力，是我身负巨债！

人们往往觉得，成功的模式是先找到自己的"第一桶金"：赚钱，积累财富，到了一定的程度后，去创业和投资。

我们同时也发现，真正厉害的人物——比如你常在名人传记上看到的那些人物，他们的成功模式往往是以负债的方式获得更多的资金，借用他人的钱来发展自己的事业。这不但能让他们赚到更多的钱，得到无数的新机遇，而且也将自己的人脉圈拓展得更为强大。

后者显然要冒一些风险，但是如果在风险可控的基础上采取冒险行动，他们的成就反而会更大。

★有时候负债让你更有钱

史玉柱曾经是史上最著名的一位失败者。他从浙江大学毕业后，1991 年，创建了巨人集团，一时风光无限，却由于一幢没有建造起来的 70 层摩天大楼而破产。巨人集团出现危机后，有 3 个亿的应收款一分钱都收不回。这就是当时的糟糕情况。

巨人集团倒下了，可是在史玉柱的眼中，自己的事业还没有真正失败。可以说，当史玉柱想尽了办法也无法救活巨人集团的时候，他反而显得轻松了。他四处向人请教，仔细思考巨人失败的根本原因。1997 年以后的史玉柱，心态更加积极和乐观，也更加自信，不再自负。他把所有的心思都放在了如何克服当时的困难上。再到后来，他终于凭借脑白金东山再起。

史玉柱奇迹般地东山再起，是很多人没有料到的，也是很多人所不能做到的。在跌倒又爬起来的这段时间里，史玉柱肯定付出了相当多的艰辛。2.5 亿的债务使他冷静下来，小心翼翼地探索着自己的突破之路。认准了脑白金后，他果断出击，毅力非凡。苍天不负有心人，奇迹终于出现了，他不仅用自己赚来的钱还清了 2.5 亿的债务，而且又昂首挺胸地站在了中国商界的前沿阵地。

“成功不过是爬起来的次数比倒下去多了一次而已。”

这是类似史玉柱的成功者共同的真实感想。问题是，你如何面对逆境，是自信地面对还是自我崩溃？任何一个人都不可能一帆风顺，肯定要面对很多困难，你必须战胜这些困难。这时，你打算怎么办呢？

有的人没有抱怨，也没有退却，而是笑看逆境，并且从中汲取养分，将巨大的负债压力转化为了动力，最终把自己引向了成功。这是一个负债者最后能够东山再起的关键所在。

★借鸡生蛋的富人圈：“这是我们的入门课！”

“如果你想成为一个比别人更加有钱的人，那么你要做的，并不是管好你的资产，而是去增加你的负债。于是，可能会出现这样一种局面：你欠的钱越多，离成功就越近。”

有些人则持相反的观点：“那些提前消费的人，只不过是在透支明天的财富。”与此同时，我们发现这些人无法出现在富人圈中。他们远离成功者俱乐部的大门，只能站在门外，羡慕地望着这个高不可攀的圈子。

用别人的钱来赚钱，通过借鸡生蛋的手段，将大部分收益纳入自己的囊中，这是成功者发财致富最核心的经营原则。

罗伯特写下了畅销书《富爸爸穷爸爸》，同时他也是一个成功的房产投资者。他认为：银行不会轻易地借给你 1000 万美元，但投资房地产除外。你只需拿出 10 美元，余下的，银行很乐意借给你。

负债的手段为罗伯特带来了巨额财富，那么你呢？

◎包容你的对手，哪怕他随时可以取代你

★报复与包容：小人物与大人物的不同思维

那些过去和今天与你是竞争对手的人，不管你们有什么矛盾，或者争夺的东西是什么，只要你有一颗包容的心，再大的“仇恨”也能够被你的宽容与自信消融掉。

小人物与大人物的最大区别，就在于大人物的眼中没有敌人，只有朋友。

当一名政客想报复自己的对手时，我给他讲了一个中国古代的故事。

在中国古代的一个小镇上，王氏家族和胡氏家族两家世代为敌，两户人家只要一碰面就会动起手来。一天晚上，王虎与胡一遇见了，倒没有开打，两人一前一后走在小路上，保持着距离，互不理睬。

天色渐渐暗了，走着走着，突然王虎听见前面的胡一“哎呀”一声惊叫。原来，胡一掉进黑暗的沟里了。王虎看见后，连忙赶上前去，心想：“无论如何总是条人命，怎能见死不救呢？”

王虎隐隐约约看见胡一在沟里挣扎，他急中生智，连忙折下一段枯枝，迅速递到胡一手中，将胡一拉了上来。

胡一获救后，怀疑地问：“姓王的，你为什么救我，不会安了什么坏心吧？”

王虎很认真地说：“为了报恩。”

胡一听了更为疑惑：“报恩？我对你的恩从何而来？”

王虎郑重地说：“因为今夜在这条路上，只有我们两人一前一后在行走。刚才你遇险的时候，要不是你的一声‘哎呀’，第二个掉进沟里的人一定就是我。所以，我哪有知恩不报的道理？因此，我应当感谢你。”

当他讲完这番话的时候，两个人的双手已经紧紧地握在一起了。

可以肯定地说，一个人的包容心有多大，那他的世界就有多大。现实中，我们经常会包容自己的朋友，特别是不反对你的那些朋友，但这并不是真正的

包容。真正的包容应该是包容一切，包括去包容你的仇敌！

★没有谁会比你的敌人更了解你

林肯在1860年被共和党提名为总统候选人，并且在竞选中获得了胜利。在竞选时，他的强敌斯坦顿因为某种原因一直憎恨他，总是毫无保留地攻击他的外表，并且想方设法在公众面前侮辱他，使他难堪。

在当选为美国总统之后，林肯着手组建他的内阁，其中要选一位重要的参谋总长，这时林肯选了谁呢？正是一直在攻击他的斯坦顿。这个消息传出去以后，街头巷尾议论纷纷，一片哗然。

有一个心腹看不下去了，就跑过来跟林肯讲："我亲爱的总统先生，这次您恐怕选错人了吧！您难道不知道斯坦顿从前如何诽谤您吗？我敢肯定，日后他一定会给您制造麻烦，您务必要三思而后行啊！"

林肯笑了笑，对自己的心腹说："没错，斯坦顿是我的死敌，这一点我并不否认，但这只是竞选总统时的情况。当然，我也知道他对我的许多批评都是空穴来风，但是为了国家的前途，我觉得他最适合担任这个职务。"

就这样，林肯力排众议，果断地任用了斯坦顿。后来，斯坦顿果然没有让林肯失望，做出了不少贡献。

这就是我要说的，没有谁会比你的敌人更了解你。因此，从某种程度上来讲，你真正的死敌，恰好就是你的知己。

有时候，两个人在观点上的分歧，并不会影响他们在为人做事上的互相认同。在更高的利益层面上，私人的恩怨其实相当渺小。大人物会拿出度量来包容对手；小人物则习惯永远与对手争斗和对立下去，只想拼个你死我活，那么最后就只能是两败俱伤了。

什么是成败得失呢？任何成功和失败都只是暂时的现象，世界上不存在永久的和绝对的成功与失败。因此，你懂得善待那些失败的对手吗？如果你不懂，那么你就永远不了解你的敌人，也无法了解你自己。

★不能包容，你就会被打败

包容敌人，就是促使自己不断地进步。

如果你不能包容你的对手，你一定会被对手打败！

因为敌人最清楚你的弱点，他们甚至掌握了让你真正致命的死穴。在这个世界上，只有你的心胸足够宽广，只有你站的位置足够高远，才能有值得尊重的对手，而不会有真正的敌人。

Part 11 第11部分

交朋友的原则与底线

人际交往的一个原则是，如果一个人凡事只想着自己，而不去考虑他人，那么必然被视为自私自利的人，得不到他人的支持和欢迎。在与人相处时，我们既要多想想自己，也要多想想别人，兼顾各方面的利益。

◎在社交中通行的不是贪图便宜！

贪心是人的本性，但战胜贪心，是人性的升华。当然，能否战胜贪心，也是你能否拥有好人缘的一个重要判定标准。

一个不喜欢占别人便宜的人，生活也不会让他吃亏。许多人都不相信这一点，所以他们拼命去贪图小利，不想放过眼前的每一分钱。如果他们只看到眼前的利益，而没有想得更长远，那么他们最后一定会吃大亏。

★绝不为了成功不择手段

李嘉诚在讲述他的核心成功秘诀时，只向人们说了一个字：诚。“我绝不同意为了成功而不择手段，如果这样，即使侥幸略有所得，也必不能长久。”

我们当然都知道“诚”字是什么意思，但具体应该如何践行呢？

李嘉诚发家是从生产塑胶花开始的。起初，曾经有一位外商希望大量订货。为了确认他的供货能力，对方提出必须找一个有实力的厂家作为担保。李嘉诚那时候是白手起家，没有什么背景，他忙活了很长时间，也没找到这个肯为他担保的第三方。

这时候换成你，你会怎么办？我将这个题目作为一道测试题，询问过许多参加人脉公关培训的创业者。让我感到遗憾的是，竟然有 20% 的人告诉我，他们会考虑采用“不正当”手段找到一个“担保公司”，以便取信于那名外商。

你看，许多人都不想诚实，只想在这时候投机取巧，所以他们无法成为李嘉诚。而真实的结果是，李嘉诚的实话实说感动了对方。外商对他说：“从你的坦白之言可以看出，你是一位诚实君子。诚信乃做人之道，亦是经营之本，你不必用其他厂商做担保了，现在我们就签合约吧。”

不过，李嘉诚仍然拒绝了对方的好意：“我能受到您如此信任，不胜荣幸，但我因为资金有限，短时间内无法完成您这么多订货。所以，我还是很遗憾不能与您签约。”

这位外商大受震动。他实在没有想到，在这个无商不奸的时代，竟然还有这么一位诚实的商人。于是，外商决定即使冒很大的风险，也要与这位罕见的诚信君子合作。

他说：“你值得我去冒险！”

外商决定，预付货款，以便为李嘉诚扩大生产提供足够的资金。外商的鼎力相助，使得李嘉诚既扩大了生产规模，又拓宽了销路，由此他非常顺利地走上了发迹之路，最后成了香港著名的塑胶花大王。后来，他垄断了香港首富的宝座长达几十年。

关于李嘉诚，还有一则故事，证明了他是一位与“不择手段”绝缘的商人。同样是在创业初期，因为资金不足，他只好雇用了一些只经过短暂培训的工人进行生产，结果产品的质量很差，很多客户前来退货，要求他赔偿。原料商听说以后，也扬言要停止给他供应原料。银行在这种时候，当然也要过来催收贷款。

许多企业家都是在这种情况下倒下的，李嘉诚的事业遭遇了前所未有的困难。他是怎么做的呢？他没有抵赖，也没有把工厂一关，就带着现金跑路，而是向银行、原料商和客户负荆请罪，该赔钱的赔钱，该退货的退货。

人们宽容地接受了他的道歉，对他诚实守信和脚踏实地的品质更加欣赏，也更愿意与他做生意。

李嘉诚树立了一个好名声，慢慢地发展了起来。

★不要拿别人当你的垫脚石

斯坦利·麦克里斯特尔是原美国四星上将，也是特种部队的总司令。他毕业于西点军校，曾经率部活捉萨达姆。奥巴马上台后，他被任命为驻阿富汗最高指挥官。这样一位优秀的人物，却因为在2010年的6月份，公开在记者面前贬损奥巴马和副总统拜登以及白宫的安全团队，来显示自己的出众，从而被美国政府解除了军职，取消了军衔。

有些人在工作和人际交往中，会显露出一种极为恶劣的本性。他们为了抬高自己、显示自己，不惜把别人踩在脚下，把别人当作自己成功的垫脚石。有一位国内的朋友到纽约出差，和我见了一面，他对我讲了在国内流行的一种“爬树理论”。

“竞争就是爬树，你需要抓住上面的树枝，借力往上爬，然后把这根树枝踩在脚下，踩着它你才能继续往上攀升。同时，你还要不时砍掉一些挡住你道路的树枝，砍出一条通道。这样你才能爬上树。”

我问他：“这是国内的职场人士都相信的理论，还是一种人人崇尚的官场定律呢？”他却摇摇头，没有细解释。

显然，他知道我一定能洞察其中的奥妙。没错，每走一步，都能找到一块垫脚石，无疑会加快自己的速度——理论上是这样的。但是我告诉你，在实际操作中，你这么做一定会出现“聪明反被聪明误”的结果。

采取这种行为的人，最终非但不能获得成功，反而会重重地摔到地上，万劫不复。

★不要把别人当作你赚取利益的牺牲品

韩复榘是中国历史上一位非常复杂和充满争议的人物。他曾经是冯玉祥的心腹大将，很受冯玉祥的看重，不但做过国民革命军第二集团军第六军军长，而且还被任命为河南省政府主席。在蒋冯战争中，蒋介石派人去收买韩复榘，当即送给他军费100万元，并许诺韩复榘的河南省政府主席职务不变，同时在以后的每个月给他军费60万元。

看到这么好的条件，韩复榘立刻就答应了。一夜间，他就从讨蒋的主力摇身一变，成了蒋介石讨冯的主力。冯玉祥得知后，只好无奈地通电下野，宣告自己的失败。

出卖冯玉祥的韩复榘就此飞黄腾达了吗？没有！他在将介石集团中备受排挤，最后还因抗战不力被枪决。为了一点儿暂时的利益，他最终丢掉了性命！

今天的世界中，像韩复榘这样的人仍然不少。无论华人社会还是欧美社会，到处都潜伏着为利益不惜一切的人。他们一有机会，就会毫不犹豫地出卖别人，来赚取自己的利益。

出卖别人，或许会让他们获得一时之利。但他们想不到的是，在出卖别人的同时，他们也出卖了自己的人格与尊严，从此将再难以得到他人的尊敬与信任，也无法再得到他人的重用或者真诚的合作了。

无论哪个时代，也不管是谁，想靠出卖他人、拿别人做垫脚石来为自己赚取名利的行为，受到伤害最大的，都会是自己。如果你仔细研究那些伟大人物的成功史，你会发现，他们从来都不齿于做这种事情。哪怕付出自己的生命，倾家荡产，他们也不会做出这种事情。

因为他们知道，贪图这种便宜，只会使自己在最后付出十倍乃至百倍的代价。

◎永远不要吝啬你的善意

“你想别人怎样对待你，你就要怎样对待别人！”

我把这句话写在了自己的办公桌上很显眼的一个地方，包括我在内的每一位进入房间的人都能看到。我希望它时刻警醒我自己、我的下属和我的客户。

这是一句两千年前的名言，影响了两千年来无数人的处世态度。当你像对待贵人一样对待他人时，他人也会给你相同的回报。

★重新定义“成功”

“成功到底是什么？”

这是我们迫切要搞清楚的一个命题。不了解什么是成功，你就不懂得如何去定义人脉。

某企业的行政主管里尔斯芬向我解释他对于“成功”的看法：“成功就是赢得更多的物质。在美国社会，我认为没有财富就会被人鄙视，这是一个物质至上的时代，有了钱就意味着成功，也就得到了人们的羡慕和追随。因此，现在我无法使自己的人脉更为高级，是因为我的地位还不够高，当我能在夏威夷和地中海买上两栋海滨别墅的时候，我的家庭聚会的参加者就会越来越多。”

我说：“那么，在你看来，成功就等于钞票、豪车和别墅的数量吗？”

他点头说：“是的。”

里尔斯芬从得克萨斯州到华盛顿参加我的高等人脉公关培训已经有3期了。在之前的谈话中，我发现他不断地表现出强烈的物质至上主义。在他的心目中，成功便是让自己得到物质满足。也就是说，他认为好的“人脉”其实是好的“物质”的附庸。

但现实是他大错特错。发生在里尔斯芬身上的故事，让我们不得不通过漫长的“疗程”告诉他一个被他误解许久的真相：正是由于他的这种错误观点，朋友才与他保持距离，就连最亲近的家人也对他抱有戒心，因为他对物质的追求太过狂热，到了对其他事物完全冷漠的程度。

里尔斯芬用功利的标准看待事物，比如：“这件事没有好处，我为何要做？”“好处是什么？”“请用美元的数额来换算。”

如果一件事不能让他的银行存款增加，或者给他的晋升带来推动，他就宁愿袖手旁观。哪怕这件事对于别人来说特别重要，人们希望他能伸手相助，从他这里感受到友好的信号。

里尔斯芬的母亲向我讲述了另一件“小事”。他们的邻居斯蒂太太家中的水管坏了，但男主人不在家，斯蒂太太又找不到工具，便过来敲门，礼貌地邀请里尔斯芬和他的母亲去自己家做客。邻居准备好了丰盛的水果和点心招待他们，顺便请里尔斯芬帮忙修一下水管。

里尔斯芬的母亲热情地说：“您太客气了，我们一会儿就过去帮您修好，您别担心。”

但是1个小时后，里尔斯芬仍然待在自己的书房没有动静。他的母亲叫了他6次，平均每10分钟便过来敲一下他的房门，告诉他，应该拿着工具出发了。斯蒂太太的房子就在他们的对面，只有30米的路程。修一下水管用不了20分钟，也没有什么危险。

“孩子，你在等什么呢？”

里尔斯芬的房门紧闭，他在里面冷冷地回答：“我在看股票价格，与邻居的水管比起来，这是更重要的事，妈妈！”

噢！这非常让人失望！不是吗？

里尔斯芬显然没有明白，一个人的成功首先是带给别人欢笑，而不是只让自己快乐。他错误地认为，自己现在人脉不够好，是因为还不够“成功”，却并不清楚其实他已经相当“成功”，是行业名流，还是媒体的重点关注对象，但为何他的人脉圈还是如此狭窄呢？

有一个关于教育的故事，讲的是中美两国的孩子，他们分别在自己的作文中写道：将来我的志愿是当一名小丑。老师看了这篇作文，他们的反应是什么呢？

中国老师生气地说：“你真是一个没出息的孩子，回家叫你父母过来！”

美国老师则笑着说：“孩子，这真是一个不错的理想，希望你能把欢笑带给全世界！”

这才是成功的真正价值！很多人狭窄地界定了成功的定义。由于这种定义的偏差，使得多数中国人在看待人情世故和人脉关系时，往往在主观上将其定义为一种功利的工具，只想从“人脉”中索取，不想付出。

因此，我发现许多中国人虽然在嘴上大谈善意，但他们在现实生活中的实际行动，离这个词有着非常遥远的距离。

直到进行了 4 期的培训和咨询之后，里尔斯芬才意识到了自己应该做出的改变在什么地方。我对他说："你不用做得太多，只需要在你的生活中，对他人付出一点点善意就可以了。你不用掏钱施舍给别人，你的银行存款不会因此损失 1 美分，你只要每天都对别人付出一些微笑，提供一些力所能及的帮助就可以了。比如帮助邻居修一下水管，周末邀请朋友到你的家中做客。"

当他重新定义了成功之后，就从根本上扭转了被动的人脉局面。思维的转变带来的是行为的改善。通过一点一滴的努力，里尔斯芬在随后的生活中迎来了积极的改变。

后来，他给我发了一封邮件说："我的心态已有所改变，因为我看到了生活的美好，谢谢！"

★关系就是"人心"的存折

美慧子小姐作为松下公司的一名职员到美国出差，参加了一个家用电器的展览会。午餐就在展览会楼下的快餐厅里自行解决。当时人很多，美慧子刚坐下，就有人问："我可以坐在这里吗？"

她抬头一看，是一位美国老头正端着饭站在她的面前。她忙指着对面的位子说："您请坐。"接着就起身替他去拿刀、叉、纸巾这类东西。因为她发现这个老头的年龄很大了，担心他找不到，便也帮他拿了一份。

老头笑着致谢。美慧子忙说："不客气，只是举手之劳，也是我这个年轻人应该做的。"

一顿饭很快就吃完了。老人临走时递过来一张名片，对她说："这位女士，如果你以后有需要，请与我联络。"

美慧子双手接过来一看，原来他是芝加哥当地一家大型电器公司的总裁，是作为展览方的代表来这里参加电器展览会的。

两年之后，美慧子离开了松下公司到美国发展，她在芝加哥注册了一家小型的电器代理销售公司，开始了自己创业的生活。但是生意做了不到1年，她的主要客户突然不给她供货了，这让她陷入了巨大的危机。作为一家缺乏实力的新公司，规模又小，再去寻找新的客户，难度可想而知。

难道我一起步就要破产吗？美慧子伤心地想，几近绝望。无奈之际，她突然想到了那位老人，就抱着一线希望发去了一封简单的电子邮件。第二天上午9点，这家大型电器公司的销售部总监就来到了她的办公室，和他一起来的，还有一份已经拟定好并且由总裁签字的合作协议，而且还准备好了一笔丰厚的销售代理定金。

这是多么优厚的条件！美慧子顿时惊呆了，她小心翼翼地问："我这里只是一家规模很小的新公司，您信得过我吗？"

这位总监笑道："我也曾有此疑问，但是我的老板告诉我，他相信人心的价值胜过任何财富！所以，这就是您的资本，与公司的规模没有任何关系！"

当初给那位老人小小的帮助时，美慧子并没有想到会有这样的回报。但正如一本畅销书中所写的："人心就像一本存折，只有打开来看，你才知道到底存有多少收益！"

关系，其实就是一种关于"人心"的存折，需要你用一点一滴的善意去积累，容不得半点儿侥幸和投机。善意会为自己带来人性的光辉，有时候只是一种简单的助人行为——假如你找对了目标，就能收获巨大的信任和让你一步登天的资本。

当然，这也要取决于你的运气！

中国人有句话，叫作"种下什么样的因，就会有什么样的果"。其实，全世界都相信这一点。这是亘古不变的关于人性的定律，也是我们的人脉理论的坚实基石。

不论你现在拥有什么，或者曾经失去了什么，你都要永远地记住：用你的善良做底色，你就一定能收获别人的善意，突破现实人脉的瓶颈，为自己创造出一个不可思议的"奇迹"。

★付出你的善意，才能心想事成

做人最宝贵的品质就是“善良”。在别人的评价中，你可以不够好，可以不是一个好人，但绝不能是一个“坏”人。失去了最基本的善良品质，我们也就丢掉了与别人交换信任的资本。

美国前总统林肯有一次经过一片沼泽地时，发现有一只小鹿掉了进去，正在不断地叫着。林肯犹豫了，当时他穿着仅有的一套衣服，没有别的衣服可以替换。他无奈地摇了摇头，又开始赶路，但不一会儿他又折了回来，因为他听见小鹿的叫声于心不忍，就把小鹿救了上来。虽然衣服弄脏了，可他对此并不后悔。

事后，有一个朋友问他：“为什么又返回去了呢，你没有考虑到你只有这一套衣服吗？”林肯淡淡地回答：“生命是很宝贵的，衣服不算什么。人的形象与生命的价值相比，其实也不算什么。”

你自己抱持善意，再去期待对方善意的响应，多半就能心想事成。如果你自己内心存有恶意，然后却假装善意，去期盼得到侥幸的运气，那么我只能说，幸运离你还有很远的一段路。

人和人交往要看彼此的付出。你对他好，他没有理由不对你好。你送他一杯水，他即便不还你一碗粥，也不会朝你扔一块石头。当然，我们必须排除碰到个别难以想象的“坏人”的情况。你会发现，大多数人只要你对他表现出友好的善意，他就一定不会对你冷眼相加，还会给你善意的回应。

同样的道理，如果你一开始就认定对方缺乏诚意，对他采取了冷漠的态度，而对方又十分敏感的话，他一下子就能看出来，当然不会积极地响应你。在人际交往中，这是十分自然的事情。

在你表达善意时，要多替对方着想，采取换位思考的方法，站在对方的立场去思考一些问题。只有这样，对方才能依据交互精神，同样站在你的立场进行思考。

每个人都将心比心，组成的人脉圈才会不断地扩大，将有此共识之士吸引进来，搭建一个优质而又温暖的交流平台。

人际交往的一个原则是，如果一个人凡事只想着自己，而不去考虑他人，那么必然被视为自私自利的人，得不到他人的支持和欢迎。在与人相处时，我们既要多想想自己，也要多想想别人，兼顾各方面的利益。

有一句话是："我们要在前半夜想自己，而在后半夜想别人。"但在现实中，许多人总是在前半夜想着自己时就睡着了，从来不会想到别人，更不用说长久地对别人付出自己的善意了。

"你们是重要的！"这是一位幼儿园老师最常对孩子们讲的话。

请记住这句话，因为这将是我们与人交往的心理基础。付出你的关注、热情和祝福，用你的心去包容他人，期待对方过得更好；反过来，他也将对你有同样的祝福与期待。

一个尊敬别人的人，同样会受到别人的尊敬。就像照镜子，当我们愤怒的时候，镜子里的人也会愤怒；当我们微笑时，镜子里的人也会微笑。

◎ 1 杯咖啡赢得 1 亿美元

我们需要将生活中的每一个细节做好，就像美慧子小姐一样。其实，细节本身并没有多么神奇，它的神奇之处在于其中蕴含的"善意"可能会引发威力惊人的"连锁反应"，从而在后续的链条上，将成功的要素或失败的因素无限放大。

当你真正能够用心做好细节时，就可以抓住那些通往成功和拓展自己人脉的机遇，帮助你获得超越他人的竞争力。

★时机只是一个充分条件，价值才是必要条件

在恰当的时机，你做了一件重要的事情，虽然投入很小，回报却相当惊人。

在 2005 年，我和史密斯进行了公司成立以来最大的一笔融资。高盛公司

的顾问路易斯是我们多年的朋友，通过他的操作，我们的融资计划报到了高盛的管理层，并很快获得了正式面谈的机会。

现在回忆起来，我可以用“凶险”一词来形容当时的情景，我心里根本没有底，也没有任何把握。但是，一个充满温情的细节，使我们赢得了高盛公司高层的信任。他们决定忽视政治方面的风险，果断地将钱投给我们。

在那半小时的会谈中，对方带来了十几个人的团队对我们进行考察。因为会议室的空间有限，只能容纳 8 个人，所以高盛公司的几名融资顾问，只能坐在会议室的外面等候。见到这种情况，我特意到休息室为他们每人冲了 1 杯咖啡，并且亲自将杯子端到他们面前，请他们在外面休息。

事情就是这么简单，这是一个很平常的细节。但我没有忽视掉，于是就为我们带来了高达 1 亿美元的投资。这些顾问人员对我们公司的风险评估都是最低——当然，我相信是我们公司良好运行的现状打动了他们，起到了决定性的作用。

但是，这 1 杯咖啡的价值呢？我可以告诉你的是，当合作达成后，我与这些融资顾问都成了交往密切的好朋友。

下面，仍然是一个因为付出而得到的故事。

有一次，成功学家拿破仑·希尔应邀去一所学院演讲，他受到了从未有过的热烈欢迎。他感到不虚此行，因此婉言谢绝了校方付给他的 100 美元报酬。

第二天早晨，那所学院的院长对学生们动情地说：“在我主持这家学院的 20 年期间，我曾经邀请过几十位人士前来发表演说。但这是我第一次见到有人拒绝接受演讲酬金，因为，他认为自己已在其他方面有所收获，足够充当他的演讲酬金。这位先生是一家全国性杂志的总编辑，我建议你们每个人都去订阅他的杂志。因为，像他这样的人一定拥有许多美德及能力，而这样的美德及能力是你们将来离开学校、踏入社会必须学的。”

不久，拿破仑·希尔主编的《希尔的黄金定律》杂志社收到了这些学生 6000 多美元的订阅费。在以后的两年中，这所学院的学生以及他们的朋友，一共订阅了 5 万多美元的杂志。

100美元和巨大的销量相比，算得了什么呢？

这是一个在付出时并不期望回报，然而却出人意料地得到了良好收获的典型案例。在这个世界上，人们总是在追逐利益，功利地生存着，同时希望获得更多的财富，但人们的内心真正敬佩、尊重和渴望报答的，永远都是那些具有高尚品德和良好声誉的人。

★“细节”决定你的回报

高明的人可以通过一些细微的行为，观察和判断一个人的内在价值。这就是“细节决定命运”的真正含义。

我有一次去北京出差，一个朋友跟我讲了他的公司的一个招聘案例。有一个刚毕业的大学生到他这里应聘待遇优厚的财务主管。这个人的能力非常不错，学位证书、注册会计师证书、荣誉证书等带来了一大包，而且他很有自信。

“但是，我决定不录用他。”

“为什么呢？”

能力突出的年轻人为何在面试时被刷了下来？因为他的衬衫少扣了一粒纽扣。虽然他是一个男人，而且这件事跟他的业务能力也没有什么关系，两者风马牛不相及。但是，朋友就此判断：这个人做不了财务主管。

我说：“是的，财务主管一定要心细如发，这个人的失误看似是小事一桩，实则非常关键。那么，即使他对这份工作非常有诚意，也是无法被录用的。”

我相信许多人已经明白自己在公司晋升很难的原因了。你的上司为何不青睐你呢？因为你在写备忘录、留言、商业信函或履历表的时候，经常有错别字出现，而你自己丝毫没有意识到，这关系到你的细节处理能力。

老板其实一直在观察你，只不过你对此缺乏知觉。所以，不要怪自己的运气太差或者人缘不好，是你没有表现出能够成功的能力。

我们在生活中的细枝末节，最能体现出一个人自身的修养。这种心灵深处的东西，才是决定命运的关键因素。可以说，“对细节的观察”和“对细节的处理”这两项能力，将在很大程度上决定你的事业成就和人脉层次。

◎蹲下身子，你就能跳得更高

我曾经为客户讲了罗特席尔德家族的故事，在这个富可敌国的传奇家族中，最著名的一条家训是：“我蹲下和跪下，不是为了别的，只是为了跳得更高。”

隐忍既是对于现实的聪明妥协，又是对于他人的一种尊重。用中国人的话说：“山外有山，人外有人。”你不要忽视任何人的实力，因为骄傲自大从来都是毁掉你的人脉和事业的毒素。

在跳高比赛中，选手在纵身跃起的瞬间，必定有一个屈膝的动作，以便使自己的起跳腿用力地摆出。这个动作完美地阐释了一个人从“隐忍”到“爆发”的过程。

当你还不是足够强大时，决不能放弃忍耐的品质。低下头，蹲下身子，默默地积累实力，用隐忍来换取空间，用慷慨来争取支援！

★懂得低头，你才能出头

有人跑去问苏格拉底：“先生啊，您是天下最有学问的人了，那么您说，天与地之间的高度是多少？”

苏格拉底马上回答：“只有 3 尺高！”

对方很不以为然，反驳道：“天与地之间只有 3 尺，我们每个人都有 5 尺高，那不是把天顶破了吗？”

苏格拉底说：“因此，一个人想要立于天地之间，就必须懂得低头。”

低头不但是一种智慧，而且是一种做人的境界。低头可以让自己看清脚下的路，更容易让他人接受自己。特别是在身处困境的时候，只有懂得低头，有朝一日你才能出头！

拳头，只有收回来再出击，才能打疼别人！那些美国政商两界的名流人物，每个人都在这么做。你几乎看不到他们“张牙舞爪”的表演，因为他们都在做同一件事：妥协和隐忍，然后再去寻找最佳的机会。

如果一个人不明白藏巧于拙、以屈为伸，他在做人和做事时，就会急于求成，不讲究策略与方式。结果就是他的才华发挥不出来，他的人际关系很差，人人都想离他远点儿，没有人愿意与他合作。在他困难的时候，他不但找不到贵人相助，反而到处都是准备对他落井下石的人。因为对于这种人，大家都想踩一脚！

★放低姿态，是给别人"帮助"你的机会

如果你太强势，对方应该怎么办呢？对方会对你采取什么态度呢？

前几年，麦克森公司曾经有一位毕业于哈佛大学的高才生雷尔，他的经历已成为业界的谈资。雷尔在哈佛时就以一副革新家的面目出现，时常对各种问题指手画脚，表现强势。进入麦克森公司以后，他雄心勃勃地想做一番大事业。入职不到1个月，就对自己的顶头上司感到了强烈的不满，他给公司高层写了一封洋洋洒洒的意见书，大谈上司的管理问题，并列举了高层的一些弊端。

雷尔的眼光无疑很正确，对某些地方的观察也堪称敏锐，他的一些建议也是正确的。但结果怎么样呢？顶头上司的愤怒就不说了，麦克森公司的高层在收到这封群发邮件后，估计当晚也没睡好觉。

没过几天，雷尔就被麦克森公司以"试用没通过"的借口除名。随后，雷尔好像成了这些大公司集体排斥的病毒，没有一家公司愿意对他打开大门，甚至有的面试官会专门查看是否有一个叫"雷尔"的人漏网了，混进了他们的面试名单。如果有，他们的选择是：坚决把他剔除。

你只有放低姿态，别人才能给你发展的空间。否则，结果只能是相反的，大家都恨不得踩死你，怎么可能把机会送到你的面前？

在国内，经常有人问我："李先生，我前几天刚晋升为公司的中层干部，我怎样才能继续往上晋升，是不是应该做一些实事，大力提升公司的业绩？解决公司内部的一些问题，体现我的价值？"

我就问他们："具体讲讲，你怎么来做这些实事？"

他们的回答都很相似：先改革自己的部门，让手下的精神状态和工作效率焕然一新，然后对公司的整体发展做出贡献，比如，解决一些累积已久的弊端，为自己打造一种雷厉风行的形象。

对此，我给出了相反的建议："如果你们真的想继续晋升，不妨去看一下刘邦和朱元璋是怎么做的。"

这两位历史上的枭雄不可谓没有能力，但他们在发展的过程中，即便实力已经相当强大了，也仍然将自己放在一个很低的位置上，将自己装扮成一个有理想但还缺条件去实现的人，从而避开了竞争者（对手）的关注，赢得了十分宝贵的发展空间。

对这类人，愿意帮助他们的"人才"是很多的。我们也应该如此，常常低下头来，表现一下自己的低调和弱势，在人们的眼中就显得容易亲近。

◎现在，假如你身无分文

古今中外，都有一些白手起家，经过艰苦的奋斗才取得成功的人。如果你能看一看他们的故事，我相信比那些经典老旧的美国梦的故事，更能让你深思。

★白手起家的秘密

阿利杰斯集团公司的掌门人史蒂芬·比斯奥迪，已经创下了伟大的事业。他在8岁时就失去了父亲，母亲一人把他们兄弟姐妹3人含辛茹苦地养大。

史蒂芬的确是一个白手起家的人，无论金钱还是人脉，他都需要从零开始，一点点地积攒。他读大学的费用也是自己负担的，这意味着他要一边打工一边读书，同时还要积累日后创业所需要的资金以及人脉。

本科毕业以后，史蒂芬开始创办自己的人才服务公司。

到今天,《福布斯》杂志的结论是:这位出身于贫寒之家的富豪,如今拥有 13 亿美元的净资产。

我们也曾向学员分析美国房地产大亨里昂·查尼的发家史,以证明我们的观点是正确的。即,一个身无分文的人要想在这个人脉世界中脱颖而出,一定要具备某种高贵的特殊品质,才能克服常人难以抵御的诱惑和困难,赢得其他强者的赞赏,从而取得自己的成功。

里昂·查尼的父母是移民,在他很小时,他的父亲就去世了,家里一贫如洗。同史蒂芬一样,他自己负担了大学时的学费。当他创业时,他从曼哈顿的时代广场等成功的房地产项目中,获取的利益高达 10 亿美元,还开了一家律师事务所。

现在,里昂·查尼个人拥有的净资产已超过了 30 亿美元。

你知道他们为什么能够成功并且跻身于名流社会吗?

他们中间的大部分人,既不穿名牌服装,也从来不戴高价的手表。如果你有幸接触到他们的私生活,就会惊讶地发现另一件事:有近一半的亿万富翁是不会住在高档住宅的,他们中的绝大部分人也不喜欢驾驶当年的新款豪车,作风大多持重而低调。

我们的调查统计也发现,这些富豪的常用车的平均价格仅有几万美元。

接受我们的调查的人,大多拥有10亿美元以上的财富。他们像普通人一样,以前身上没有多少钱,也没有多少过硬的关系。如果我们说得过分一点儿,他们是从一个穷光蛋的圈子开始起步的,依靠自己的努力创造了巨额财产。

谈及怎样赚钱时,在他们的回答中,95% 的观点是一定要勤奋工作,这是首要条件,只有勤奋,你才有让人尊重的本钱;83% 的观点是有效的投资,认为眼光十分重要;在这些人中,还有 81% 的人提到了节俭,认为这是不可缺少的一个条件;另外,有 67% 的人在最后鼓励年轻人要敢于冒险,想法必须新颖,才能超越他人;当然,运气也是非常重要的因素,因为有 41% 的亿万富翁强调了这一点。

你会从我们的调查中看到,勤劳与节俭是多么宝贵的两种品质。对你来说,没有钱，也没有雄厚的家庭背景，你该怎么办呢？勤俭与节约等宝贵品质是让你得以成功的“不二法门”，也是让你跨入更好的人脉圈的品质保证，你必须让自己成为这样的人。

★身无分文时，应该如何寻找圈子

年轻的时候，即使你身无分文，穷得家徒四壁，拿不出哪怕1美元，甚至连吃饭也成问题，你也应该逐步为自己建立优质的人脉圈。

水的形状取决于盛水的杯子是什么样的，人的命运则取决于他结交什么样的朋友，而不是他现在拥有多少钱。

在这个世界上，没有一种事业是不需要人脉就能做成的。

与此同时，也没有哪一种事业是只有钱就能做成的。

你可以——任何人都可以两手空空地入场，但前提是你必须懂得从零开始的智慧！从你入场的这一刻起，你就要明白如何才能为自己寻找到一块立足之地，与他人结成同盟，找到与你志同道合的战友，共同去创造财富！

当你身无分文时，你就要坚持和遵守一个原则：与其让自己成为被别人感谢的人，还不如成为随时被别人需要的人。

只给过他人一时施舍的人，很容易被人遗忘。随时被他人需要的人，则会时刻成为他人关注的焦点。

当有人问我，作为一个穷人如何才能给别人留下长久的好印象时，我告诉他的原则就是：持续地体现你的善良和无私，长久地展现这些价值，你就可以不断地积累你的“人气值”！

在这个世界上，无论多么贫穷的人，都会有一个基本的交往圈子。这个圈子，就是他的人脉起跑线。

即使再穷的人，他其实也并不“穷”。在这个世界上没有完全“一无所有”的人，只有不想变得更加富裕的人。很多人之所以暂时还没有钱，关键是没有把自己所拥有的资源成功地转化为金钱。

一旦你开始思考，并充分地运用自己的头脑，发挥自己的优势，那些原本隐藏着的看不到的财富，就会在你的生活中源源不断地涌现，让你的圈子越来越大，让你的事业越来越发达。

请相信我，那些白手起家的亿万富翁，他们就是你可以参考的最好的例子。只要你学到了真正的积累人脉的智慧，拥有了奋斗不可或缺的最佳品质，就可以变得像他们一样出色。

Part 12 第12部分

眼界决定高度

你必须让自己从“羊群”中跳出来，才能超越“头羊”，成为人们争相膜拜的对象。也只有这样，你才能使自己具备与众不同的气场和魅力，使自己真正掌握成功的秘诀，不至于总被大众平庸或错误的判断而误导。

◎看到什么，你才能拥有什么

★一个人眼界的高低，决定了他对事物的判断

一个人眼界的高低，影响他的人脉积累，决定了他能拥有什么样的人脉圈，也决定了他的命运走向。

一个眼界高的人，对生活质量的要求也高。他比别人看得更远，追求的境界与庸人也大不一样。他的生活，自然会朝着自己所定的目标前进。遇到了挫折，他会想办法解决，而不是垂头丧气。

一个眼界低的人，因为看不透事物背后的本质和规律，常被表面现象迷惑。因此，他们很难有太多的想法与太高的追求，只专注于眼前的利益。他们见识浅陋，经常表现出“这样就很好”之类的肤浅的满足感。所以，他们的一生只能庸庸碌碌和默默无闻，做不出让人赞叹的成绩，人际关系也普普通通，只能生活在一个低质量的圈子里。

有一对父子经过五星级饭店的门口，看到了一辆十分豪华的进口轿车。我们经常在自己的生活中遇到这种事情：经过豪华的酒店，看到奢华的汽车，然后心里产生一些想法。这对父子在汽车旁就有了这样一番对话。

儿子很不屑地说：“爸爸，坐这种车的人，肚子里一定没有学问！”

父亲则笑了笑，回答说：“说这种话的人，口袋里一定没有钱。”

哪种感慨是你的真实想法呢？父亲的回答显然是正确的，他希望儿子能将眼光放得长远，而不是羡慕和嫉妒——这是最为浅薄和危险的情绪，意味着除了“痛恨”对方的富有之外，别无办法。

你对事物的看法，反映出了你内心真实的态度，也决定了你人生的档次和人脉的层级。

另一则故事，讲的是台湾的两个观光团到日本的伊豆半岛去旅游。路况很坏，到处都是坑洞。其中一位导游连声抱歉，说这块路面简直像麻子一样。另一位导游的解释却大为不同，他诗意盎然地对游客说：“诸位先生，我们现在走的这条道路，正是日本赫赫有名的伊豆迷人的酒窝大道！”

观光团的人看到了同样的路况，产生的却是不同的感受。导致人与人之间差距的是不同的人生态度。如何去想，决定权总是在你自己的心中。眼睛看到的是丑恶还是美丽，看到的是机遇还是危险，都取决于你自己。

我跟许多人出外旅游过，有客户，也有亲朋好友。他们多是游山玩水之人，也不乏经历丰富的背包客。在这个过程中，我最大的感慨便是人与人之间内涵的差别：有的人用心体悟每处风景，用心思考每一次经历，用发展的眼光看到了未来；另一些人却常用抱怨来对待身边的事物。

公司的一位客户查理先生，在夏威夷的海滩上皱着眉头对我说：“天气真是太热了，沙子烫脚，我身上的皮都快掉了！”说完顺手就将饮料瓶扔到一边。这种违反公德的行为招来了旁边游客反感的目光。

我站起来，邀请他：“既然这样，这可是一个下水游泳的好时机，体验一下海水的凉爽，感觉一定很好！”

查理说：“噢，上帝，这真是个好提议。”

乐观的心态和成熟的心智，才是你“眼界”的体现，决定着你的内涵处在哪一个层次。

每个人心中的目标不同，对生活的追求不同，所体会到的风景与感受当然会有不同。不同圈子的人，往往会在看待事物的眼光和心态上体现出非常悬殊的差距！

一只老鼠，只能看见它的鼻子前方不过一寸距离的东西；一只老鹰，自信地在天空翱翔，方圆数十里内的动静都逃不过它的眼睛；一只老虎，也可以看到几百米外一只野兔正在草丛中觅食；但对于野兔来说，受困于视力的局限，它只能束手待毙。

眼界的高低，决定了一个人内心世界的大小。人和动物一样，命运取决于眼中的世界和胸中的格局。

★眼界决定高度：目光长远，才能拥有更多财富

国内有一本很有名的有关胡雪岩的小说，我多次在美国的培训课上举到里面的例子。其中有这样的一句话：

“如果你拥有一县的眼光，那你就可以做一县的生意；如果你拥有一省的眼光，那你就可以做一省的生意；如果你拥有天下的眼光，那你就可以做天下的生意，目光长远，才会拥有更多财富。”

眼界不但是你看待事物的心胸问题，更是财富和命运问题。你的目光有多长远，财富就有多大，人脉就有多广！

有一家小店是专做窗帘的，生意很差，只能勉强维持生存。老板发现这样不行，再耗下去早晚是死，就去请教一位高人。他想转行或者开发新的产品。

“你是做什么生意的？”

“窗帘生意。”

“不，你的生意是为人们调节光线。”

老板顿时醒悟了。因为简单的一句话，就让他从思考如何生产更多的窗帘，转而思考如何运用各种材料、方法来调节光线。这家店的命运完全改变了。

决定高度的是眼界。有时候，仅仅改变一下我们的认知，就能释放出巨大的能量，将原本的困局变成很好的发展机遇。

一个人的成功，来自于他对人生、市场或者某种关键事物认识的透彻程度和远见卓识。他对事物分析得越透彻，就越能增强他识别特殊需要的信心，也就越能制止他继续冒险的冲动和行为，从而做出最理性的决定。

一个眼界高远的人，完全可以从一家小公司慢慢地开创出一门生意，甚至创造出一个新的行业。

于是，每个人都想结交你这样的朋友。

★什么是眼界？就是去做“对”的事

我常对听课的学生讲：“思路对了，你的出路才有了；方向对了，你的未来才打下了坚实的基础。选对方向，比努力做事重要；去做一件对的事情，远比你将一件事情做到极致要好。”

美国五大湖区的运输大王考尔比，是足以列进美国成功者名人堂的人物。他刚工作时很贫穷，但是他工作了一段时间后，就觉得工作职位的视野过于狭小——除了忠实地、机械地干活以外，没有任何发展前途可言——已经不能适应他的远大志向了。他发现，只有爬到最上面，位于最上层，才能把握自己的命运。

考尔比辞掉了这份工作，在赫约翰大使的手下谋得了一份工作。赫约翰大使后来成为美国国务卿、驻英国大使。而在此之前，考尔比就已经预见到，与这位大使共事，对自己必定会产生积极的帮助，使自己在将来取得更大的成就。

这就是做“对”的事情。看到问题，不如看到高度。站在一个稳固的圈子里，不如挤进一个更高级的圈子。

简而言之，这是一个你应该认真思考的问题：“人生应从什么样的高度开始？”

有的人开始工作时，常会犯一个错误，他们觉得能生存就不错了，从哪里开始都一样，并且安慰自己：“你不会在这个地方待太久的。”结识人脉也一样，他们在心里想：“我先在这个圈里混一混，有机会再去结识更好的人脉，我相信自己能做到的。”

遗憾的是，他们中的大多数人在某一个圈子待久了之后，便很难再有新的发展。他们或者被这个圈子同化了，或者因为暂时的需要，慢慢地就习惯了这种安逸。即便这并不是他们真正想要的，他们的体内也产生了继续待下去的惰性。

对于这个问题，拿破仑·希尔认为：

这种从基层干起，慢慢往上爬的观念，表面上看来也许十分正确，但问题是，很多从基层干起的人，从来不曾设法抬起头，以便让机会之神看到他们。所以，他们只好永远留在底层。我们必须记住，从底层看到的景象并不是很光明或令人鼓舞的，反而会增加一个人的惰性。

有些想法看起来务实，本质上却是一种短视。稳定的生活不一定就是对的，看似冒险和高攀之举，很可能正是一种“对”的事情。

据我观察，国内很多大学生在毕业后，都习惯用一种“脚踏实地”的借口来安慰自己，从而在漫长的时间里，一直在较低的工作圈、人脉圈中挣扎，逐渐丧失了最初的理想和热情，最后彻底迷失了方向。

因为一个人每天被一成不变的工作追赶着和压迫着，面对和自己同等层次的圈子，就会对自己的工作和生活方式习以为常，最终连从这种生活方式中逃脱出来的欲望也都消失殆尽。

一个眼界高远的人，要尽量从比较高的层次起步。像考尔比一样，直接去结识对自己的命运有着决定性作用的人脉，或者从具备更高发展前景的工作开始。这样就会避免最底层的单调生活的折磨，避免形成过于狭隘的思想和悲观的论调，尤其可以避开那些烦琐和低层次的斗争。

事实也确实如此，处在一个较低的层次上，由于资源和机会有限，加上人员的素质参差不齐，人与人的斗争与内耗往往十分激烈而且赤裸裸。圈子的概念在这时只是表现为互相利用和争夺，不会起到相互帮助的作用。在这时谈人脉的作用，往往会被人们嗤之以鼻。

有一次，我在国内的大学谈到这个话题。一位教授的比喻很形象，他说：“在社会最底层的圈子里，人与人关系的本质是互相比烂，而不是去学习对方比自己高尚的地方。”

最后，许多人在到达更高一层之前，就已经元气大伤了。他们把太多的精力消耗在了这种无意义的人际泥潭中，丧失了前进的动力。

有一位到了40岁还去读MBA的人对我说，他在这岁数还来读MBA，只是为了越过一些思维的层级，拉近和那些优秀人物以及高质量人际圈的差距。

我说："这正是你高明和清醒的地方。"

他原来的公司相当保守，暮气沉沉，喜欢论资排辈。这在美国简直是一个异类公司，但它真实地存在着。他作为华人在这里工作，环境和待遇可想而知。他虽有能力，却始终是一个小跟班，10年来参与不了任何重要的事情，同时也得不到真正的锻炼。

他决心改变自己的眼界，并做出正确的决定。所以，他果断地选择了离开，越过了一些也许永远都难以接触的层级，直奔他人生的"主题"。虽然MBA的课程读起来很辛苦，但他乐在其中，因为他知道辛苦的后面是什么。

后来，他给我发来邮件，告诉我，他现在已是一家大公司的高级主管，年薪超过200万美元，而他原来的年薪不足20万。

因为眼界的改变，他坐到了最适合自己的位子上，成功地进入了另一个圈子。

现在，你知道自己该怎么做了！只要你觉得自己是有能力的，不妨把目标定得高一点儿，给自己规划一个更好的人生：

我们必须知道自己未来想做一个什么样的人，并让自己一开始就尽量向这个目标靠近。

◎明确你的人生目标

一个人如果没有树立明确的人生目标，就好像一条船在海里漫无目的地漂荡。不管它在巨风大浪中漂了多久，有过多少经历风浪的经验，它始终都不会到达目的地，这样也就失去了存在的意义。

一个人的人生目标，影响着其人生的高度和最终的质量，甚至决定了他的命运。

一个人没有人生目标，他的努力是为了什么呢？他只能在迷茫中不断地加深自己的困惑，他不被朋友理解，甚至被家人质疑，他找不到工作中的快乐，对于生活也没有热情。

尽管他学识渊博，是一个聪明的人，有着丰富的人生阅历，照样无济于事。他将始终沉迷于低级而肤浅的人生“陷阱”，在一些小儿科的问题上徘徊打转。就像有些人，每天都在故作沉思。当你希望他去做一件很简单的事情时，他却像哲学家一样反问你：“这件事情有什么意义呢？”

是的，对他来说没有任何事情有意义，这就等于他的自身也失去了相应的价值。我相信，你在生活中如果看到了这样的人，你会发现他的人际关系一定是很差的。

★你的目标是什么

有人无比坚定地对我说：“李，我真的也想成功，真的想确定自己的人生目标，然后努力去做，但我充满了无奈，因为我就是不知道该怎样做。请你告诉我，我该怎么办？”

在回答这个问题之前，我们首先要搞清楚什么才是人生的目标？

我的解释是：人生目标并不是你想要的某一件东西，而是你内心希望达到的一种状态，并且它会伴随着具体的计划和行动！

哈佛大学有一份调查报告表明，在这个世界上，具备明确而清晰的人生目标的人，不超过3%，只有他们在各个领域取得了惊人的成功；另外有13%的人，他们虽有目标，却有时清晰，有时模糊，所以他们的成只超出平常人的两倍甚至几倍，即便这样，他们也是非常了不起的成功者；而其他84%的人，都没有人生目标，哪怕连一个模糊的目标也没有。因此，多数人的人生，总是付出巨大的代价，却得不到相应的成就，无法赢得别人的尊重。

只有确立了目标，我们才能走出内心那个狭窄的天地，人生才更有意义。我们向前跨出的每一步，都将在自己的生活中变得意义非凡。

一个没有目标的人，他只会像一头被蒙着眼睛的驴子一样，围着磨盘不停地没有希望地打转。

★向富人学习，明确你的财富方向

现在，你可以坐下来，抚平自己焦虑的心态，然后充分地调动你的头脑，去分析和研究一下每一个富有和成功的人。这个人可以是巴菲特、马云、李嘉诚，也可以是你的某一位成功的邻居——尽管他不如上述几位名满世界，但他在某些方面的成功足以让他成为你的榜样！

当你真的开始琢磨他们成功的原因时，你就会发现，首先他们很早就明确了自己的人生目标，他们清醒地知道自己想做什么，并一直朝着目标坚定前进。

假如你是一个喜欢看传记的人——我们多次批评了名人传记的“不实”，他们总喜欢回避根本的问题，但是，你也可以从中发现一些真实的人所共知的信息。比如霍英东、王永庆、巴菲特、比尔·盖茨，如果你看过他们的传记就会发现，他们在自己年轻时就已经拥有并确定了一个十分清晰的人生目标：在某一领域内取得成功，否则决不罢休。

当你明白“必须设立目标”的道理后，你再反问一下自己：我现在是在“穷忙”吗？

一个没有明确目标的人，他就很难摆脱穷忙的状态。比如很多人都在培训中对我说过：“李，我要成为富人，挣很多的钱，这是我的目标，我每天都想着赚钱，但为何我现在还是这么穷困？我为什么还是找不到可以帮助我的贵人，我的天使都去哪儿了？”

他们不但困惑，而且有点儿愤怒。我告诉他们，这只是一种想法，而不能称为目标。目标与想法不同，目标要有具体的数字、时间期限、详细而理性的计划，而且要随之付出有效的努力和行动。关键在于，你在每一天、每一个星期和每一个月，都能公正而清楚地衡量自己向目标努力的进度。

博恩·崔西是世界知名的潜能开发大师，他认为：只有你的目标对你来说是有意义的，达成了这样的目标，才能称得上成功。

确实，要想明确我们真正的目标，要花费一些时间，但这是一件非常重要的事。你希望 5 年之后或者 10 年之后的自己在哪儿？那时你取得了什么成就，到了哪一步？

有位经理对我说：“我可不想一直待在现在的位置，如果明年不能升职，我就离开这里！”

没错，升职也是一种目标。那么，就为此设定一个计划如何？人生目标并非一些遥遥无期的梦想，而是一些既现实又充满激励意义的人生需求。

★花点儿时间来定义你的目标

定义我们的目标，其实是一件需要花费很多时间来仔细考虑的事情。

1. 写出一个关于自己的人生目标的详细清单。

对于自己的人生抱负，许多人在潜意识里觉得这是一件不可操控的事情。其实不然，只要你愿意投入精力去做，列出详细清单并严格执行，目标就有可能实现。

因此，你这一生真正想要的是什么？有什么事情是你突然发现如果你不再有足够的时间去完成，就会令你后悔不已的呢？

想想这些问题，它们就是你的人生目标，把它们用一句话写下来，再在后面备注详细的步骤：我要怎么做？你要清楚地看到它们的存在，并通过计划的方式，让它们真正地进入你的生活。

在你树立人生目标之前，先问问你自己：“我是谁？我是一个什么样的人呢？”

我的个性、优点和缺点，我的人格特质，我立足于圈子的资本，在人们的眼中，我有哪些值得赞许，又有哪些是需要改正的，这些我都了解吗？

当我对自己做出判断时，哪些是我能改变的，哪些又是不可改变的呢？

我的梦想是什么？

把它们具体地描绘出来，你成功的机会就会大大增加。

不管你是想做老师，还是想成为一名勇敢的创业者，唯有将人生目标说清楚讲明白，你才能知道努力的方向是什么。

记住，不管人生多么黑暗，你都要有目标。即使这个目标是短暂的，可能会发生改变，但我还是要说，有了目标，你才不会在原地打转。

当你把全部目标详细列在一个单子上时，你会有豁然开朗的感觉：“哦，这就是我想要的！”

你将不再感到迷茫，因为你已经看到了方向。

2. 对于每一个目标，我们都要设定一个合适的时间。

这个时间框架，既不可太短，短了不现实；也不可太长，太长则没有督促的意义。5 年或 10 年计划是比较合适的。当然，在具体的实现步骤中，还可以设置半年或一年的分计划——作为步骤，通过逐个小目标的实现，最终完成自己的大目标。

另外，你还要考虑到一些意外因素，比如健康、经济条件和年龄的影响等。同时，尽量与朋友商讨你的计划，和他们充分沟通，听取那些成功者的好的建议，把你的计划融入你的圈子，让人们都知道你有这些梦想，将他们的资源为你所用，请他们对你提供支持，这对你将是巨大的帮助。

3. 请你开始实现每一个人生目标的旅程吧！

当你为了实现目标而展开行动并寻找和拓展人脉时，你的人生才真正开始！

◎不容忽视的素质：预见力和判断力

★提醒自我的能力

许多危险来源于我们自身，因此，提醒自我的能力显得很重要。

一个人的判断力，很大程度上是长期有意识培养和锻炼的结果。如果你拥有了良好快捷的判断力，就可以正确及时地处理一些棘手的问题，既能抓住机会又能少犯错误。

预见力是对尚未发生的事物的准确判断，具有“先知”的性质。

沃伦·本尼斯作为美国著名的管理学家，他根据自己在1985年对于90位杰出领导人的研究，把“预见能力”列为领导者的首要能力，并称为“注意力管理”。

注意力是什么？

你能看多远，你就能走多远！

你的眼界有多高，你的魅力也就有多高！

★我靠超人的预见力赚钱！

我们通过对许许多多成功人士的观察，发现他们都有一个共同特征——那就是他们对发生在周围的一切事物都有着非凡的预见力。

约翰·坦普尔曼爵士是我敬重的一位理财大师。他在阐述自己的赚钱秘密时，毫不犹豫地说：“因为我拥有能估算出任何投资的实际价值的能力。我靠自己超人的预见力赚钱。”

在过去的50年中，他专门从事跨国投资，这项本领可以说放眼世界无人能敌。客户交给他的最高理财金额是10亿美元，富豪排着队希望得到他的垂青，与他搭上关系。因为一旦成了他的客户或者朋友，就意味着得到了源源不断的财富。

他的预见力极强，几乎可以预见市场将要发生的一切。可以说，市场在他面前是透明的，每一丝血液的流动和肌体的变化，他都一清二楚。他知道怎样才能赚钱。但这不是一种天生的能力，而是来自他对市场的熟悉。

★我成功于胆识和预见！

企业生存的预见力，主要集中于企业领导者和核心员工的大脑中。

企业的领导人就是企业的舵手。企业这艘大船怎么行驶，全靠企业领导人的准确预见力来掌握方向。

世界上一流的成功人物中，除了巴菲特和比尔·盖茨，至少还有两位企业家的预见力可以说是首屈一指的：一位是通用公司的韦尔奇，另一位就是索尼公司的创始人盛田昭夫。

索尼公司的第一件产品是晶体管收音机，虽然这玩意儿发明于美国的贝尔实验室，美国人却觉得这个东西没有多大的用途，所以当时根本就没有厂家问津。但是，盛田昭夫以他独到的眼光说服了日本政府的科技部门，并且从自己的父亲那里借来了在当时如同天文数字般的 2 万美元。

盛田昭夫把这项技术买到手之后，日本国内仍然没有人理解他的行为，人们甚至觉得盛田昭夫真是一个败家子，早晚会把他们家族的钱挥霍干净。然而，当索尼公司在 1957 年推出便携式收音机并且风靡世界后，日本和美国的众商家才恍然大悟，但市场已经被盛田昭夫占领了。

随后，索尼又先后推出了第一台 8 英寸电视机和第一台录音机，将“日本制造”从廉价的形象提升为“高质量”的标志。而“索尼”这个名字，其实也正是盛田昭夫创造力和预见力的最佳体现。当他考虑要为“东京通信工业株式会社”重新起一个名字的时候，他想到重要的一点，就是这个名字不论在任何地方和任何时候，都要叫得响亮，必须让人看到或者听到时，马上就能联想到公司和品牌的价值。

如果没有这种胆识和预见力的话，盛田昭夫是不可能成功的，而且也就没有了今天的索尼公司。

★不盲目跟风的宝贵素质

在这个世界上，几乎所有的人都是羊。如果有一只领头羊发现了一片肥沃的绿草地，并在那里吃到了新鲜的青草，整个羊群就会一哄而上，去争抢那里的青草，全然不顾旁边虎视眈眈的狼。羊群也看不到其他的地方还有更好的青草。

同理，在一个竞争非常激烈的行业中，如果有一个领先者取得了很大的成功，整个行业中的很多人就会不断地模仿这只“领头羊”的一举一动。“领头羊”到哪里去“吃草”，羊群就会跟着去哪里。

我想说的是，这恰好是人本性中的弱点——跟风和倾向于认同众人的判断。因此，能够从中脱颖而出并且摆脱这种效应的人才是伟大的。他们不但有强大的预见力和判断力，也具有非比寻常的勇气。

你必须让自己从“羊群”中跳出来，才能超越“头羊”，成为人们争相膜拜的对象。也只有这样，你才能使自己具备与众不同的气场和魅力，使自己真正掌握成功的秘诀，不至于总被大众平庸或错误的判断而误导。

后记

成功者的格局

这是一个合作的时代，这也是一个共赢的时代。谁忽视了这一点，谁就会被淘汰出局，没有例外。不论是普通人还是成功者，都要记住，这是一条生存铁律！当你不想帮助别人时，有人愿意！当你不愿意付出时，有人愿意！他们做到了，你却没有做到，那么你就输定了！

◎财富的本意是帮助他人赚钱！

有一次，我与内地的几位老板谈到了“社会责任”对于成功者的人脉的影响。这个“社会责任”并非就是要你给慈善机构捐多少钱、给政府或者社会做多少可以上电视节目的事情。实际上，最有意义的“责任”，其实都是直接对应到个人的。

既然成了一位公众眼中的成功者，你没有想过让别人也踏上你的轨迹，变得和你一样成功吗？

一个最好的成功者，在满足了私心之后，也要追求一下公心。将私心和公心完美地融合起来，这个人在物质和精神上就变得非常平衡了，就是一种真正的富有。

那么，他的人脉网络也就达到了最高的层次。

刘先生在苏州和上海有两家公司，资产超过 10 亿，朋友众多，人脉很广。他是 4 家高尔夫球会的 VIP 会员，两家全国级的富豪俱乐部的成员，身处一个高端的人脉圈，亲朋好友都是权势兼具之人，呼风唤雨，要什么有什么，没有他解决不了的事情。

但是，他并不快乐。我们第一次见面，他坐下来说的第一句话就是：“今天真烦啊，天气不好，你看！我感觉要下雨，阴森森的！”

我抬头认真地看了一下，天空万里无云，没什么异样。这反映了他内心的焦躁，口袋充实却备感空虚的情绪，在他的言谈举止中淋漓尽致地表现了出来。

谈到风险投资和天使机构，他依然一脸的不屑：“在中国找项目投资是高风险的事情，我不想拿自己的钱打水漂。所以我的钱要么存到银行，要么投到我自己的公司，为什么给那些人瞎折腾？摆明了肉包子打狗，没什么好处嘛！”

好处，成为他判断是否帮助他人的标准。而这，也是他不快乐的源泉。

另一位朱先生是很典型的南方人，十分精明，眼光独到，天生是做生意的好手。他做过广告业，在泰国投资过酒吧。现在，他正为了帮助北京的几个年轻人开发一个传媒项目而努力。他告诉我，自己拿出 1000 万投在里面，并制订了一个退出策略。虽然存在风险，但他认为自己还是收获颇丰的。

“我意识到有一个群体对我的强烈期待。他们需要我！如果项目成功了，我可以通过这个平台介入到传媒行业。我想，这是不可多得的机会。”

我了解到，朱先生的这次投资，已经让他接触到了以往不曾结识的“人脉”。在帮助年轻人的同时，当地政府的一些官员对他的行为大加赞赏。他去北京考察项目的过程中，也跟一些传媒巨头有过深入的交流，这让他意外地得到了一些额外的商机。

因为帮助他人赚钱，朱先生的人脉圈无形中扩大了。抱着财富躲躲藏藏的刘先生，却仍然在原地踏步。

★财富的本质是爱，爱让你获得人脉加速器

后来，刘先生到加州时拜访我，到我们公司的培训部参观，和 11 名加州大学的学生共同听我讲了一个故事。

5 岁的汉克和爸爸、妈妈及哥哥一起到森林干活，突然间下起雨来，可是他们只带了一块雨披。爸爸将雨披给了妈妈，妈妈给了哥哥，哥哥又转手让给了汉克。

汉克不解地问道：“为什么爸爸给了妈妈，妈妈给了哥哥，哥哥又给了

我呢？”

爸爸回答道：“因为爸爸比妈妈强大，妈妈比哥哥强大，哥哥又比你强大呀。我们都会保护比较弱小的人。”

汉克左右看了看，于是跑过去，将雨披撑开来，挡在了一朵在风雨中摇摆的娇弱的花朵上面。这朵花因为汉克的爱心，幸运地躲过了大雨的摧残，得以继续绽放。

我问台下：“这个故事说明什么？”

学生罗申克说：“亲人之间互相关怀，汉克懂得了爱的意义。”

我问刘先生：“您觉得呢？”

刘先生站起来，说：“强者体现价值，不一定是因为他拥有多少钱，而是他对于别人的帮助有多少。”

我很高兴他能顺路过来拜访。更重要的是，他发现了财富的责任。经过长久的不快乐和认真的反思，在接受了我们的培训之后，现在他决定有所改变。他到美国之前，已开始联络一些有创业意向并且拿出了成熟计划的年轻人，准备提供适当的资金。并且，他新近在自己的公司设立了一项激励计划，希望能帮助跟随他多年的下属获得更好的发展。

这让刘先生的人气大涨，不但登上了当地的媒体，而且声名远扬，成了国内许多创业者崇拜的对象。

今天你照顾了一朵小花，日后你将收获一片花丛。爱是人际关系最珍贵同时也是最容易缺失的要素，当你拥有爱并能身体力行时，你的财富就转化为真正能够改变世界的力量了。同时，你的人气将急剧上升，你的魅力将不可抵挡。

因为你是在培育未来的人脉种子，它们一旦萌发，给予你的回报将比你今天的付出要多出许多倍。

★为什么不留个缺口给别人呢？

我认识一位内华达州的公司高管，他在美国经常给学生做一些演讲，阐述他的人生理念。一位听众问他：“先生，30 年来你取得了事业上的巨大成功，拥有了许多钱，你认为未来对你最重要的是什么？”

他没有直接回答，拿起粉笔在黑板上画了一个圈。在这个圈的某个地方留了一个缺口，反问听众：“这是什么？”

“一个没有画完的圆圈。”

“代表什么？”

“您未完成的事业？”

他说：“这是一个缺口，是我的人生目标，但是我不会把它画圆满。我想交给别人，让我的下属或其他人去完成。”

这是他未来的目标，他开始将“帮助别人”当作自己后半生的最大理想。这是一种对于人生和人脉的高级管理的智慧，是一种更高层次上的全局性的圆满；是参透了事业本质的体现，也是对于人际关系最高层次的理解。

他知道：自己财富的积累和人生的成功，只是属于一个人的成功。只有让别人能够通过自己赚钱或者取得成功，才是成功者最高的境界。

马云曾经对香港记者说：“阿里巴巴的初衷是帮助更多的人赚到钱，这才是阿里巴巴为社会所创造的真正价值。如果我不让别人富起来，那么阿里巴巴就会是一个很虚幻的东西，没有存在的价值。”

留个缺口给其他人，就意味着给自己储备了取之不尽的人脉。有时候帮助别人，其实也是在帮助自己。

有一头驴子和一头骡子，它们分别驮着货物赶路。驴子由于弱小，它非常有礼貌地请骡子帮它分担部分货物。但骡子置若罔闻，毫无同情之心。这是一头自私的骡子。

当它们走到山路上时，驴子因为不堪重负，滚到山下摔死了。驮夫只好把所有的货物都放在骡子身上，这时骡子才后悔莫及，但事已至此，它只有艰难地向前走。还没到达目的地，骡子就累死了。

这个故事，足以让很多有钱人和成功者警醒。帮助他人，就是在帮助自己。给别人留一个位置，留一席立足之地，就等于为你留下了一条退路。这恰好是人脉圈最核心的本质：如果你想拥有一个互相协作的人脉圈，就要不断地为别人留下缺口，让他们补充完善，共享利益，同时互相帮助。

在今天，不管你是谁，无论你从事什么行业，待在多么不可一世的公司，你都躲不开这个规律。帮助他人成长，你才能成长；帮助他人赚钱，你才能赚钱。

如果你的脑袋只想着自己赚钱，从来不想着如何帮助你的客户赚钱，让你的下属也分一块蛋糕，让你的后来者也得到一些机会，那么没有客户愿意与你长期合作，也没有下属愿意对你忠诚不贰。而且，后来者在崛起之后，也不会给你留下一点儿生存的空间，他们会无情地将你吞掉。因为在他们最需要帮助的时候，你没有伸出援手。

人脉圈扩大的前提是你愿意与人共赢。所以我看到，大凡优秀的企业家，他们绝不是想着如何打败别人，如何让自己赚到更多的钱；他们情愿让出一些利益，暂时损失一些财富，分出一些机遇，帮助别人填饱“肚子”。

老板要帮助他的经理成长，经理要帮助他的员工成长，员工同时要帮助客户成长。只有这样，大家才能良性循环地互动起来，构建一个互相协作的人脉圈，才能持续发展。

有些人之所以不能成功，人脉极差，是因为他不愿意服务他人，却总是希望享受到别人的服务。他不想帮别人，却希望人人都来帮他。即便他有很多钱，人脉已经很好了，结果也会像不断磨损的汽车，虽然跑得很快，但慢慢地就坏在了路上，再也不能前进了。

这是一个合作的时代，这也是一个共赢的时代。谁忽视了这一点，谁就会被淘汰出局，没有例外。不论是普通人还是成功者，都要记住，这是一条生存铁律！当你不想帮助别人时，有人愿意！当你不愿意付出时，有人愿意！他们做到了，你却没有做到，那么你就输定了！

◎神奇的人脉乘法效应

必要的资本再加上你善意的付出，就会产生巨大的连锁反应，这就是人脉的乘法效应。

乘法效应是指我们可以用很少的成本——包括精神和物质的必要投入，为自己换取更多的收益。这些必要的投入是什么呢？其中必不可少的是：好名声、诚信和善良。这是乘法效应的 3 个基本要素。

○好名声

过去的经历决定了我们现在的名声。我们在评判一个人时，第一时间想到的那个词或者做出的总结，就是一个人的“名声”。对此，你有没有自信呢？

○诚信

世界上的任何交易都需要建立一种诚信关系，有了诚信，你的交易才能成功。人们非常缺乏相互的信任，这是一个严重的现实问题，事业成功的人也不一定拥有让他满意的人脉。有些人谁也不信任，每天都活在紧张的情绪和对别人的警惕之中。

○善良

通俗地说，善良是我们的底线。做人如果没有底线，唯利是图，以纯功利的目的去接近别人，我们就离善良越来越远。这是一种心灵层面的品质，同时影响着我们的名声和诚信。

我相信看到这个要素时，许多人就开始不安了，他们可能存款超过几百万甚至几千万，但同时具备这 3 个要素的人不多。

我们可以将乘法效应针对全世界的 70 多亿人进行运用——这是一个看似不可能完成的任务，但其实很简单。你先设立一个目标，然后再决定去找哪些类型的人。当目标确定之后，我们的方法就是“贯彻始终”，只要做到这 4 个字就足够了。

在行动的过程中，你结识的人越多，那么，预期可以成为你朋友的人数，所占你结识的总人数的比例就越稳定。在这种概率确定的情况下，你要做的工作就是结识更多的人，来展示你的这 3 种品质。广泛地收集人脉信息，有效地推断分析，评估你的人脉关系的进展情况并解决存在的问题，从而做出相应的调整，不断地改进你的方法。

我们进行人脉扩散时，需要格外重视那些“弱链接”关系，也就是那些平时与你萍水相逢甚至不相识的人。他们往往能够发挥非常强大的作用。比如小区的门卫、楼下的牙医、图书馆的档案员、街头巷尾的巡逻警察……他们看起来跟你没有任何关系，但你如果能将他们纳入自己的人脉圈，就有可能通过他们产生跳跃式的六度效应，联系到一位你大费周折却始终未能联系到的人。

你也许不认识某个大人物，但是在充分发挥人脉乘法效应的情况下，可能只要四五个人，你就能拿到他的私人电话号码。甚至，你能借此成为他的家中客，与他产生实质性的交往。

如何才能利用乘法效应？有哪些方式可以供我们开拓更多的人脉？

1. 通过熟人进行介绍：最平常和最有效的方法。

一个人的能力再强，他的精力和时间也是固定和有限的。无论多么成功的人，他也需要有他人作为中介，才能进入另一个圈子。利用他人介绍的机制，才能产生一生二、二生三、三生万物的倍增效应。

有一个推销员去拜访一个成功人士，问道：“您为什么能取得如此辉煌的成就呢？”

成功人士回答：“因为我知道一句神奇的格言。”

“您能说给我听吗？”

“这句格言是：我需要你的帮助！”

推销员很不解，问：“您不过是去卖东西，需要他们帮助你什么呢？”

成功人士回答：“每当遇到我的客户时，我都向他们说：我需要您的帮助，请您给我介绍您的三个朋友，可以吗？很多人都答应帮我的忙，因为这对他们来说只是举手之劳！”

推销员恍然大悟，道谢之后离开了。通过这种方法，他真诚地对待每一位客户，每天都付出不懈的努力。数年之后，他的客户群就像滚雪球一样越滚越大。他终于成了美国历史上第一位一年内销售超过 10 亿美元的推销员。他就是甘道夫——享誉美国的人寿保险推销大师。

熟人介绍的最大好处不在于速度，而在于可以帮助你提升信任感，并且降低你的交际成本。因此，如果你要寻找人脉资源快速积累的方式，就先从身边的熟人下手。这是非常保险的做法，也是人脉理论所提倡的。

2. 参与和适应社团：需要你具备开放型的交际态度。

在自然状态下与他人建立关系，互相提供商机，这就是社团或其他交际俱乐部的价值。成功人士参加社团一般都比较方便，无论在美国还是在中国，都有相应的针对不同行业和不同阶层的交际俱乐部，帮助你和相同层次的人走到一起，扩展和充实彼此的人脉圈。

我们公司帮助全美不同阶层的人士准备了“社团交际”的各种方案：

办公室员工每两星期或至少一个月举行一次跨部门的联欢或聚会。我们为通用公司的“员工改善计划”提供了这一建议并获得认可。通用高层批准了一笔专门款项，用于改善员工的人际关系，来增加公司上下的凝聚力。

部门主管有充裕的资金参加各类高尔夫球俱乐部，或者参加有针对性的交际团体，从而认识更多的不同公司的中层干部。这不但拓展了他们的人脉圈子，而且创造了未来的合作机遇。

公司高管或总裁级的人物有能力为自己组建独特的社交平台，这有赖于他们的热情和实际需求。在具体服务中，我们在全美组建了 51 个专门让公司老总、高管进行人脉交流的休闲会社。能够加入会社的人，都有着辉煌的过去和显赫的资历。更重要的是，他们有着生活的热情和拓展人脉的积极态度。

如果你参加了某一个社团，别忘了去谋求一个组织者的角色，这样你就得到了一个为人们服务的机会。在这个过程中，你就拥有了更多的与他人联系和交流的机会，人脉之路当然也就自然而然地不断延伸。

国内一家民营公司的老总于先生对我说，他参加的全国性、区域性和行业性的社团组织有近10个，每一个社团他至少参加一次活动。而在每一个社团里，他至少也有三四个关系密切的朋友。通过这种广泛参与社团的方式，他的人脉得到了迅速的拓展。

他说："我七成以上的工作以外的事情，都是依靠这些朋友的帮助和支持顺利完成的，没有他们的鼎力相助，至少有一多半的事情我没办法完成。参加社团要花点儿钱，也费点儿时间和精力，可带来的效果是显著的！"

通过调查和实际接触，我发现，超过60%的人本能地厌恶或害怕参加闹哄哄的聚会，认为这些活动纯粹是在浪费时间。他们也想融入高端的圈子，但对要付出的精力望而却步。从潜意识的角度，这是一种惧怕"给自己压力"的心理。他们的内心渴望安逸，不想改变什么。于是，他们就只能停留在当前的人脉层次，很难去跟更高级的人脉圈交换资源，得到别人的提携和帮助。

如果你人生的理想只是做一个独善其身的人，这些活动对你来说的确是没有多少意义的。如果你希望发展你的事业，开阔你的眼界，那么这些活动对你来说必不可少。你只需要分辨哪些社团应该参加，哪些社团应该理智地拒绝。

一旦决定参加这些社团，你就等于承担了一项艰巨的任务，就像你热爱的事业一样重要。你必须明白：

我为什么参加这些社团？

我从中必须收获什么？

社团不但拓展你的圈子，还会促进圈中人脉的合作。你可以为成功的人士服务，也可以让别的更多的成功人士为你服务。借助一个宽松的交际环境和富有积极意义的社团，与更多的人公平地深入合作，我们的人脉效应便真正得到了发挥，释放出了它应有的实用价值。

3. 学习力和我们的"不甘心"：拿出上进心，不要回避危机感。

一个人最大的危险是没有危机感，最大的陷阱则是满足。

当你满足于现在拥有的一切，你就等于为自己提前挖好了坟墓。人脉和关系学也是这个道理，关系不会一成不变，也不可能永远保持现在的温度。不想让关系降温，希望维持你在圈子里的地位，你就要不断地学习。

拿出你的上进心，哪怕你已经是微软亚洲公司的高管！盯着最高的位置，一步步地向前踏进，直到攀上巅峰！

重视内心的危机感，明白并确信一个道理：学历只是代表了过去，学习力才决定着自己的将来！

一个人的学习力怎么体现？戴尔公司北美区的销售主管克里斯托与我有多年的交情。他在邀请我去给他的销售团队培训时，我列举了 3 条关于“All”（所有）的原则：

All details（所有细节）：懂得从每一个细节学习。

All people（所有人）：懂得向每一个人学习。

All execution（所有行动）：懂得将每次行动都贯彻到底。

不甘心被挡在圈子的门外，就要竭尽全力去敲开圈子的大门。激活你的上进心和学习力，带着最谦卑的态度，去对待每一个人，去做好每一个细节，才能真正地释放你的“人际气场”，使你超越脚下的小圈子，让你的美名人所共知。只有这样，你的成功才能被人们承认，你的人脉才能真正得以巩固。

4. 多付出行动并帮助别人：兑现你的善意，这和你的行动力同等重要。

在任何领域，对待任何事，都有一条永远不变的准则：只有行动才会有结果。行动不一样，结果就不一样。行动不坚决，结果就遥遥无期！

知道不去做，等于你根本不知道；做了却没有结果，也等于你根本没有做。

如果你只想着不犯错误，那么最后你一定会错。因为真正不犯错误的人，一定是什么都没有尝试过的人。所以，当你展开行动并与他人协作时，不要害怕会犯下错误，只要善于总结，你就能够成功地传达你的善意，让人们看到你的诚意。

一个人一定要懂得付出，要想成为一个杰出的人，就要把付出放在第一位，将帮助别人放在最重要的位置上。只有这样，人们才愿意回过头来帮助你，介绍朋友给你，增强你的力量。那些斤斤计较的人，你会发现，他们最后往往什么也得不到。

没有一点儿愿意付出的精神，是不可能赢得好人脉的。你要先用行动让别人知道，你有超过“所得”的价值，别人才会对你开出更高的价钱。

5. 增强你的沟通意识：良好的沟通才能增进理解，提高交际的效率。

沟通是一种态度，并不是单纯的技巧。假如你身在一个好的团队，你肯定知道沟通的意义；假如你处在一个差的团队，你更加能体会到沟通的价值。人们时时刻刻都需要沟通，来表达自己的想法，获悉对方的意图，然后建立良好的合作。

6. 建立最基本的道德观：这对你的人脉形象极为重要，好的“道德观”将让你声名远播。

我去《纽约时报》专栏记者莫菲斯家做客，他 5 岁的儿子吵着要他陪。莫菲斯很烦，就将一本杂志的封底撕碎了，对儿子说：“嘿，宝贝，你先将这上面的世界地图拼完整了，爸爸就陪你玩。”

我饶有兴趣地看这个小家伙怎么应对。过了不到 5 分钟，儿子又来拽着他的手说：“爸爸，我拼好了，你陪我玩吧！”

莫菲斯和我都很惊讶，一个 5 岁的小家伙，真的这么快就能拼好一幅世界地图吗？可事实摆在眼前，他真的将这幅地图完整地拼好了。

我非常好奇地问他：“小朋友，你是怎么做到的？”

他得意地说：“老师对我讲过这个故事，他告诉我，世界地图的背面是一个人的头像，在拼地图时，只要反过来拼，把这个人拼好了，这个世界就完整了。”

我对莫菲斯说：“当你具备优秀的道德素养时，你的人生就完整了。小家伙通过这个游戏讲出了一条黄金规则，不是吗？”

中国人向来相信一种人脉哲学：先做人后做事。做人做好了，做事自然是好的。我在美国经常讲到这句话，就是为了消除人们在经营人脉时的“纯功利”思维。先做人，再去做事，避免功利地看待这个世界，对我们的人脉形象非常重要。

◎以一个圈子带动另一个圈子

在人脉学理论中，有一种模式叫作“滚雪球式经营”。在这个理论中，我们可以把人脉比作滚雪球。开始时，一个雪粒从雪坡上滚下，越滚越大，最后变成了一个巨大的雪球。一个人的人脉发展也是这样的过程：从认识 1 个人变成 2 个人，2 个变 4 个，4 个变更多，如同雪球一路滚下去，越滚越大。

我有一位已认识七年的朋友迈克，在洛杉矶的一家招聘网站做经理。他经常挂在嘴边的名言就是：“做猎头就需要多交朋友，朋友的朋友都将是朋友，朋友越多，我的机会也才越多。”

听，这多像中国人说的话！但他可是纯正的老美，已经快 40 岁了，还没出过美国的大门。他的这些人脉理论，和中国人的关系学也差不了多少。说白了，任何一种智慧达到了返璞归真的境界，在全世界范围内都是相通的。

这就是圈子的扩增法则：用一个圈子的人脉作为跳板，去进入另一个圈子和更多的资源网，形成互相交错的你中有我、我中有你的紧密的人脉网络。

★圈子决定你的前途

你没有财富可以，没有人脉却不行。

你没有能力可以，没有关系却不行。

你没有资本也可以，但没有圈子是万万不行的！

这就是圈子的价值，任何一种生活方式都会有它伴生的一个圈子。比如体育界会有体育圈，里面都是从事体育行业的人，运动员、教练员、体育媒体、各种体育俱乐部人士等。这些圈子里的人，也都不约而同地带有这种圈子文化的明显烙印。

身处一个圈子中的人，其命运往往由圈内人士共同决定。

不得不说，圈子是有“排他性”的。一个圈子的人，会不由自主地排斥另一个圈子的人。

人是一种具有社会属性的动物，他必然要生活在圈子中。他可以跨圈子生存，但归根结底，总还是有一个主要的小圈子。

处在什么样的圈子，决定了你有什么样的前途。没有高质量的圈子，一个人就很难有高质量的人生。也就是说，一个人的成长和成熟，其实就是从低级圈子攀升到高级圈子的过程。

这当然不是让你崇尚势利。虽然圈子文化不可避免地带有很明显的人情法则的印记，但这只是因为人与人的交往永远不能排除人情的因素，与那些黑暗的规则没有什么关系。

因此，我们与其带着批判的情绪去回避各种圈子，不如积极地面对它、正视它，并且全面地理解它，然后接纳好的规则，努力使自己融入其中，让圈子发挥良性的作用，为我们的发展提供向上的阶梯。

★跳出你的心理舒适圈

人们在不同的场合中，心理也不同，这在心理学中有一个专门的术语来形容，叫作“舒适圈”。人们在自己熟悉的场所和人群中，会感觉非常安全；但在陌生的场所和人群中，则会有或强或弱的不安全感产生。

这种心理机制的存在，使得人们对于舒适圈形成了一种根深蒂固的依赖。愿意待在老旧环境中，不想去开拓新的圈子，因为他觉得：“那些未知的领域是危险的，我不知道会发生什么，所以，我还是待在自己熟悉的地方吧！”

在旧有环境和形成了固定习惯的圈子里，人会觉得自己没有压力，也没有紧迫感。在这个舒适的圈子里，人的心理完全放松，也就变得松懈，缺乏上进心，对新生事物不感兴趣。那么，他的潜能就无法被激发和释放出来。

这时，人就需要突破自我的心理设限，跳出旧的圈子，拿出勇气去开拓新的人脉圈。这就是我说的：“你必须打破对于舒适圈的心理依赖，将新的陌生的圈子视为你的下一个目标。让自己充满冒险精神，习惯于结交新的朋友，进入全新的陌生的环境，才能真正成为喜好交友和擅长交友的人。”

很多人不想有频繁的人际交往，只选择与自己同类的人进行交流，生活在一个封闭的世界中。他们总是强调："哎呀，李，我不善于交往，我不喜欢在陌生人面前说话。真的，我一看见陌生人就头疼！我只想和相熟的朋友聊天、吃饭、逛街，享受生活。我觉得能这样过一辈子就不错了。"

如果你的朋友已经很多了，说这样的话当然情有可原。但对于那些一直在恐惧人际交往、朋友很少的人来说，这句话包含的意思就不那么让人感到乐观了。因为在我看来，这更像一种交际恐惧症的体现。

成功就是不断地突破恐惧，人脉拓展就是不停地给自己的圈子增加新鲜血液。

假如你只是在熟识的人群中生活，在你感到舒适的朋友圈中生存，随着岁月的流逝，你的人脉网将慢慢枯竭。相信我，不会有例外发生，它的演变过程一定是这样的！

一直待在你的舒适圈内，长期没有新朋友的加入，就像一间密闭的房间，外面的新鲜空气始终进不来，你收到的信息就会逐渐变少。于是，在这些相熟的老朋友中间，你也就失去了传播信息的功能。你的生活模式将越来越单调。当你的年龄越来越大时，你可能突然有一天在照镜子时发现："呀，我已经变成一个老朽的人了！我有多久没有呼吸到新鲜空气了？"

在人脉圈中，舒适，有时也就意味着单调和被人遗忘！

★融合不同的圈子，产生"人脉核爆"

人脉拓展，在一定程度上已经不再是一种简单的生活方式和生存工具了。在时代不断发展的过程中，人脉拓展也具有了更广泛的意义，它已经成为我们成长、成熟和成功的重要方法。

我们无法忽视这样的事实：那些越是喜欢广交朋友、进入更多圈子的人，他们的门路就会越广，事业成长的速度也就越快，人生也就越能到达更高的高度。他们用积极的心态看待人脉，愿意把人脉拓展当成一种关于自我成长和成熟的训练，而不是一种生存负担和竞争工具。

因此，他们的圈子始终充满了活力。在不同的圈子之内，都能发现他们活跃的身影。这些人拥有广泛的社会能量，没有他们办不成的事，也没有他们交不到的朋友、打不开的房间！他们乐在其中！

迈克说："我就是一个喜欢结交不同圈子的朋友的人，比如我在小区里面和邻居打网球，一个下午就能认识四五个新朋友，然后通过他们，再去认识更多的人。"

当你和新朋友的关系稳定了之后，他们自然就会给你介绍自己的朋友圈子里优秀的人才。这样的话，人脉圈子交叉共享，人脉的乘法效应就最大化地体现出来了。

邝子平曾经做过英特尔投资事业部中国区总监，并且曾在思科公司就职。他的事业之所以成功，一个重要原因就是他善于借用各种圈子获得人脉。在融合不同的圈子方面，他是一位绝顶高手。

圈子的力量是无穷大的。一个人的创业能否成功，不在于你知道什么，具备什么样的能力，而在于你能否找到相关的人士来帮助你，你能否从自己的圈子里，得到不需要付出任何额外代价的助力。

很多优秀人物的子女，他们在出生的时候，就拥有了一些独特和高层次的人脉，也不缺乏机会。不过，这些圈子都是父母和亲人为他们营造的。所以，有些人就决定自己来开拓真正属于自己的人脉圈。他们宁愿跳出自己原来的人脉圈，以一种更高的眼界来看待和发展自己的人际关系。他们勇敢地跳到外面，独立经营，锻炼自己的能力，将各种不同的圈子融合在了一起。

一个人如果能从一个圈子跳到另一个新的圈子，然后把它们整合到一起，形成一个共同体，那么新的资源和机会就会源源不绝了。

◎形象包装的巨大“产值”

我们在美国国家电视台举办的一次讨论节目中，有一位私人科技公司的总裁和美国财政部门的政策主管展开了一场辩论。财政官员在辩论中表现得富有攻击性，他不时打断别人，不礼貌地插话。占上风时，他摇头晃脑，一副得理不饶人的态度。处于下风时，他又皱着眉头，语言和语气都充满了强烈的不满和要发火的冲动，给人们留下了一个非常不成熟、心胸狭窄并且焦躁好胜的印象。

那位稍显年轻的总裁做到了泰然自若、面带笑容和沉着应战。他并没有与对手进行针锋相对的争论，而是以幽默的用词和微笑的表情取胜。不管这位官员多么好斗，他都不温不火地逐条应对。

当辩论结束后，总裁先生走下台，和我握了一下手，说：“我感觉好多了。”

就在半年前，这位私人科技公司的总裁沃克先生还是一只好斗的公鸡。他时常在办公室大发雷霆，扔掉咖啡杯和文件夹是常有之事。员工对他惧怕无比，而他真正“扔掉”的是他的个人形象。他曾经在2011年7月份，被媒体评为全美在那个夏季最“暴躁”的老板，电视节目评论员戏称他为“一只穿着西装的猴子在上蹿下跳”。

这真是一场形象危机！沃克决心要进行改变。事实上，如果他再不改变风格，重塑新形象，他的公司中层管理人员的流失率还将继续上升，直到突破60%。在过去的一年中，已经有一半的部门主管宣布离职。对于一家科技公司来说，这无疑是一场几乎可以导致破产的悲剧！

沃克参加了我们的“公众人物危机公关项目”，希望我们帮他挽回影响。于是，经过半年的调整之后，我们组织了这场与政府官员的政策辩论——沃克以他全新的风度和形象大获全胜，他的对手则输得灰头土脸。

记住，当你在这种场合自毁形象时，即便你非常拉风地战胜了一个人，对你来说也得不偿失。因为你可能输掉了几亿人的潜在支持！

沃克则是大赢家，他重新挽回了公司的人心。我们知道，在节目直播时，他的公司的高级员工在电视机前面惊讶得合不拢嘴巴，好像从没见过这个人一样：这意味着沃克“重生”了。

★个人品牌包装术

形象包装并不仅仅指一个人的外貌和穿着，正如沃克的转变过程及在电视节目中体现出来的个人魅力的巨大差异，你的言谈举止、兴趣爱好，都在形象包装的范畴之内。它们最终汇聚形成的，是我们每个人都可以受用终生的个人品牌。

也就是说，个人品牌的包装，目的是要为你打造一种良好的精神面貌，当你和他人接触时，要给人一种很舒服的感觉。一个出众的个人品牌，能够达到“未见面先闻名”的效果。这就使你在人脉社会中占据了先机，远非那些拿着名片到处推荐自己的人可比。

我们知道，不是每个人都可以当总统。打造一个好的个人品牌，不一定就要成为世界名人，像比尔·盖茨那样让人仰望。但是，不论你处于哪一个社会阶层，学习一些正确的个人品牌的包装术，对你来说至少没有什么坏处。

如同我们现在看到的一样，那些各个领域的商界领袖都在为自己建立独特的品牌效应。比如，他们总是衣着光鲜地出现在时尚杂志的封面上，或者不时在自己的微博上发表一些奇思妙想。

商界名流正越来越变得娱乐化和明星化。不是他们想这样，是人气竞争的现实需要他们朝这个方向靠拢。总之，每一位成功者和正走向成功的人，都希望自己的大名和正面的形象尽人皆知，以争取更多人的支持，拓展自己的人脉圈。

个人品牌的良好包装带来的好处是显而易见的。因为名字和气质的结合，再融合了自己的产品，会带来更加强大的品牌效应。

理查德·布兰森是维珍集团的创始人，也是一位个人形象包装的高手。他在自传和采访中，总是用夸张的语言将自己描述成一位奇思妙想的开拓者：

“我是一个鲁莽大胆的人，我曾经与海难、子弹、野生动物、热气球事故擦肩而过，但我都幸运地活了下来！”

不明真相的人们阅读着这些文字，像崇拜英雄一样崇拜他。一个伟岸的形象确立了，布兰森最终借此创建了一个涉及多个行业、坐拥200家公司的商业帝国，实现了他的梦想。人人想与他结交，并以此为荣。他是上流社会的宠儿，在下层社会也拥有不计其数的忠实支持者。

★感情攻势和心灵公关

如果加以留心，你会发现各界名流在公众面前的每一个举动都不是简单的。这些举动的背后往往大有深意，都经过了专业的策划和严格的练习。这正是形象包装最为精妙的一部分。就算一些过火的行为——比如暴露和走光，也是他们将自己推销出去和增加曝光率的一个步骤。

需要获得选民好感的政客们很早就懂得了这一点。他们是个中老手，可以精确地掌握这些表演的火候，收放自如。无论是总统候选人还是州长竞选人，他们都深谙这种个人形象包装之道。

当他们准备出场时，从衣服的款式到说话语速的快慢，都要精心控制。当然，还有何时应当让眼泪“听话”地流出来，用情感的共鸣征服台下的观众！

比如，希拉里在民主党的初选中处于劣势时，就曾成功地使用了效果轰动的“眼泪战术”。她站在台上声泪俱下地承认作为一个女人竞选之路的艰辛，向人们袒露自己的软弱。当她眼含热泪的照片出现在电视和报纸上以后，你千万不要以为这个女人的形象大失，丢人现眼。接下来发生了什么？她突破重围，反败为胜，奇迹般地赢得了这个州的选票。

一位向来以女强人形象示人的政客，在背后的公关团队的巧妙设计下，选举时突然显露出了自己脆弱而柔情的一面。这种形象公关策略的使用，对于选民的杀伤力是惊人的，几乎很少有人能够抵抗这种感情攻势（心灵公关）。

★形象包装就要付出成本

在关键的时候千万别怕花钱。如果你把钱当作工具，那么这时工具就派上了用场。这一条显然无须进行多么复杂的解释，我相信每个人都明白钱在运用于包装时所体现出的巨大价值。

奥巴马在竞选总统之时的筹款累计高达3亿美元，其中有很大一部分都花在了对他的形象包装上。比如，建立了竞选网站，人们可以直接点击与他相关的视频，还可以花钱购买印有奥巴马图像的产品——以示对他的支持；当然，还有他演讲的声音制成的铃声，你可以把它设为手机来电的提醒铃声。

这是天才的设计和构想吗？不，这是金钱的力量！

奥巴马的竞选团队中的许多人我都认识，我知道他们都是笼络人心的高手。这些人帮着奥巴马花钱，耗费巨资聘请了一群新锐的设计师，为这位未来的总统（在当时他还不是，正为此而奋斗）设计了一种视觉形象：一轮太阳在美国国旗的红色条纹中冉冉升起，以初生的红日来寓意奥巴马的竞选口号——改变，就是我们的信念！

在金钱的推动下，强势的人脉公关显示出了无比强大的力量。这种力量不但可以帮助竞选人赢得选民的好感，还能在这个过程中推出自己的政治主张。

舍得花钱是远远不够的，会花钱才能将效果做到最好！

我们在为美国的政客们服务时，深知他们的要求。他们绝不会随随便便就挑选一件昂贵的西装，像暴发户一样出现在众人面前。他们有自己固定的服装设计师，为其量身制作最为得体的衣服。

比如，德帕里斯被称为“白宫裁缝师”，他先后为8位美国总统服务过。他制作一套西装至少需要3天时间，衣服的每一个部分都由他亲自动手完成。当然价格也确实昂贵，每件西装超过5000美元。这还只是成本，并不包括支付给他的“设计费”。

退一万步来说，即便你不需要金钱的包装，你也要付出“昂贵”的精力。你可能得拿出不少时间，研究自己身上还藏着哪些未被发现的个性，再拿出一些时间来将这些个性进行归纳提炼，最后还要以一种最为“震撼”的方式展现给你的受众。

★你要有自己的品牌，这还用多说吗？

有时你发现，人人都称赞邻居家的房屋，你的却很平凡，无人理睬，不过是因为他的房顶多了一根个性天线。“那真是一座有个性的房子呀！”太太们羡慕不已。一提到这根天线，人们就想到了这座房子还有它的主人。

这就是品牌的魔力。一如耐克和阿迪公司的商标、宝马和路虎汽车的标志。与大众（或对手）表现出明显的不同之处，并且形成你的独有风格，你就占据了形象比拼的优势。

美国前总统布什曾经被全美的娱乐节目调侃。在他上任的那几年，我经常能在电视上看到他的“出现”：节目主持人肆意调侃着他的智商和文化水平。

有的人说：“瞧，为了解决非法移民问题，国会刚刚批准通过了一个法案，该法案提议在美国和墨西哥的边境，修建一条长达1000多公里的隔离墙。你看，这就是让布什总统去做数学题的下场！”

一时间，布什的名字成为美国娱乐界的“常客”，好像你不讲一下他的笑话，就是一件不可思议的事情。

如果你是他的政敌，你会因此嘲笑他吗？不，你只会嫉妒！因为这正好反映了布什在个人形象营造上的一种巨大的成功。

这是一个辉煌的家族，总计5次踏上国会大厦的红地毯，宣誓就任美国总统（包括2次副总统、3次总统）。虽然出身于这样一个显赫的政治家族，但布什成功地为自己营造了一种智商不高的乡下牛仔的形象！

布什的一举一动都告诉你：嘿，我的英语很烂，我总是一口得州口音，不要高看了我，我的智商很低，因为我连笑话都不会讲。全美国的脱口秀节目，都在期盼我的下一次出丑！

然而，布什真的与表现出来的一样，是一个可笑而且智商很低的总统吗？如果你真的相信，那你就大错特错了！就像《纽约时报》说的：当布什成功地忽悠美国人支持他开始了伊拉克战争的那天起，这位有史以来最具争议的总统就已经显示出了他不为人知的另一面：一个强悍、果断和美国至上主义的坚持者。

如果你正准备包装和提升你的形象，那么，你的品牌将是什么样的呢？不妨认真地想一想，如何来为自己设计一个高明的形象。你要考虑的是，它必须是一种可以合理地体现你最大的优势，同时又能营造出可以最大限度地渲染你的个人魅力的品牌形象。

★你知道对比有多重要吗？

你必须懂得对比的重要性，虽然这不一定能为你带来什么实惠。

在高手如云的圈子社会，你要使自己脱颖而出，就要懂得使用对比和反差的效果。让人们看清你与他的“不同”，这样才能突出你的优秀。有时，人们需要的并不是你和他共同的强项，而是你与众不同的那一点。大到不同的阶层和圈子，小到客户和消费者，都有自己的需求点。也许，这些人要的只是一点：

我想这样做，你恰好能满足！

这方面做得最成功的政治家是英国的前首相撒切尔夫人，她是政治家中的对比高手。她不但和别人进行对比，有时也与自己进行“昨天与今天”的形象对比。

她在竞选首相的日子里，形象顾问戈登对她在社交场合的形象进行了一番彻底的改变，力图让她与过去的“铁娘子”形象大相径庭，打造出一种完全不同的形象。

当这一天到来时，撒切尔就像一个普通的家庭妇女一样，令人大跌眼镜地出镜了。她在公众和媒体面前谈论自己的发型、穿衣服的尺寸、保养皮肤的方法，探讨下列话题：女人如何将事业和生活结合起来，我是否悄悄地流过眼泪。

这一方法收到了奇效。因为这让人们更多地了解了她富有人情味的一面，于是她得到了大量女性选民的支持。

美国前总统克林顿在“突出对比”方面也是一位进退自如的大师级人物。

他在与老布什竞选总统时，为了突出两人的差异（特别是自己的优点），他大走“平民化路线”，将老布什的“精英”背景无限夸大，来赢得大量蓝领和中产阶级的选票。

克林顿甚至告诉他们：“因为我的存在，你们将不再遭受精英的盘剥，并看清他们的谎言。”

即便克林顿的出身比精英集团还要“高贵”，尽管他没有办法实现自己的诺言，而且也许他也根本没有这样想过——然而，事实是：他成功地通过形象和价值的包装，打动了一个阶层，成为他们共同信任的“新的全民偶像”，顺利地实现了自己的目标。

图书在版编目（CIP）数据

交对朋友，事就成了 / 李维文著.—北京:民主与建设出版社，2014.9

ISBN 978-7-5139-0410-0

Ⅰ.①交… Ⅱ.①李… Ⅲ.①人际关系学—通俗读物 Ⅳ.①C912.1-49

中国版本图书馆CIP数据核字（2014）第182470号

交对朋友，事就成了

出 版 人：许久文

著　　者：李维文

责任编辑：李保华

出版发行：民主与建设出版社有限责任公司

电　　话：（010）59419778　59417745

社　　址：北京市朝阳区曙光西里甲六号院时间国际8号楼北楼306室

邮　　编：100028

印　　刷：北京天宇万达印刷有限公司

版　　次：2014年11月第1版　2014年11月第1次印刷

开　　本：1/16　787mm×1092mm

印　　张：17

书　　号：ISBN 978-7-5139-0410-0

定　　价：36.00元

注:如有印、装质量问题，请与出版社联系。